评剧皇后

刘翠霞

侯福志 著

中国文史出版社

图书在版编目（CIP）数据

评剧皇后刘翠霞／侯福志著．－－北京：中国文史
出版社，2022.12

ISBN 978－7－5205－3908－1

Ⅰ①评… Ⅱ.①侯… Ⅲ.①刘翠霞－传记 Ⅳ.
①K825.78

中国版本图书馆 CIP 数据核字（2022）第 214715 号

责任编辑：金　硕

出版发行：**中国文史出版社**
社　　址：北京市海淀区西八里庄路 69 号　　　邮编：100142
电　　话：010－81136606/6602/6603/6642（发行部）
传　　真：010－81136655
印　　装：北京温林源印刷有限公司
经　　销：全国新华书店
开　　本：787mm×1092mm　1/16
印　　张：20.25
字　　数：320 千字
版　　次：2023 年 3 月北京第 1 版
印　　次：2023 年 3 月第 1 次印刷
定　　价：72.00 元

一部充满历史人文信息的佳作

诞生于冀东地区的评剧，由民间演唱形式莲花落历经百余年沧桑，演变为一个剧目丰盈、行当齐全、演唱手段多种多样的大剧种，在我国文艺百花园中占有重要的一席之地。其间诞生了众多名噪一时的优秀演员，创立了不同的风格流派，对评剧艺术的发展起到了重要的促进作用。而评剧四大流派创始人之一的刘翠霞创立的独具风姿的"刘派"更是评剧园地中的一朵奇葩，在天津评剧发展史上占有重要地位，至今仍是天津评剧标志性的艺术风格，后学者众多，戏友中"刘派迷"也大有人在。

刘翠霞是一位天赋条件优异的评剧坤伶。她的嗓音得天独厚，发声高亢激昂，豪放宽广，唱腔风格有刚有柔，刚柔相济，具备"底气足、调门高、喷口好、吐字真"的特点，是典型的"大口落子"唱法。她不仅在艺术上独具风格，自成一派，而且人品极佳，讲究艺德。家父赵良玉（艺名金菊花），早年在刘翠霞与李华山合办的山霞评剧社（20世纪30年代天津最具实力的一个班社）搭班唱戏，不仅傍刘翠霞演老旦、彩旦，而且为刘翠霞几个养女（弟子）说戏，前后有八年之久。我也与刘翠霞的亲传弟子新翠霞（李禹芳）和刘翠霞的养女刘小霞共事多年，零零星星地也了解到刘翠霞的一些趣闻逸事。但我主要从事的是编剧和导演方面的工作，对她的详细身世及从艺历程，远不如文史学者侯福志先生了解得详细、精确。书中所记述的不仅是一个演员的传记，也折射出旧时代戏曲艺人求生之艰难，旧制度之残酷，具有一定的典型意义，也可以说是一个时代的缩影。特别是刘翠霞所坚守的"清清白白做人、规规矩矩演戏"的信条和她关爱同行、扶危济困讲"义气"的高贵品德，今天读起来仍给人以一定的思想启迪。从她身上应当汲取的是"做艺先做人"的真谛。对于当今评剧人抑或戏曲人来讲，都需要具备这样的基本素质。

　　我与福志先生接触不多，只是若干年前在一次由《老年时报》吕金才老师主持的研讨会上见过一面，颇有一见如故之感。他撰写的地方文史方面的文章我读过不少，其知识之渊博、观点之明晰、资料之翔实、文风之质朴，都给我留下深刻印象。尤其他本人从事的是技术行业，与戏曲毫不搭界，却饱含桑梓之情、耗神费力撰写出如此专业之作，可谓功莫大焉，令人肃然起敬。这部充满历史人文信息和人生况味的演员传记，一定会得到读者的欢迎与喜爱。

　　是为序。

赵德明

（作者系国家一级编剧、天津市评剧白派剧团艺术顾问、天津北方演艺集团专家委员会委员）

自 序
PREFACE

刘翠霞出生于 1911 年，十几岁就开始学习大鼓和评戏艺术，是我国评剧[①]刘派艺术的创始人，1934 年，曾被天津的报纸评为"评剧皇后"，1936 年又被誉为"评剧女皇"。《中南报》名报人杨扬石曾撰写《平戏女皇刘翠霞秘史》一书，足见刘翠霞影响之大。

笔者与刘翠霞是同乡，其出生地敖嘴村与我的故乡李各庄村是近邻，两村相距不过三四里，村民之间不少存在亲戚关系，有不少老人见过刘翠霞或者在天津戏园子看过她的演出。刘翠霞病逝后，传闻其被埋葬在李各庄村。至今，在李各庄村南，仍有一个地块被称作"刘翠霞坟"（经笔者考证实为刘翠霞姐姐的坟地），这自然引起了我这个文史研究者的注意。自 20 世纪 90 年代开始，笔者开始留意刘翠霞的情况，并有意识地结合历史文献及老人们的回忆，对刘翠霞的生平及艺术情况进行系统的研究和整

[①] 评剧，习称"蹦蹦戏"或"落子戏"，又有"平腔梆子戏""唐山落子""奉天落子""平戏""评戏"等称谓，但最终以"评剧"之名闻名全国。本书行文时多用"评剧"，某些地方保留过去"评戏"用法。

理，自 2004 年开始，很多研究成果陆续见诸报端，累计达 20 余万字，另有大量文稿藏在书柜中。

刘翠霞的父亲叫刘守忠，母亲沙氏（沙姓是敖嘴村大姓之一）。其父母育有两女，姐姐乳名叫屏儿，长翠霞 6 岁，嫁给了蛮子营（今豆张庄镇双河村）的赵永庆。此人是买卖人，头脑灵活，后在山霞社后台当管事。1917 年，因华北一带发大水，全家人的生活受到影响，其父母亲在刘翠霞老舅沙致福的带领下，到位于子牙河北岸的邵家园子一带（宝兴里二号）落脚。邵家园子是个码头，也是穷人扎堆的地方，当地有不少戏园子，另外也有不少艺人在大街上撂地演出，这无疑是刘翠霞的艺术启蒙。

据评戏老艺人张润时老先生回忆，刘翠霞小的时候，天真活泼，爱唱爱跳，嘴里总哼哼呀呀地唱个不停，而且唱得有板有眼。她五六岁的时候，就能跟着邻居家的留声机里传出的评剧旋律，唱得不跑调不走板。稚嫩的声音清脆好听。一位邻居大娘是个评戏迷，常出入戏园子看戏，曾带着她去园子看过几次戏，小翠霞一下子就迷上了。她八九岁的时候，戏瘾就更大了，经常在家里的床上、地上打扮起来，用两条旧毛巾绑在双手上代替水袖，破被单围在腰上取代腰包或者褶子。妈妈的旧花袄被皮成了她蒙在头上的头面，用锅底黑灰描画眼眉，过年用的贴在门上的福字红纸涂抹嘴唇。每天就这样循环地从床上扭唱到地上，又从地上扭到院里。母亲看见女儿像着了魔一样，又好笑，又快慰。

刘翠霞 10 岁时随撂地艺人何丑子学唱大鼓，并随师父到大连谋生。11 岁时，刘翠霞进入天津的李金顺落子班（李氏为武清王庆坨人），从此走上了评剧艺术之路。开蒙老师是张柏龄和罗万盛，当时是花钱学戏，每月一袋白面，学《王少安赶船》《杜十娘》《马寡妇开店》等戏。14 岁时拜著名艺人赵月楼为师，学《德孝双全》《夜审周子琴》《吴家花园》《回杯记》等。最初在华乐落子馆登台为花莲舫、李金顺配戏，后来在天福茶园与李金顺同台，17 岁时与李华山（今河北省廊坊市落垡村人）一起成立"山霞社"。山霞社是评剧早期实力最强的一个班社，荟萃了当时津门评剧界青衣、花旦、老生、小生、小丑、老旦、彩旦，以及板胡、司鼓等名家，阵容相当齐整，当时评剧界人士都以能加入山霞社为荣。山霞社长年活跃在福仙茶园、北洋戏院、大舞台、天宝大戏院等场所，并应邀赴北京、济南、沈阳等地演出。

刘翠霞在近二十年的舞台生涯中，继承并发扬了前辈艺人的艺术经验，经过艰苦的艺术再创造，逐渐形成了独树一帜的"刘派"艺术。她善演悲剧，扮相俊美，风姿绰约，且音调高亢，深得观众的喜爱。她善于创新和改革，是评剧界最早使用灯光布景的演员。她的表演以唱功见长，吐字清晰，一气呵成，代表板式是"楼上楼"。这种板式适合表现感情激动时候的唱腔，打的板子和梆子同时上下，故也可叫作堕板。楼上楼又可分为慢楼上楼和快楼上楼两种，还可分为堕板的楼上楼。最激动时，如《秦香莲》中韩琪自尽，香莲到包公处告状与陈世美对质，这时候香莲非常气愤，非得唱楼上楼了。鼓板和梆子同时下："相爷与我作了主，强人欺弱我咬碎牙根，你不要装痴呆若无其事儿，有三条大罪在你身，第一罪，招为驸马娶公主，停妻又娶欺骗朝廷……"这段使人听后非常解气，演员唱时非常起劲。慢楼上楼即由慢楼板转为楼上楼。如《画皮》中陈氏劝丈夫不要鬼迷心窍："你看她花言巧语多善辩，眉来眼去迷你的心……"这是比较严肃、心平气和的谈话，而后由慢而轻快。

刘翠霞的成名作有《赵五娘》《打狗劝夫》《空谷兰》等戏。1935年到1937年是刘翠霞的极盛时期。另据资料载，在1936年春节期间，芙蓉花从北平来津，李金顺嫁人后仍然住在英租界。山霞社的管事李华山主办了几天评剧合作演出，各演拿手好戏。有芙蓉花的《枪毙驼龙》，朱宝霞的《麻疯女》，李金顺、金灵芝的《珍珠衫》，刘翠霞的《雪玉冰霜》。演完戏，新闻界倡议评选"评戏皇后"，当时李金顺、芙蓉花都推举刘翠霞，其他主演也都同意。老艺人张福堂也说："按唱功论品行，翠霞够个评戏皇后的资格。"于是第二天报纸上刊发消息，登了照片，从此刘翠霞成了评戏皇后。白玉霜后来从上海唱红了，来津演出也挂了个"评戏女皇"的名号。随后，刘翠霞就改为"评戏女皇"了，女皇可能比皇后权力更大一些吧，这个头衔用了六年，直到她去世。天津大盐商、号称八大家之一的"益德王"的二十四姑与刘翠霞交往密切，曾给刘翠霞拍过一卷家庭电影，十来分钟，选剧《三节烈》公堂一折，流传于世。20世纪30年代，百代公司、高亭公司给刘翠霞共录制了61张唱片，包括独创曲目《金鱼仙子》《一元钱》《三女性》《四海棠》等。

刘翠霞红极一时，但生活极其俭朴，深居简出，不事交游。她守身如玉，一有馈赠，一律谢绝。刘翠霞讲究人格，又讲义气，扶危济困，艺人至今难忘。据老艺人赵良玉回忆，1939年闹大水时期，她与全班演员共患难，亦为戏界乐于称道。法租界已上了水，这时刘翠霞正在北洋戏院看白玉霜的《桃花庵》，才看了一会儿，养女小霞那年14岁，跑到楼下去买水果，听人说日租界被水淹了，忙回来上楼告诉翠霞，母女俩就往家跑。无奈水已漫到腿肚子了，只好又奔回了乐乐舞厅（延安影院旁，原世界饭店楼上）找陈静波（刘的丈夫）。因日租界已上水，只好在惠中饭店开了一间房子暂时住下。不大工夫，法租界也上来水了。刘翠霞心里惦记着山霞社的同伴们，就雇船将受淹的同行全都接到天宝戏院，又雇船将演员的家属全部接到国民戏院。当时吃饭是最大的问题，连演员带家属有几百人，一般艺人全是日挣日食的，并无积蓄。看到演员们处于饥饿困境，她毅然拿出自己的积蓄来购买粮食，维持同人及家属们的生活。

刘翠霞从小就身体瘦弱，二十几岁就独挑山霞社班。评戏要用大嗓使真力唱，大段唱功多至几十句至百句。她的唱法节奏紧，时常不让大弦过门，极费力气。当时每天都日夜两场，每年要演七百多场戏。在华北戏院晚场演出《韩湘子三度林英》，是她驰骋天津艺坛十五年的最后一次演出。1941 年 7 月 15 日，她眼含热泪病逝。消息传开后，天津爱好评戏的观众及戏曲界艺人无不惋惜。9 月 11 日《庸报》载文："刘翠霞不仅革新腔调，而且还改革剧本，把陈腐、乏味、有伤风化的都删去了，擅长演出悲剧。刘翠霞做派逼真，唱腔好听悦耳，传遍街巷，妇孺皆知……被评为评剧皇后。"

刘翠霞死后，被埋在陈静波祖坟地（小稍直口），但在武清区李各庄村，至今人们仍习惯将沟南的一大片地块称为"刘翠霞坟"，后经证实，这个坟地实际上是她姐姐的。

自 20 世纪 90 年代开始，笔者就对刘翠霞进行了专门研究，并在各大报刊上陆续发表了二百余篇研究成果，《评剧皇后刘翠霞》这本书稿，就是在上述这些文章中精心筛选出来的，全书分艺海人生、人生舞台、世间真情三个部分，分别对刘翠霞的演艺生涯、演出场所及同行交游做了较为系统的梳理和研究，为准确把握刘翠霞的艺术人生提供了丰富史料。为更好地读懂刘翠霞，笔者于正文之后，另外附录了三个重要史料，分别是《刘翠霞年谱简编》《刘翠霞宗亲及村民座谈会发言摘要》及20世纪30年代时人撰写的《平戏女皇刘翠霞秘史》。上述史料前两部分，全部是由我进行整理的。最后一个史料，则是由本人收藏的珍稀文献。迄今为止，除本人收藏和研究外，在圈内很少有人提及，这也构成了本书的重要特色。

刘翠霞是一个了不起的人物，在我国评剧发展史上占有重要的历史地位。但遗憾的是，随着岁月的流逝，除了评剧界外，人们渐渐将其淡忘，并且直到今天为止，还没有一部系统研究其生平和演艺生涯的专著。本书恰恰在这方面弥补了缺憾，无论是对于评剧界，还是对于普通读者，这本书的出现都应当是值得庆幸的事。

侯福志

2022 年 11 月 11 日

目 录
CONTENTS

艺海人生

辛亥年出生　　　　　　　　　　　　3

刘翠霞没有讨过饭　　　　　　　　　7

跟艺人学大鼓　　　　　　　　　　　10

拜师张柏龄　　　　　　　　　　　　13

第一次演主角　　　　　　　　　　　15

"出走"内幕　　　　　　　　　　　　18

轰动济南府　　　　　　　　　　　　21

赵月楼的女弟子　　　　　　　　　　24

与警世戏社三班的往事　　　　　　　27

刘翠霞给底包开足戏份儿　　　　　　30

成立山霞社　　　　　　　　　　　　33

刘小楼记忆里的刘翠霞　　　　　　　37

与白玉霜打擂　　　　　　　　　　　40

独树一帜的"楼上楼"　　　　　　　46

山霞社入驻福仙茶园　　　　　　　　51

再赴大连演出 54

刘翠霞在逆境中成长 56

为自己写序 59

因病离世 62

寻找天津故居 67

"刘翠霞坟"的传说 71

人生舞台

出演北洋戏院 77

在春和大戏院唱"混搭" 80

山霞社的根据地福仙茶园 84

在国民戏院"串唱"京剧《空谷兰》 87

在华北戏院演出后一病不起 90

营口升平茶园 92

在南市第一台演出 95

山霞社在庆云戏院演出连台本戏 98

刘翠霞演出升平茶园 100

在天宝戏院连演三个月 103

刘翠霞出演新明大戏院 106

在中原游艺场连演半个月 109

世间真情

"琅琊隐士"是杨扬石的化名 115

李燃犀笔下之刘翠霞 117

戴愚庵与天津评剧 121

张爱玲酷爱天津蹦蹦戏 125

白玉霜的评剧启蒙 129

刘翠霞与陈静波的夫妻情 133

与相声名家戴少甫的一段公案 137

安东诚文信书局与《评戏大观》 139

女小生桂宝芬 143

白玉霜因刘翠霞而重新登台 147

文东山给山霞社写剧本 149

第一任师父张柏龄 154

不在册的弟子花淑兰 157

琴师张凯 159

曾给李金顺当配角 162

李义芬与山霞社 166

亲传弟子新翠霞 168

结怨黄翠舫 171

六岁红陪刘翠霞演《打狗劝夫》 174

山霞社名家赵良玉 177

女小生刘彩霞 181

为人仗义的沙致福 183

吴俊亭给刘翠霞配戏 186

山霞社鼓师张福堂 189

鲜灵霞向刘翠霞"抒叶子" 191

新凤霞向刘翠霞学艺 195

新凤霞记忆里的刘翠霞 198

座钟老板王玉堂 201

孔广山与山霞社 203

附录 1 刘翠霞年谱简编　　　　　　　　　　205

附录 2 刘翠霞宗亲及村民座谈会发言摘要　　224

附录 3 平戏女皇刘翠霞秘史　　　　　　　　229

主要参考文献　　　　　　　　　　　　　　305

后记　　　　　　　　　　　　　　　　　　307

艺海人生

YIHAI
RENSHENG

辛亥年出生

　　20世纪30年代，刘翠霞被公选为"评戏女皇"，和其他明星一样，她的一举一动都引起了人们的关注。当时，有关她的出身也是人们争论的话题。有的说她是京东人氏，有的说她生于直隶南部，以讹传讹，莫衷一是。前些年，还有读者与我对质，他告诉我说，刘翠霞是河北省景县人。

评戏老剧本

由琅琊隐士撰写的《平戏女皇刘翠霞秘史》（1940 年 10 月出版），曾披露过她的身世。按照他的说法，刘翠霞是武清县六区所属的敖嘴村人。笔者出生在敖嘴村北边三里的李各庄村，今同属石各庄镇，在与敖嘴村人的交流中，更加确信刘翠霞就是敖嘴村人。

历史上，敖嘴，原称敖嘴子，位于著名的湖泊三角淀之北。

刘翠霞戏装像（原载《评戏大观》封面）

三角淀，又名苇淀、西淀，到清朝前期，其范围以武清西南部汉沽港一带为中心。明代学者蒋一葵在《长安客话》一书中载："三角淀在县（武清）南，周回二百余里，即雍奴，旧有城池。"清朝天津知县张志奇有诗描述过三角淀："弥漫野水集于舟，网得银鳞发棹讴。斜日微风吹过岸，一声声出白蘋洲。"清嘉庆年间天津有一位贡生在泛舟三角淀时,有诗句云:"西淀烟迷处处蛙,小舟荡桨韵相斜。荷花雨里闲拓笛,吹得香风遍水洼。"从上述诗篇可以看出,在明清两代,三角淀曾经是附近村民打鱼的地方。另据史料载,自晚清至民国期间,三角淀是永定河、中亭河、玉带河诸河道"停蓄游衍"之所。而永定河(当地称浑河)、中亭河等"性浊汹悍",所挟带泥沙将三角淀淤高,使三角淀逐步丧失了蓄水功能。盘踞在淀核心区的水,经常破堤而行,并顺势而下,将洼淀附近的村庄冲毁。为控制洪水,清政府曾经在三角淀南北两侧修建了两道堤埝,洪水被围于南北遥堤之间,堤外的村庄可保无虞,而堤内的村庄就倒了霉。每至盛夏,位于永定河"南北遥堤"之间的四十里淤泥地,几十个村镇,包括石各庄、李各庄、西南庄、敖嘴(民国时期,村南边就是永定河)、二光、陈嘴等,常因永定河泛滥而使这些地方的村民迁徙无定,出现了成群结队逃难的景象,当地人把这种情况称为"走浑河"。

1911年是一个特殊年份。孙中山领导的辛亥革命推翻了清王朝的统治,建立了中华民国。从此,中国历史翻开了新的一页。就在这一年的春天,伴随着改朝换代的枪声,有一个小女孩在浑河岸边的敖嘴村诞生了,这个小女孩叫霞儿,就是后来被誉为评戏皇后的刘翠霞。

然而,辛亥革命的枪声带来的只是改朝换代,并没有改变敖嘴村人走浑河的命运。这村庄虽然不十分壮阔,住户却有五百余家。有的作客他乡,有的便苦守田园务农为业。村东的老刘家,在该地居住已有数十年历史,家长刘守忠,年纪虽在三十开外,而所抱定的家庭观念却很深邃。妻子沙氏亦是当村的人氏,对于中匮的事务,经理得是处处得当。在霞儿6岁的时候(1917),她的姐姐屏儿已经12岁了。这一年,由于海河流域发生大洪水,永定河泛滥成灾,原本因"河港汉中粮仓"之意而得名的敖嘴村，竟然颗粒无收。为了活命，人们背井离乡"走浑河"，四处逃难。与其他破产农民一样，刘守忠把家里仅有的 5 亩薄产卖掉，被迫"下卫"谋生。霞儿的舅舅见多识广，他在天津卫有一些朋友，于是就用自己家的马车载着刘守忠一家人，投奔到朋友家里，并在位于大红桥附近的邵家园子一带落了脚。

刘翠霞没有讨过饭

以前曾有一种说法，认为刘翠霞一家因生活无着被迫"下卫讨饭"，但一直没有更为详细的记录和佐证。笔者曾觅得《平戏女皇刘翠霞秘史》一书，书中详细披露了刘翠霞离开家乡的经过，为我们了解其生平提供了丰富史料。

《平戏女皇刘翠霞秘史》出版于 1940 年 10 月，作者是天津《中南报》记者杨扬石，化名为"琅琊隐士"。据作者自序，经福仙茶园（今鼓楼北元升茶园）经理周玉田介绍，作者有幸结识了山霞评戏社的主持人李华山及司账赵德福。后经李赵的指引，方与刘翠霞互相晤谈……作者乘机迭次地探询一切，果然得其真确的出身与经历，内容七情俱备，五味皆尝，作者既得刘伶大白于耳膜，亦只以"原来如此"四字作一放汤追询的结束而已。由此可见，《平戏女皇刘翠霞秘史》作为一部传记作品，是完全可以作为信史来读的。

据该书介绍，刘翠霞的父亲叫刘守忠，妻子沙氏。夫妻二人生有两个女儿。大女儿屏儿，二女儿霞儿。1915 年，屏儿长到了 10 岁，霞儿则仅有 4 岁。因为姐儿俩面貌姣好，故在村里有"姊妹花"之誉。"姊妹二人虽然年岁很小，而天性却非常的聪颖。每日里，除去辅助沙氏操理活计之外，便在篱笆院内作些有兴味的游戏。"刘守忠早年曾有些积蓄，并购置了5亩田地，"便很不辞劳瘁地指天吃饭赖地穿衣了，所以成天里竟与耕锄结为须臾而不可离也的好友"。无奈天公不作美，家里连年遭遇旱涝灾害，"以至于家无隔宿之粮"。就在一家人愁眉不展之际，刘翠霞老舅的一条建议改变了他们的命运。

刘翠霞的老舅叫沙致福，虽生活在农村，但见多识广。他为解决刘守忠一家人的生计，没少想办法。开始，他向刘守忠夫妻俩建议给两个女儿"说个主儿"，"无论哪一个亦能落到几个钱，暂时先济此燃眉之急"。但刘守忠坚决反对，他认为人可以穷，但志不能穷。"不能被穷所迫而落一个明嫁暗卖的名誉。"后来，沙致福又提出，可否把刘家的几亩薄产卖掉，然后把房子托人照看，一家四口迁到天津做个小买卖。这个建议为刘守忠所接受，在刘守忠看来，天津毕竟是个大地方，总比在乡村好找饭吃，"料想最后的一步，纵然是在天津要了饭，沿街乞讨，亦较比着在这当乡当土丢人伤脸强得多了呢"。于是，沙氏以及两个孩子坐着沙致福的马车先期到达天津，租住在邵家园子（今大红桥附近）的一间平房里，半个多月后，刘守忠卖了田地后，便赶到了邵家园子团聚。不久，刘守忠摆了一个水果摊儿，一家人的生活有了着落。

有意思的是，《平戏女皇刘翠霞秘史》曾对敖嘴村的田野风光做了描述，读来非常亲切。有一天早晨，"红日一轮刚从海沿吐出了光线"，刘守忠便"扛起了锄耙，提着破水罐，一面哼唱着，一面向房后面的地里走去。……到得地里用手遮眼一望，真是天地相连，人烟少见，一幕远碧浮青的景色，清澈静雅"。

另外，书中也描写了刘守忠卖地的情节，亦可作为那个时代农村社会关系的生动写照。敖嘴村有个叫于金铭的人给刘守忠找了个买主，这个买主外号叫刘老歪。按刘守忠的想法，5亩地怎么也得卖

30元钱。但刘老歪"素性吝刻，拿一文钱当铜盆"。他知道刘守忠正等米下锅，于是拿捏起来，当刘守忠提出要价30元时，立马"瞪了瞪眼睛，伸了伸舌头，说道：'就凭你那糟乱的地要30块钱吗，我亦不少给，3块钱。要卖当时就解决，回头我就不要了'"。刘守忠虽然急等用钱，但并没有同意。过几天后，刘守忠以25元的价格忍痛卖给了另外一个买主。

从《平戏女皇刘翠霞秘史》提供的资料看，刘守忠一家靠沙致福的接济以及卖地收入解决了迁居天津卫后的衣食问题，所谓"下卫讨饭"的说法并不成立。

跟艺人学大鼓

在刘翠霞 8 岁那年的夏天，她的父亲刘守忠到子牙河南岸的一家杂耍园子去看戏。

"天津卫，好热闹，你喊我嚷好似锅里的蚂蚁叫。白牌电车围城跑，杂牌的电车租界绕。白天好，人仰马翻不得了。黑天好，五色的电灯放光豪……"刘守忠平常为衣食所累，很少有机会出来闲逛。当他听到路边孩子们所唱的这首儿童歌谣，再抬眼皮望着大街两侧璀璨的灯光，方知天津卫果然比村里繁华，心里有一种说不出的快感。

刘守忠进了杂耍园子后，便坐在一个角落里欣赏起来。这是他平生第一次走进戏园子。先听了几段皮簧，又看了几出戏法表演，临近末场的时候，只见从后台走出来一位十七八岁的漂亮女子，她一上台就赢得了雷鸣般的掌声。她唱的是辽宁大鼓，虽然听不清鼓词，但曲调却非常好听。有了这次经历，刘守忠萌生了让翠霞也唱大鼓的想法。真是无巧不成书，没过几天，刘翠霞老舅的一位好友，人称"何丑子"的人来到刘守忠家里做客。何丑子是大连人，原以唱辽宁大鼓为业，后来因为嗓音失润，就专而以教唱为生。他教的徒弟有三四十人，其中很多都已成名。当听说何丑子就是教唱辽宁大鼓的，刘守忠非常激动，执意要让刘翠霞跟何丑子学唱大鼓。刘守忠提出要求后，何丑子并没有马上答应，因为他转天要回大连，只希望以后有机会再说，而刘守忠有些等不及。他暗想，何先生这一走，不知猴年马月再来，"莫若即时行事。于是把霞儿叫了过来，手指着何丑子对霞儿道：快磕头，这就是你的师父"。何丑子抹不开面，就收刘翠霞做了徒弟。就这样，在父母和舅舅的陪同下，刘翠霞坐轮船来到了大连。

老剧本上的刘翠霞

大连是东北地区一个很大的滨海码头，由于受日本、我国势力的影响，"大连的地面较比这儿（指天津）还活动，差不多天津（艺人）都往那儿找饭吃"。刘翠霞跟何丑子学了不到3个月，就已经会唱十几段鼓曲。刘守忠感觉刘翠霞可以将就上台，便托人举荐到了西市场。刘翠霞当时还小，第一次上台，"心里便扑通扑通地跳。那种情形，就好似新娘子在洞房里新郎突把门关了的样子"。第一次上台，"浑身打着战草草地唱完了"。第二天，"就较比头天差着许多，虽然还是有些毛病，无论是顾客或是何丑子，亦要从旁原谅她的年岁太小"。三四天之后，刘翠霞就"放肆多了"。几天下来，成绩不错。但在何丑子看来，刘翠霞的"腔调上还是软，于是日夜地加紧教习"。刘翠霞在西市场唱了半个多月，"每天所挣的钱亦居然将就糊口"。刘翠霞父母非常高兴，"对霞儿更加上十分的爱护"。但小孩子就怕宠，刘翠霞竟然骄傲起来，加之受同行姐妹的影响，开始注重修饰，喜欢涂脂抹粉、挤眉弄眼，出风头，荒跑荒颠。她还喜欢仨一群俩一伙去逛街，更喜欢到别人家里串门子。大连的杂耍园子，不知道这个唱大鼓小孩的很少。因为出了名，且举止风流，引起了不少人的注意。总有一些人尽力去捧场，刘翠霞上场时"更是大模大样，端起了小架子"。因为沾染上旧时艺人的坏毛病，刘翠霞的艺术不但没有进取，反而每况愈下。"再加着是隆冬的时候，北风怒号滴水成冰，亦正是游艺场所的背月，便日渐败落下去。"刘翠霞当然十分懊悔，"时势所造就了，真亦没有挽回的余地，直至西市场封了台。"本想转年会有所改变，何丑子确实下了功夫，但刘翠霞依旧没有长进。刘翠霞父母和舅舅也没办法，知道刘翠霞不是唱大鼓的料，便在 1920 年春天告别了何丑子，携刘翠霞返回了天津。

虽然刘翠霞第一次出道以失败告终，但因为她有过上场的经历，所以，当在天津天安里遇到评剧艺人张柏龄的时候，便在他的引领下很快踏上了评剧艺术之路，而这一年她不过才 10 岁。

拜师张柏龄

天安里这个地方，便如同现在庆云后一样，所有住户，十之八九都是吃梨园行的饭。霞儿对门住着一位评剧老师，名叫张柏龄，年龄虽只有 30 岁，但人极老练。自评剧流行以来，"他就得到此中的秘诀，所收的门徒亦有四五十人"。有一天，他在屋里拉弦并教徒弟们唱《花为媒》，霞儿听后非常喜欢，就到张柏龄屋中且看且听，张柏龄知道她住在对门，并没有理会。日子一长，每逢张柏龄在屋里教戏，霞儿便进屋旁听。一来二去，霞儿也就学会了一段半段，闲着的时候，她自己就在屋里唱着玩。有一次，她学唱《杜十娘》里的一句唱："莫非说，在外边，得罪了朋友？"恰巧被张柏龄听见了。张柏龄心想："霞儿的腔调儿真不坏，嗓音也很好，倘若

评戏剧本《婆媳顶嘴》

再仔细的教授她一番，准能唱得好处。"霞儿自己唱着玩，并不知道张柏龄关注她，所以转天仍到张柏龄屋里去听戏。张柏龄看到霞儿进屋，便询问她会不会唱，霞儿道："会唱。"张柏龄拉弦伴奏并让霞儿唱了一段《杜十娘》。张柏龄觉得霞儿唱得不错，而且还不怵阵，倘若收她做个门徒，将来一定会大红大紫。于是对霞儿说："你如果乐意学，今天回去马上就跟你父亲商议商议，认可了，算我收你这个徒弟，不认可便作罢。"霞儿正想答话，一抬头，看见母亲沙氏在玻璃窗外面站着，立刻跑了出去，原来沙氏正找她回家吃饭。母女回到屋中，沙氏训斥道："你这丫头真不知自爱，又把在大连东家走、西家串的毛病使出来了。"霞儿把圆眼一瞪怒道："什么毛病不毛病，爽快说，我要学评戏。"沙氏道："你说说评戏是什么?"霞儿道："蹦蹦就是评戏。"沙氏道："得了，收起你那份心吧，大鼓唱不好，又学蹦蹦啦。蹦蹦唱不好呢? 再学二黄，二黄学不好，再学梆子。让你全学过来，格不住全唱不好，亦是枉然。"霞儿的父亲刘守忠在旁插嘴道："按说蹦蹦可是一种时兴的玩艺儿，倒可以学。不过霞儿这孩子的性情不好，倘若再使出在大连那一派来，岂不是又白染了一水?"霞儿道："如果你们乐意让我学，我就把在大连的习气改过了，老老实实地学，好好地登台演唱。你们要认可，我就把对门住的张大伯请来，你们和他谈谈。"

刘守忠夫妻俩觉得霞儿长大了，于是答应了霞儿的要求，霞儿果然拜张柏龄为师专学评剧。霞儿本已有基础，不多日子，便学会了《高成借嫂》《败子回头》《花为媒》等几出戏，经张柏龄举荐，不久就在旧法租界的"马鬼子楼"登台，为此，张柏龄给霞儿起了一个艺名"刘翠霞"。刘翠霞虽然只是东发亮（孙凤鸣）和黄翠舫等艺人的配角，但这个十二三岁的小姑娘一登台即获满堂彩。自此，刘翠霞正式踏进了评剧艺术的大门。

第一次演主角

1925年，刘翠霞进入聚庆戏班学艺，给众名家当配角参加演出。

聚华茶园位于南市荣业街7号（今荣业大街）。初名华乐书场，始建于1915年，是大棚式简易建筑，由朱寿山等3名股东共同经营。朱寿山是西餐厨师出身，精明能干，曾与上权仙戏院的老板周子云，合股经营"洋餐馆"（专营西餐）。1917年，"洋餐馆"被大火"洗劫一空"，连带烧毁了上权仙戏院。朱寿山还与他人合股经营天津第一池塘，生意很是兴隆。赚钱之后，开始把精力放在戏院上。1919年，聚华茶园由朱寿山独自经营，并更名为华乐茶园（一度称华乐落子馆），并由简易大棚整修为青砖灰顶的二层楼房，建筑面积达800多平方米，可容纳观众700余人，专供妓女清唱莲花落，成为"南市四大部"之一的"华乐部"。由于经营不善，于1921年停业。1922年5月，朱寿山引来10家股东合资合伙经营，并将华乐茶园更名为聚华茶园，演出无声电影和文明戏。由于朱寿山独断专行，其他股东陆续退出，重新由朱寿山个人经营。朱寿山因组织"聚庆戏班"，遂将聚华茶园更名为聚华戏院。开始为京剧、梆子"两下锅"的班社，评戏兴起后，改为专门的评戏班，除约请部分名角外，班底均用自己戏班的演员。1945 年朱寿山病故，由其子朱玉清继任经理，直到 1956 年公私合营为止。1965 年更名为劳动剧场。今已拆除不存。

李金顺《桃花庵》剧照

从 1925 年至 1927 年，刘翠霞主要在聚华学艺。刘翠霞一方面勤奋练功学戏，虚心向主角求教，不断充实自己，另一方面不放过任何上场实习的机会。花莲舫、李金顺是金花玉班和元顺戏班的主角，朱寿山曾邀请这两个戏班到聚华戏院演出。戏院通常先在前面安排皮黄、大鼓等节目，然后才在最后演出评剧（当时称落子）。当时，刘翠霞在戏班是个小角色，只偶尔扮个小丫鬟在台上唱上一句半句。有时由李金顺借给她"头面"，在前场加段小戏唱。她的声音清脆动听，一度引起后台注意。有一次，李金顺、花莲舫合演《打狗劝夫》，原定花莲舫演大旦嫂子，李金顺演二旦弟妹，因二旦的戏讨俏，二人闹了意见，花莲舫忽然临时请假。朱寿山无奈，只得临时抓 15 岁的刘翠霞接演大旦。李金顺对刘翠霞非常疼爱，让她穿自己的行头和头面。这样，刘翠霞就很从容地上场了。

《打狗劝夫》这出戏，又名《德孝双全》《和睦家庭》，说的是赵连弼、赵连芳兄弟分家后，连弼向弟弟连芳求助被拒，弟媳桑氏同情兄长，暗中周济其兄。桑氏为教育连芳，将自家的狗打死，着以衣帽，伪称无名尸体。连芳大惧，求赌友帮忙抬尸，赌友不但不

1938 年《天风画报》刊载刘翠霞赶排《壁虎缘》消息

帮忙，还乘机讹诈，把他告到官府。连芳无奈，只得求助其兄。连
弼念手足之情，不计前仇，连夜移去尸体。官府闻报勘验后，才知
乃为一犬，兄弟二人从此和好如初。

刘翠霞学戏很用心，每值演戏，她都从帘缝偷学，这出《打狗
劝夫》早烂熟于心。她上场后，用心揣摩人物心理，凭借传神的做
功和声情并茂的演唱，把大旦角色演得活灵活现，一下子就征服了
观众，得到肯定和赞扬。有了刘翠霞救场的经历，李金顺便对刘翠
霞格外关怀，开始让刘翠霞在戏班里演二路旦角，如《珍珠衫》里
的平氏，《三节烈》里的张秋莲，《杨三姐告状》里的杨二姐等。不
到一年时间，也就是在她 16 岁的时候，就可以上场演正戏了。

"出走"内幕

　　1927 年，在评戏艺人张柏龄的引荐下，刘翠霞登上了南市聚华戏院的舞台。由于她长相俊美，加之学艺认真，很快成为这家戏院的台柱子，并赢得了"评戏大王"的美誉。大红大紫之后，刘翠霞为富家子弟所觊觎，一度给刘翠霞一家带来困扰。为免生事端，刘翠霞被迫"出走"济南。

　　天津南开一带住着一位阔少叫黄登贵，上中学的时候，就以追求女生为常事。正在恋此失彼的时候，乍而到聚华戏院看了一次刘翠霞演出的《败子回头》，被戏中人物妓女花翎（由刘翠霞饰演）的"脉脉春情"所打动，从此便迷恋上了刘翠霞。他每天到戏院来捧场，每当刘翠霞演到精彩处，就把巴掌拍得山响。刘翠霞本来是在做戏，她对观众的热捧早已司空见惯。但这位戴眼镜少年的举动，还是引起了刘翠霞的注意，无形中"在艺术以外而又多了一股心肠"，以至于在演出时经常走神出错。有一天晚上，刘翠霞家里收到了一封书信，是黄登贵写给刘翠霞的。刘翠霞的父亲刘守忠不认识字，还以为是戏院的约角函，就让刘翠霞老舅沙致福念给自己听。沙致福打开一看，大吃了一惊。原来这封信并不是约角函，而是一封求爱信。信中写道："翠霞情姊：我早已就得着你那轰轰烈烈的大名，所以，那天你唱《败子回头》，我就坐在东面厢里，倒望个真真切切，及至把戏唱完了，才知道果然是名不虚传。我那倾慕的心，于此便算结下。我所倾慕的第一点是你的玩艺儿别创一格，第二点是你的姿色，超过群芳……"读完书信，沙致福禁不住倒吸了一口凉气。他知道，刘翠霞才十六七岁，艺术上正是上升期，若这个时候谈恋爱，定会影响艺术的进步。再说，刘翠霞养着一大家子人，若她此时嫁人

《评戏大观》第三集书影

了，一家人的生计就没了着落。想到这，沙致福敷衍了一下刘守忠，立即拿着这封信去对门找张柏龄商议。沙致福把黄登贵写信的事告诉了张柏龄，并请他无论如何要帮忙把这个矛盾化解掉。为避免刘翠霞走心思，且不伤害黄登贵，经二人商议，决定采取冷处理的方式，所谓三十六计走为上策。张柏龄按照沙致福的说辞，向刘守忠提议去济南演出。他告诉刘守忠说，济南有一个共乐舞台，是一家非常大的戏园子，在那里演出，一方面可以扩大刘翠霞的影响力，另一方面有了起色后再返回天津，可以提高自己的身价。刘守忠并不知道这个是计，很痛快地答应了张柏龄的要求。刘翠霞也希望到外面去闯一闯，何况她与黄登贵之间并没有产生实质性的感情，所以，在沙致福的陪同下，刘翠霞奔赴了济南。

黄登贵把书信投出去之后，左等右盼，朝思夜想，但一直等了半个多月，也没见刘翠霞的回信，不免有些心灰意冷。后来听说刘

翠霞远赴济南，心里就更不是滋味，竟然因思虑过度而一病不起。按照《平戏女皇刘翠霞秘史》一书的记载，在朋友的极力劝导下，这位阔少终于回过神来，知道刘翠霞无心于他，渐渐地就把这段感情忘掉了。但他做梦也想不到，这个结果是沙致福一手造成的，而刘翠霞也一直被蒙在鼓里。

轰动济南府

1927年，为躲避黄登贵的纠缠，刘翠霞在父母和舅舅沙致福的陪同下，赴济南共乐舞台演出。

蹦蹦（嘣嘣）戏本

共乐舞台，亦称共乐戏园，创办于1926年，位于今济南经二纬六路，1930年一度更名为春和戏园，1935年停业。济南是一个通达南北的交通要道，境内有津浦、胶济两大铁路相连。但济南经济一直落后，市民文化不发达，民风相对淳朴。当时，评剧在平津两地早已深入人心，但在济南，民众对评剧普遍不太了解。好在共乐舞台做足了功课，事先在当地报纸上广为宣传，并在戏园子门口张贴大幅广告，所以，刘翠霞的名字爆棚，开演的当天，戏园子里便挤满了人，演出十分火爆。

由于《蒋兴哥重会珍珠衫》的故事情节起伏跌宕，加之刘翠霞扮相俊美，演技高超，故赢得了观众的心。尤其是当天晚戏《公堂》一场，获得极高评价。她那句"蒋……蒋兴哥……"委婉的唱词，高亢婉转的唱腔，加之刘翠霞细腻的感情流露，令在场观众为之动容。一连演出三天，均获成功。

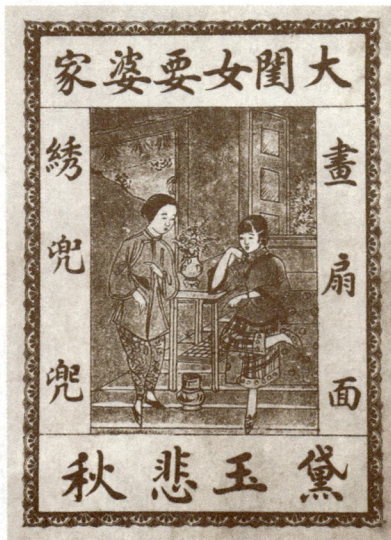

评剧剧本《黛玉悲秋》

自从离开天津后，刘翠霞听到了更多的掌声，其心情亦豁然开朗起来，好像一下子换了一个人。她所剪的长发披到肩上，两腮上不擦粉亦自白。腰儿亦纤细了，臀部亦丰满起来。虽人很活泼，而举止上亦稳重了。每逢交接谈话，总是笑面迎人。倘不明真相的，乍一看来，想不出她是做艺的，装扮上，很有女学生风范，举止上很够姨太太的品格。济南有一位商人，在当地颇有影响，他非常欣赏刘翠霞的演技和人品，专门给刘翠霞送了一块牌匾，上书"玉貌珠喉"。这一下子又在泉城产生了轰动效应。经报纸传播后，刘翠霞身价一路飙升。消息传到天津后，一些戏园子老板专门打电报邀请刘翠霞演出，一些老观众恨不得跑到济南来听刘翠霞的戏。共乐舞台老板为留住刘翠霞，每每主动给刘翠霞增加薪水。而那位送匾额的商人，更是大捧特捧，有一次竟然一次购买了九百多元的票分送好友。

在济南的半年多时间里，刘翠霞一方面为自己赢得了声誉，另一方面也给家里挣了不少钱。想当初，因为没有钱，刘翠霞一家人被迫卖地逃生，并且一家人受尽了磨难。痛苦的经历给幼小的刘翠霞留下难以忘怀的记忆。如今，刘翠霞懂事了，而且也能挣钱了，就开始谋划家庭的未来。她认为，唱戏不过是一时的，自己总有年老色衰的时候，没人捧了，戏也就没人看了。与其坐等这一天，还不如未雨绸缪。这一天，她把自己的想法告诉了父母。她建议让父亲返回乡里，用自己的积蓄购买几亩田产，再买上几间房子。一方面为自己家在家乡挽回些面子，另一方面也为"万不得已"的那一天做些准备。母亲沙氏听后，拍手赞成。父亲刘守忠也早有此意。舅舅沙致福见多识广，当听到刘翠霞的打算时，知道刘翠霞已然长大，打心眼里为刘翠霞高兴。在济南期间，刘翠霞也偶尔会想到黄登贵。由于她没有见到过黄登贵的求爱信，并且也因为没有与黄登贵接触过，因此实际上也并没有产生任何感情。渐渐地，便把黄登贵当作普通的粉丝，随着时间的推移把他忘记了。

眨眼到了春节，与共乐舞台的合同期满，沙致福带着刘翠霞还有沙氏一起返回了天津。不久，在梨园界人士吴万祥的支持下，刘翠霞在法租界天天舞台竖起了大旗。"评戏大王""评戏泰斗"的广告铺天盖地……

赵月楼的女弟子

1927 年，刘翠霞 16 岁，张柏龄"因为某种关系与翠霞脱离了，翠霞又暗中投拜赵月楼为师"。

关于赵月楼，在中国评剧史上可是功不可没的人物。他是天津人，1892 年生于一个梨园世家，自幼随老艺人夏春阳、孙凤鸣、成兆才、金菊花等人学唱莲花落，后拜刘承章为师学唱落子（评剧）。他聪明伶俐，勤奋好学，不仅擅长表演旦角，而且也能饰演小生、彩旦、三花脸等角色，并且吹、拉、弹、打，无所不能，被同行誉称为"神童"。但他在演旦角的时候，缺少女性的妩媚，所以在当时名气并不大。又因为他年轻时嗓音失润，终致辍演，转而以授徒为业。

赵月楼授课极为严格。徒弟们全要扎腰儿，练唱时还不许吃饭。每月逢初一、十五各歇一天，余下时间全都要用功。他家的墙上挂着一块竹板，凡徒弟们唱错，轻则打手，重则趴在板凳上打屁股，所以徒弟们全都怕他。只要他一瞪眼，就全都被吓傻了。赵月楼也感觉到徒弟们怕他，为不影响教学，他专门买了一副墨镜戴上，再瞪眼的时候，徒弟们也就看不到了。俗话说，严师出高徒，赵月楼几乎培养了当红的所有评剧艺人，包括李金顺、碧莲花、白玉霜、爱莲君、爱令君、杜玉凤、花月仙、花翠仙、朱宝霞、郭砚芳、花迎春、李宝珠、筱俊亭、新凤霞、小白玉霜等。这些人后来都自成一家，开创了中国评剧史的几大流派，为评剧成为一个大剧种打下了深厚基础。

赵月楼对刘翠霞格外器重，他认为，刘翠霞嗓音独特，和李金顺一样，天生是唱大口落子的材料。刘翠霞当时已经成名，虽为师徒，且年龄相差有 20 岁，但其实是半师半友的关系，赵月楼从不摆老师的架子。当时，刘翠霞从天天舞台演出后，就坐车到赵月楼家里受教。在一年多的时间里，赵月楼教给刘翠霞 10 余出开蒙戏，包括《回杯记》《小过年》《双婚配》《德寿双全》《高成借嫂》《张彦赶船》《老妈开嗙》《吴家花园》《十三姐进城》《王二姐思夫》《王少安赶船》《夜审周子琴》等。

赵月楼教刘翠霞并非推倒重来或从头开始。他认为，张柏龄是一位老艺人，在评剧界德高望重，在他的指点下，刘翠霞已然具备相当基础，下一步关键是精雕细琢。于是，他把教学的重点放在字句和腔调的删改上，把所有与剧情不合的句子、腔调都改正过来，"并且还要别创一格，不与同行相上下"。如在《杜十娘》这出戏里，刘翠霞有两句唱："想必是，在外面，得罪了朋友。"赵月楼认为，"在外面得罪了朋友"这句唱词没有道理。

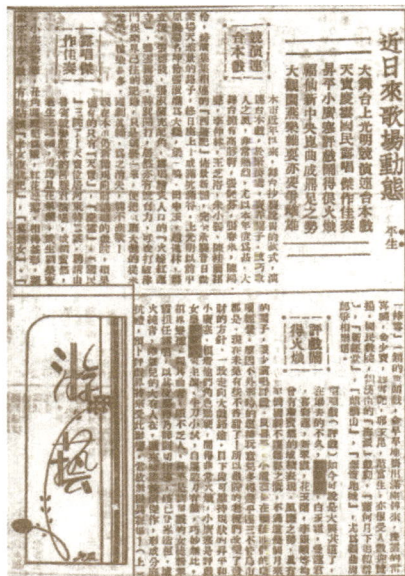

1939 年 3 月 21 日《新天津报》刊载刘翠霞演出动态

纵然是李甲在外面得罪了朋友，亦不至于到了船上生那么大的气，若改成"朋友得罪了你"更为恰当。刘翠霞按照赵月楼的意见，用她特有的"云遮月"般的喉咙唱了两句一试，果然较原来的句子更为顺畅，腔调也更为动听。就这样，等刘翠霞以后再唱《杜十娘》的时候，就把这句词改正过来了。

与警世戏社三班的往事

警世戏社三班是唐山永盛茶园的东家王凤亭于 1923 年委托路从祥、刘成章在天津成立的评剧社，主要演员有王庆昌、赵月楼、何翠仙、孙凤鸣等。

自戏社成立后，以盖五珠（王庆昌）为主演，在法租界马鬼子楼打炮演出。由于当时女旦兴起，所以盖五珠并没有红起来，戏社只好返回唐山，并引进杜洪宽的徒弟黄翠舫（筱翠舫）入社。戏社在唐山稍事休整后，便出关演出。他们先到奉天（今沈阳），但没有红起来。然后又去了哈尔滨，在同乐戏院落脚。在哈尔滨演出时，戏社又吸纳了何翠仙、花小仙、花云舫、王玉珍、紫金花等女艺人。由于有这些女艺人的加入，演出业务逐步向好。后来，由于邻近的庆丰茶园北孙家班的竞争，营业收入一度下降。此时，从警世戏社头班流散出来的成兆才及其侄子成国祯、孙子成宗瑞加入了戏班，成兆才为戏班编写了《驼龙出世》《驼虎》《保龙山》等，由于排演了这几出新戏，营业状况开始好转。但这时戏班内部矛盾也开始激化，成兆才不愿意被裹挟进去，故离开了戏班，导致营业状况每况愈下。紫金花是拉板胡琴师苏锡武的女儿，她长得漂亮，但嗓子一般，所以排在王玉珍之后。二人之间因角色问题发生矛盾，紫金花不服气王玉珍，她觉得王玉珍虽然唱得不错，但长得丑，因而处处与她竞争。王玉珍对紫金花有些发怵，因此在成兆才离开后，她也离开了戏社。不久，碧玉花加入戏社，并担任主演。由于碧玉花名气不大，并没有给戏社带来好运。戏社管事路从祥便向哈尔滨广信公司当经理的老乡借钱，开始筑起债台。如何走出困境？大家的意见还是接名角来戏班当主演才能有生机。最后决定去天津请刚刚成名的女旦角刘翠霞。之所以请刘翠霞，还因为刘翠霞是戏班另一位管事刘成章的弟子赵月楼的女徒弟。

1940年9月4日《新天津画报》载刘翠霞在大舞台演出消息

警世戏社三班本来是在天津成立的。起初，赵月楼加入了戏班，但戏班出关时，赵月楼并没有一起跟来，而是仍留在天津傍刘翠霞唱戏。于是刘成章便拉上苏锡武带着他的手书，专门去天津邀请刘翠霞入伙。苏锡武到了天津之后，到马鬼子楼偷偷地看了刘翠霞的两出戏。一出是《张彦赶船》，刘翠霞饰刘蕊莲；另一出是《雪玉冰霜》，由刘翠霞饰秦雪梅。

这一年是1926年，刘翠霞刚好15岁。刘翠霞戏唱得确实很好，她嗓音高亢激昂，刚劲有力，唱腔调门高，喷口好，是典型的大口落子唱法。天津人说她是"落子女高音"，可以同京剧界的高庆奎相比。苏锡武看完戏后暗暗欢喜，因为这种大口落子的唱法最受东北观众欢迎。于是通过赵月楼与刘翠霞接上头。刘翠霞喜欢安静，不愿意出远门。但碍于赵月楼的面子，还是答应了去哈尔滨，并打算带着为她配戏的女小生马金环同往。

刘翠霞在马鬼子唱戏的包银是每天 10 块大洋，而马金环只有 3 块大洋。苏锡武同意刘翠霞在哈尔滨的戏份涨到 30 块大洋，但马金环却依然只是 3 块大洋。等这一切说妥之后，苏锡武便给路从祥拍发了电报。谁承想，刘翠霞突然变了卦。原来，马金环认为自己的包银太少，不同意随她去哈尔滨。刘翠霞没有小生，自然戏也没法演。苏锡武得知这一情况后，同意给马金环加戏份儿。但马金环仍坚持不去，理由是她觉得苏锡武从心底瞧不起她，加多少钱也不想去了。最终，刘翠霞没去成。苏锡武没有办法，只好再邀别的角了。当时筱桂花刚从大连的南孙家班出来，到天津去演出。苏锡武考察之后，觉得她的水平不在刘翠霞之下。一方面嗓子比较冲，唱腔的板头、气口都很好，同样是大口落子唱法，于是便邀她去哈尔滨。筱桂花当时虽然已成了角儿，但并未有自主权，她从小就被父母租给天津的人贩子辛国斌。辛国斌送她去孙凤鸣的南孙家班学戏，学成后便把她当作摇钱树。苏锡武肯出大价钱，辛国斌当然同意。从此，筱桂花扭转了戏社的颓势，并奠定了她在戏社的"头牌"地位。后来，戏社进驻沈阳共益舞台，一直坚持到"九一八事变"方才解散。

刘翠霞给底包开足戏份儿

　　1934 年 10 月 13 日，刘翠霞应百代公司邀请，在李华山陪同下远赴上海灌制唱片。在她离开天津的一个星期里，由于上座率急遽下跌，底包们的收入受到影响。刘翠霞堪称义伶，她从自己口袋里拿出一部分钱，给底包们开了 3 天的足份，补足了他们的损失，受到戏班演职人员的一致拥戴。

　　旧时，戏班演职员都靠主角吃饭。山霞评戏社成立后，为保证底包们的最低生活，刘翠霞必须每天演出早晚两场，一年下来就是700 多场。若她生病了或者有其他事情，不能够上台演出，其他人又接续不上的话，戏班成员的生活就都会受到影响。刘翠霞赴上海，一待就是一星期。在这段时间内，戏班的所有事务全权委托给了陈恩才（人称陈八爷）和赵德福，并指定由小翠霞担任主角继续在福仙茶园演出，但这须征得戏园老板周玉田的同意。戏班主要演员王玉堂、王守业等二人按照陈恩才的安排，亲自到周宅进行商议。王玉堂向周玉田提出，由于刘翠霞离津日子不长，考虑到底包们的生活，山霞社准备继续演出。周玉田则表示，演出可以，但赔钱不行。他建议把所卖出的票款，完全归后台发放，兼顾前台、后台的挑费。王玉堂答应了周玉田的要求，双方达成统一意见之后，在 10 月 18

日周玉田寿辰那一天，由山霞社派人把演出戏码送到庆云后新平里下处的周玉田家中。周玉田按照协议，委托王竹影到园中布置好一切。尽管演出票价较平常低一半，并且还有小翠霞担任主角，此外还有著名女小生桂宝芬在场，本以为会叫到满堂座的。岂知开了锣，座客竟然掉了十分之七，后台每天只开一厘五到二厘的戏份儿，甚至底包之中还有人只拿了几个大子的。李华山暗想，吃梨园饭的本来就是肉肥汤亦肥，若这几天里刘翠霞在上海灌唱片赚吃赚玩，而底包们再拼命也赚不到钱，无法养家糊口，自然会影响戏班的发展。于是他在与刘翠霞作了商议之后，决定从灌制唱片收入中拿出一部分，给底包们开了 3 天的足份，借以补贴这一星期大家所遇到的困难。

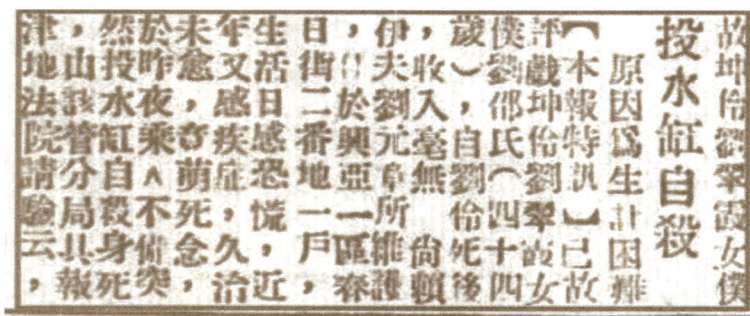

1943 年 10 月 26 日《新天津报》载刘翠霞女仆因生活无着而投缸自尽的消息

李华山人称"李三爷"，是山霞评戏社的主事人和主心骨。山霞社之所以有今天的局面，除演职员共同努力外，还与李华山的努力密不可分。在刘翠霞心里，"李三爷那个人慷慨大方，对于我是十分的提拔。那么我至死亦不能忘了人家这番美意。常言道：饮水要思源，喝甜水不能忘了掘井的人呢！"

刘翠霞灌制唱片的消息经报人杨十爷（即杨扬石先生）在报上

刊发消息之后,一下子在津门引起轰动。待福仙茶园贴出刘翠霞上演的海报之后,座客早已是满坑满谷。这种局面一直延续到阴历的十二月廿九福仙茶园年终封台为止。

底包们十分感恩刘翠霞,因为他们知道,没有刘翠霞,大家的生计都会出现问题。在大家眼里,刘翠霞就是底包们的衣食父母!

成立山霞社

据 1931 年 12 月 31 日天津出版的《益世报》载，"评戏班山霞社成立"。

1923 年，以李金顺、花莲舫为主演的"金花玉班"（名字取自二人姓名）在天天舞台（后改为滨江剧场）演出。因与该舞台经理吴万祥发生矛盾，李金顺一气之下终止了合同，转而到南市的一家戏园演出。第一天的打炮戏是《马寡妇开店》，待演至中场的时候，吴万祥纠集流氓打手 30 余人，窜至戏园闹事。很多艺人被打伤，戏箱和部分行头被毁坏。戏园经理出面，请来了日本巡捕，李金顺才从后台下楼侥幸逃脱。为避免吴万祥的纠缠，李金顺携戏班部分演员逃往东北演出，另一位主演花莲舫则离开了戏班，金花玉班就此解散。

刘翠霞出道的时候，不过十三四岁。在金花玉班给李金顺、花莲舫当配角。开始是在南市的聚华戏院演出，后来一度赴济南、大连、哈尔滨等地跑码头。1926 年金花玉班解体之后，刘翠霞成为主演之一，与原金花玉班部分成员一起继续在天天舞台演出。

1931 年，应李华山邀请，刘翠霞赴大连影戏院演出。李华山是武清县落垡村人（今属廊坊市安次区），他是刘翠霞母亲沙氏的亲

1939 年 11 月 1 日《新天津画报》刊载津市评戏圈动态

戚，因比刘翠霞父亲刘守忠小，故自称为弟。他本人是一位厨师，在一家西餐厅工作。因有拿手厨艺，且好交际，所以在大连非常有名望，人称"李三爷"。李三爷得知刘翠霞成名后，突发奇想，也想改行进入梨园界。他给刘守忠写了一封信，邀请刘翠霞到大连演出。此时，刘守忠已回原籍，刘翠霞一直在母亲和舅舅沙致福陪同下参加演出。沙致福看到来信后，极力主张赴大连。他认为，当初刘翠霞在大连学唱大鼓，曾败走麦城。而如今，刘翠霞已非昔日可比，去大连演出，一方面可以挣回面子，另一方面还可以扩大刘翠霞在关外的影响力。沙氏和刘翠霞很赞同沙致福的意见，不久便一起携戏班到了大连。评戏在大连有很深的群众基础，大连影戏院经理尚化亭，是梨园界颇具影响的人物，包括李金顺在内的很多著名演员，都曾在他的戏院里演出。他早就知道刘翠霞，且非常仰慕，每天给刘翠霞开出的戏份多达 50 元。另据《平戏女皇刘翠霞秘史》一书载，刘翠霞在大连演出时受欢迎的程度"居然不在某一位要人之下"。

刘翠霞在大连演出产生轰动效应，李华山便借机把自己的想法提了出来。他认为，刘翠霞现在成主角了，完全可以成立自己的戏班，而且还应当有自己的品牌，并表示愿意出钱出力支持戏班组建。有人出钱，刘翠霞自然愿意。何况，李三爷是亲戚，且很讲义气，这一点非常让人放心。经两家协商，由李华山出资并主持的"山霞社"在大连正式成立。与金花玉班一样，戏班的名字取自二位主持人的名字，意为有"山"做后盾，"霞"会大放异彩。

山霞社是一个家庭式戏班。除沙致福、沙绍先外，刘守忠之大女婿也在戏班。据《平戏女皇刘翠霞秘史》一书载，"有一天大女儿（指刘翠霞姐姐屏儿）来了，为与自己的丈夫（指赵永庆）谋点事作，沙氏便与华山一商议，因为他是个外行，所以教他管理衣箱"。

在民国时期，山霞社是天津卫规模最大、角色最整齐的演出团体。演员中有刘翠霞亲传弟子刘小霞、小翠霞（即新翠霞），有桂宝芬的小生，李彩芬、李义芬、张月亭、赵凤珍、赵凤宝、碧月花、碧玉花的青衣花旦，赵守霞的青衣二旦，罗万盛的老旦（罗去世后由赵良玉接替），李莲舫的彩旦，王凤池的老生花脸，王玉堂的花脸等。文武场亦相当硬整，有张福堂的大鼓，李佑臣的四胡，张凯的大弦，王福田的梆子，贾玉田的大锣。为改编时装新戏，刘翠霞还专门聘请了一位前清秀才文东山（笔名文丐侠）从事编剧工作。还约请了一位司账赵德福。"这赵德福人颇干练，写算俱精。"

评剧剧本《马寡妇开店》

山霞社的很多剧本都是由赵德福改编的。

山霞社成立不久，即由大连返回津门，在周玉田开设的福仙茶园演出，以《雪玉冰霜》《劝爱宝》《王少安赶船》《三节烈》等传统戏打炮，红极一时。此后，山霞社先后出演小广寒、下天仙、东天仙、大舞台等各大戏院，甚至经常到京班戏所占据的北洋、春和、明星等戏院演出，受到津门妇老的热烈欢迎。

1941 年 7 月 5 日，刘翠霞去世，山霞社即更名为玉华社。据 1941 年 7 月 17 日《新天津报》发表的《山霞社改名玉华社》载："山霞社自刘翠霞故后，该社已改名玉华社，仍由周玉田主持任社长，该社大梁已易花翠霞担任，花本刘之弟子，深得刘之三昧，自本月十二日出演特一区中央戏院以来，成绩殊佳，每日上座拥挤，起满坐满，所演各戏，极受欢迎云。"

刘小楼记忆里的刘翠霞

刘小楼是西路评戏的创始人刘宝山之子，1922 年出生于今宝坻区郝各庄乡官庄村。从 7 岁开始，他便在父亲的指导下唱评剧中的娃娃戏。17 岁时，在山霞社给刘翠霞配戏唱小生，得到刘翠霞的肯定。

1938 年 6 月 28 日《新天津报》载刘翠霞与小广寒订立演出合同消息

据商承霖、商淑敏撰写的《痛快人生》载，刘小楼曾说过，他当年最佩服和要学习的人当数山霞社的班主刘翠霞。据刘小楼回忆，刘翠霞有一副天生的金嗓子，她是评剧旦角艺术中表现高亢激昂强烈感情的典型代表。她的嗓音宽厚响亮，底气足，调门高，喷口有力，吐字真切，满弓满调，被誉为评剧里的高庆奎（著名的京剧表演艺术家、"高派"艺术的创始人)。别看她平常不言不语，一唱起戏来神采飞扬，真是"台下似绵羊，台上如猛虎"。小楼先生至今还清楚地记得刘翠霞在《王定保借当》中"大堂"一场的大段唱腔。从高音唱出"火上桃腮面含羞"开始，再由低至高地唱出"青天的老爷听一个从头……"如何地感人至深，动人魂魄。

山霞计出演华北戏院之

，所演各剧，极受

佳，已逾一月，成绩至

欢迎，"纺绵花"一时之剧，到

俗曰，于今晚演出

翠霞特自出心裁，不

上演"小花为媒"，并于纺绵花之前，

一夕双剧，可谓大宝

力气。

刘翠霞唱纺绵花

刘翠霞帘饷下之

1941 年 3 月 18 日《东亚晨报》载刘翠霞演出《纺棉花》的消息

刘翠霞虽然名气大，是班主，丈夫陈静波又是渔商兼舞厅经理，家里很有钱，但她从来不以此骄视于人，而是为人温存善良，待人厚道诚恳。小楼先生讲，有一次，刘翠霞化好妆到后台去，不巧被工人搬布景撞到了，头饰散了。她二话没说，赶紧重新扮妆，上台演唱。等戏散场了，她问那位工人在哪儿？有人告诉她说，被吓跑了。刘翠霞赶紧让人出去找，而且要求一定找回来。那个工人跑到火车站，回来后一见到刘翠霞赶紧下跪。刘翠霞赶忙把他扶起，和颜悦色地说："我把您找回来，不是怪您，是向您道歉，是我挡您道了！"她还亲自请那位工人吃了一顿饭。

刘翠霞敬业爱社、急公好义、扶弱济贫的事很多，有口皆碑。

为了山霞社人人有饭吃，人人有衣穿，她每天坚持演出，经常日夜两场。那时看戏看角，她不演，大伙儿就挣不着钱，所以她有病，曾七次怀胎七次流产，也从不停演。甚至她痛得让人背着上戏院，也要挣扎着登台演出，而且一上台就精神十足，一扫病容。她说："人家是来看戏取乐的，不能给人家带来不愉快！"有一次，在演《三节烈》中，有一跪着唱 20 分钟的大段子，等

蹦蹦戏剧本

她唱完起来时，跪垫上已被血染红了一大片。最令人感动的是 1939 年，洪水淹了整个天津市，水涨得在二楼抬腿就能上船。戏院淹了，没人看戏了，艺人们吃饭就成了问题。这时，刘翠霞不住自己的小洋楼，而是搬到天津东马路国民戏院同艺人们住在一起。她自己掏钱买米买面供大家吃饭，还给大家发零花钱，让大家玩牌，以防憋闷。就这样跟大家过了近一个月。可惜刘翠霞这样一位德艺双馨的名伶年仅 30 岁就不幸去世，人们热爱她，为她的去世悲痛万分。为她送葬的人群中，不仅有她的同行朋友，还有迷她爱她的观众，队伍达几里地之长，成为当时天津的一大新闻。

与白玉霜打擂

笔者在天津沈阳道古物市场上，买到了两张百代公司出品的老唱片，其一为白玉霜的《花为媒》，另一为刘翠霞的《孟姜女寻夫》。从商标上记录的信息推断，这两张唱片应当为 20 世纪 30 年代制作的。能够在同一个地摊上发现两位"评戏女皇"的作品，着实令人兴奋。

白玉霜与刘翠霞，一个是玉生霜，一个是翠染霞，天生丽质，晶莹光洁，世间罕见。她们有着许多共同之处：均有着不幸的童年，均为第一代评剧女伶，均在 20 世纪 30 年代走红，均被人们誉为"评戏女皇"，均在风华正茂之时离开人世。然而她们更多的是对立：白派唱腔是低开低走，刘派唱腔是高腔高调；她们还先后在平津两地打擂，两度交手，难解难分……

在旧社会，唱戏的都是受苦人，唱评剧的更是如此。白玉霜与刘翠霞是一对受苦人。她们均有着不幸的童年，就好像一对孪生姐妹。

白玉霜原名叫郭艳玲，1908 年出生于直隶丰润县南青坨村（另一说出生于武清），他的父亲叫郭永祥。据说，白玉霜小的时候悟性极强，7 岁时跟随二伯父郭永兴的评剧班子学评剧。由于家庭贫困，

8 岁被父亲卖给了唱老生的评戏艺人李景春（艺名粉莲花）做养女，并改名叫李慧敏。李景春以唱戏为生，平时带着养女白玉霜随班游走江湖。白玉霜 10 岁时，养父求人教她连珠快书《碰碑》和京韵大鼓《层层见喜》，后来让她拜著名的评剧家孙凤鸣为师学习评剧。启蒙戏是被称为看家戏的《马寡妇开店》《王少安赶船》《花为媒》等。白玉霜外形美丽，气质优雅，加之嗓音宽厚，尤为师父所看中。不久，白玉霜正式上台演出，师父又给她取了个名叫李桂珍。所以早年戏报上全用李桂珍的名字。后来又起了个艺名，叫白玉霜。过了两年，李景

1938 年 6 月 14 日《北京益世报》载刘翠霞出演哈尔飞消息及便装照

春因病去世，为了养家糊口，白玉霜的养母李卞氏以白玉霜为主角，又招来一些小演员，成立了玉顺社赴各地演出，从此以主角身份正式踏上评剧之路。这一年是 1927 年，白玉霜时年 19 岁。

1934 年，刘翠霞应邀赴北平（今北京）吉祥戏院演出。吉祥戏院建于晚清，座位有八百多个。1906 年正式开业。据 1935 年刊行的《旧都文物略》称："自吉祥戏院改建椭圆式，并去其前柱，于是相率改善，日臻完美……"因吉祥戏院在京城率先进行了改革，成为一家新式戏院，又地处繁华的王府井大街和东安市场，人们来这里购物之余，还能在此欣赏著名演员的精彩演出，所以，吉祥戏院对京城百姓和外地商旅，都极富吸引力，故它的生意一直兴旺。刘翠

霞被当时专接京班的大戏院邀请演出，足以说明刘翠霞的艺术功力多么深厚。吉祥戏院演出引起轰动，加之报馆大加吹捧，北平人当时都知道有个天津来的刘翠霞。北平老年妇女有一句口头禅"听刘翠霞去"。

不久，刘翠霞又被邀请到北平华北戏院演出。前几天的戏码有《雪玉冰霜》《劝爱保》《王少安赶船》《三节烈》《桃花庵》，由于有吉祥戏院演出的效应，因此华北戏院的演出天天爆满。但好景不长，接连几天，掉座非常厉害。原来，白玉霜在对面的开明戏院演出，拿手戏便是《拿苍蝇》。《拿苍蝇》是因诲淫而多年禁演的剧目。剧情比较简单，故事说的是，一个苍蝇成了精，把一位公子迷惑。剧中有花园莲池沐浴一节。女苍蝇精裸露肉色紧衣，披纱洗澡，被一些人称为黄戏。《拿苍蝇》吸引了一大批观众。所以，刘翠霞在华北戏院的演出每况愈下。

白玉霜在天津北洋大戏院的演出广告

山霞社竞争不过，于是决定停演。刘翠霞派养女刘小霞到开明戏院买了几张票，然后由刘翠霞、赵德福等一批演员前去观摩。回来后，山霞社连忙组织赵德福等人编写剧本，准备机关布景，并连夜进行排演。第二天在戏院门口贴出戏报：四天后准演《拿苍蝇》。

没想到，华北戏院恢复了往日的喧嚣，连续几天爆满。但《拿苍蝇》毕竟不是山霞社独创剧目，更不是山霞社的长项。几天后，山霞社急流勇退，回到天津基地。白玉霜与刘翠霞第一次打擂，几乎打了个平手。但看得出，白玉霜略占上风。只可怜白玉霜，还没来得及庆贺呢，便因为拒绝与当权者为伍，被以"伤风败俗，滋扰古城"的罪名，逐出了北平。

玉顺社是当时实力很强的评剧班社。参加这个班社的有安冠英、李忆芬、碧月珠、单宝峰、李广兴、辛俊德、龚万才、焦景俊等一大批名角。他们先是于1933年前后在北平演出，被逐出北平后又远赴上海。在上海时，曾与爱莲君、钰灵芝组成三联社在恩派亚大戏院演出，由于三者配合默契，加之才艺高超，上海滩掀起了评剧热。白玉霜的唱腔低回婉转，音色纯正，鼻音共鸣好，中低音宽厚圆润，富于抒情性。同时创造了低弦低唱的演唱方法，形成了评剧的"白派"表演艺术。到了1936年初，白玉霜因演出评戏《潘金莲》和电影《海棠红》成功而轰动了上海滩，被上海报界誉为"评戏皇后"和电影明星。

天津有一句俗语："听了刘翠霞，胜似喝酽茶"，指的就是刘翠霞的"楼上楼"。据郭宏启《评剧皇后白玉霜之死》一书载，在1936年春节期间，芙蓉花从北平来津，李金顺嫁人后仍然住在英租界。山霞社的管事李华山主办了几天评戏合作演出。有芙蓉花的《枪毙驼龙》，朱宝霞的《麻疯女》，李金顺、金灵芝的《珍珠衫》，刘翠霞的《雪玉冰霜》。会演结束后，新闻界倡议评选"评戏皇后"，当时李金顺、芙蓉花都推举刘翠霞，第二天报纸上刊发消息并登了照片，从此刘翠霞也成了"评戏皇后"。

白玉霜与刘翠霞几乎是同一时间荣膺评剧皇后的桂冠。

1937年2月，经过一段时间的策划，白玉霜与玉顺社的铙钹手李长生"私奔",他们先由上海乘火车到南京,后又转车继续北上天津北部的杨村(今天津市武清区)。在李长生的老家三里铺(今属黄庄街,已无),夫妇俩过起了男耕女织的生活。半年后,白玉霜由于戏瘾发作,决定重出江湖,回到天津这座北方的戏曲码头,开始了新的演艺生活。

天津在明朝时是一座卫城。民国17年即1928年设天津特别市。此时,天津才被称为天津市。但老百姓习惯上仍然称天津为天津卫。去天津不说去天津,而是说下卫。白玉霜在天津卫的复出,顿时使这座北方的大码头热闹起来。为什么?因为天津评剧界有了两位皇后。可能有人会问,评剧皇后不过是评剧界的事儿,怎么会搅动天津卫这座大码头?要说评剧对天津的影响也算是很大的。自从评剧(最早称莲花落、蹦蹦戏)以平腔梆子名义,由农村走进天津卫,并且在1920年前后正式定名评剧之后,评剧势如破竹,很快取代了秦腔(河北梆子)、京剧的地位,占据了戏曲界的头把交椅。当时,天津是我国北方最大的戏曲码头,有将近一半的戏园子以评剧为主。全国几乎所有的评剧班都在天津立足演出,并从天津走向全国。正是由于评剧确立了领头羊地位,评剧界的一举一动都会引起社会的关注。评剧界两位皇后在天津打擂自然引起了轰动效应。

刘翠霞久占天宝戏院(海河以东),以机关布景和新编时装新戏招徕观众。戏码有刘翠霞的看家戏《金鱼仙子》《雪玉冰霜》《孟姜女寻夫》《韩湘子三度林英》等。白玉霜以北洋戏院(海河以西)为据点,以《珍珠衫》《杜十娘》《秦香莲》等传统戏为基础,更有在上海时由欧阳予倩、田汉等剧作家为其专门改编的《潘金莲》《阎婆惜》等看家戏。为了吸引观众,双方还将两位皇后的照片印在戏单上,无偿送给观众。为了配合演出,两位皇后各自在《庸报》《新天津报》《天声报》等报纸上刊登大幅广告,另配发专门的时讯和图片，甚至两个班社对对方进行了人身攻击。海河是天津的母亲河，海河本来不宽，水也是平静的，但由于两位皇后占据两岸，加之新闻界的推波助澜，你方唱罢我登场，直搅得海河水波浪翻滚，热闹非凡。双方本来是好姐妹，私交关系一直很好，阴差阳错打起了擂台。后来，有好事者在中间说和，双方才偃旗息鼓，皇后之争从此结束。

人生如戏，戏如人生。八十多年过去了，不管是皇后还是女皇，都成为这个世上的过眼云烟。如今，除了戏迷，恐怕没有更多的人想起她们。只有在留声机上转动的这两张老唱片仿佛诉说着她们的恩恩怨怨。

独树一帜的"楼上楼"

刘翠霞早年曾拜何丑子为师学唱大鼓，所以，她在唱评戏时，有意无意地把鼓曲艺术融进了自己的角色里。如在《啼笑因缘》一剧中，她饰演北京天桥艺人田喜，就唱了一段乐亭大鼓《王二姐思夫》中的"八月里中秋阵阵凉……"，韵味纯厚，字正腔圆，极受观众的欢迎。

1932 年 9 月 20 日《新天津报》载刘翠霞演出评剧《秦雪梅吊孝》

她最拿手的是她创制的"楼上楼"板。据《刘派——刘翠霞》（详见李英斌、孙伟编《评戏在天津》）一文介绍，"楼上楼"是评剧独有板式，开始多顶着板张嘴的"大数句"，垛字句一唱就几十句，步步登高，有如上楼，故称"楼上楼"。讲究嘴皮子利落，干脆泼辣，多表现劝说、痛斥、指责、咒骂的悲愤感情。刘翠霞唱大段"楼上楼"颗颗如珍珠，字字若千钧，快速弹跳，解气痛快，观众无不拍手称绝。《劝爱宝》是刘翠霞的代表剧目，她唱的一段长达二十句的"楼上楼"受到热烈欢迎。她在《劝爱宝》一剧里扮演邻居张氏，对不孝的爱宝，有一段长达二十句的垛板。她都是在强板上张嘴，显得刚劲有力，喷口清晰，斩钉截铁。特别是她打破上句落"2"，下句落"1"的程式，常常是上下句都落在"1"上，听着却没有"一顺边"的感觉，反觉得新颖别致。

1933 年 4 月 7 日北京《益世报》载有关刘翠霞在广德楼演出的消息

　　"搭调"是不占主要唱词的无伴奏清唱插句，是节拍自由不分上下句"搭上去"的一种感叹性的呼唤句。如"罢了！我那苦命的妹妹呀！"或"我那回不来的夫哇！"是字数不限的一种引子介板。演员唱搭调，根据剧情需要和悲痛感情，可长可短地自由发挥，曲调迂回曲折，如行云流水。

　　"对唱"早在李金顺和喜彩春演出的《三节烈》中就有了，刘翠霞和徒弟新翠霞很早就同台演出唱了不少对唱。如在《花为媒》《五女哭坟》《绣鞋记》《珍珠塔》等戏里都有，一直流传至今。二人对唱衔接紧凑如一气呵成。尤其刘翠霞师徒二人嗓音相似，风格统一，听起来活泼明快。

　　刘翠霞的唱腔开始喜用高音、中音起唱，这也是刘派唱腔独有的特点。她演唱满弓满调，始终如一。她唱的高腔，听着自然舒畅，一点儿不费劲儿，好像还很富余，而且越唱到最后越有力量。她的嗓子不仅高，而且音域很宽。评剧女演员都用真嗓唱，范围一般在一个八度之内，大约是G调5到$\dot{5}$，但刘翠霞的唱腔活动范围定$^{\flat}$B调，能翻过两个八度，一个高音上去，听来如裂帛之声。这样的好嗓子，在评剧演员中是少见的。如刘翠霞在《玉镯记》里扮演渔家女张翠娥。张翠娥和王少安成婚以后，一同回家，船至中途，王少安跟张翠娥开玩笑说："家中已有妻室了。"张翠娥信以为真，悔恨交加，投江自尽。幸亏被人救起。后来，她又

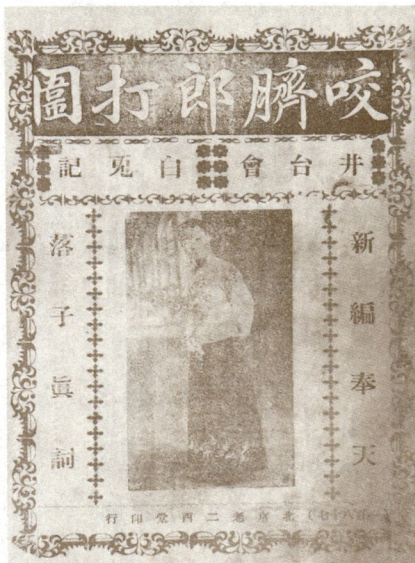

奉天落子《咬脐郎打围》书影

见到王少安，不禁火冒三丈，大骂不绝。这段唱用高音 $\dot{7}$ 唱出"妖"字，跟着倾泻而下，这样起伏跌宕的旋律，把一个受骗女子的满腔愤怒尽情表达出来。

《绣鞋记》是刘翠霞的拿手剧目，她在剧中扮演张春莲。王定保赌钱欠了债，由表妹张秋莲从中周旋，向未婚妻张春莲借了一包衣服去典当，不料家中失盗，恐遭诬陷为盗，送官问罪，春莲、秋莲姊妹二人听说后，焦急万分，一同赶到公堂为王定保辩理。春莲上得台来又急又怕，心情非常激动，开始用高音唱出"火上桃腮面含羞"。为给王定保申冤，强使心情平静下来，接唱"青天的老爷听一个从头啊"。"青天的老爷"用低音，"听一个从头"转高音，听起来酣畅淋漓。

她在发声和气口的运用上，也有很高的造诣——发声准确，胸腔共鸣开阔敞亮，腹腔共鸣深沉有力，如瓮中回响，尤共喉腔大颤，最见功夫。这表现在她唱的搭调上。刘派搭调，脍炙人口。搭调是一种不占主要唱词，节拍自由的引子介板，是音乐化的道白。刘翠霞唱搭调，开始引吭高歌，在高音区几个回旋，如浪峰居高临下，随波涛上下翻滚，最后平稳地落在 6 上，又加上一波三漩的喉腔大颤，听起来悲愤激昂，如泣如诉。她在时装戏《幽兰夫人》中扮演陶纫珠，当陶纫珠想念儿子时，有一段搭调，刘翠霞唱得感人泪下。人说她的搭调可以灌半张唱片。

《雪玉冰霜》是评剧传统剧目，又名《秦雪梅吊孝》《双吊孝》《三元传》等。它是由成兆才根据莲花落《秦雪梅吊孝》改编的。描写商林寄读岳父家中，某日游园时偶见未婚妻秦雪梅，因相思过度而染疾，只得回家养息。商林之父向秦家提出迎娶雪梅之意，秦父得知商林病重不允。秦母逼自家丫鬟爱玉扮作雪梅，与商林圆房以蒙骗商林。后商林终于病死。雪梅闻讯后，悲痛不已，亲往商家

刘翠霞灌制的老唱片

吊孝，并与爱玉见面，结为姐妹，二人共誓终身守节。此剧情节简单，悲剧气氛浓烈。该剧曾是李金顺的拿手好戏，刘翠霞在继承李金顺唱法的基础上，进一步加工创新，唱腔更加凄楚、感人。她在津演出时，曾引起轰动。

刘翠霞学习继承了李金顺的"大口落子"的演唱艺术，结合个人特长，创造了高亢宽广、刚柔相济的"刘派"艺术。她那气势磅礴的大口唱法，急切有力的节奏，壮丽大方的旋律，说明这是一个很有生命力的艺术流派。很多演员都学习她的唱法，著名评剧演员新翠霞就是她亲手教出来的。

山霞社入驻福仙茶园

自从刘翠霞被评选为评戏女皇后，山霞社营业状况显著好转，刘翠霞个人的生活自然也发生了很大的变化。坐汽车，吃西餐，平常有婢仆相随。她还一次性给父亲寄去 3000 块钱，让他在老家买房子置地，增添衣物，改善生活。

1936 年 3 月 2 日《新天津报》刊载山霞社演出消息

这一天，刘翠霞在天祥市场演出，下午的时候，戏园老板周玉田来到刘翠霞家里找到李华山，想商量去北平演出的事宜。周玉田是梨园界老人，人称周二爷，投身此项事业 30 余年。除经营升平茶园外，还开办了著名的福仙茶园。他与李华山是盟兄弟，二人关系极好。李华山以长兄相称，对他极为信任。周二爷谈到了去北平开明戏院演出的想法，他认为北平是旧都，人们对评戏非常喜欢。刘翠霞在评剧界是女皇，到北平演出自然会受到欢迎。开明戏院地势不错，规模亦很大，相信演出一定会成功。李华山同意周玉田的意见及对北平演出市场的分析，双方深入讨论了一些具体事宜，随后便分头准备。

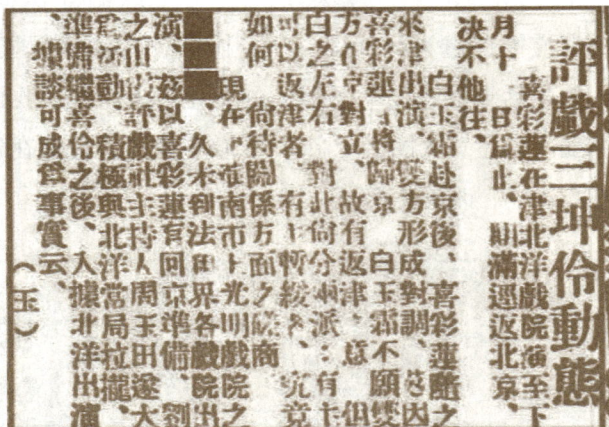

1941 年 8 月 26 日《新天津画报》载山霞社主持人周玉田的消息

山霞社初到北平，营业形势还是不错的，票价卖到了 4 角一位。演出结束后，刘翠霞就坐着汽车到旧都各风景区游览，出尽了风头。随着时间的推移，顾客越来越少，每天上座率不足三成，每天所得收入不足以维持戏班的运转。周玉田住在正阳饭店，一开始还信心满满，当得知这个消息后，立即进行调整。但北平是一个大世界，梨园界竞争非常激烈，刘翠霞虽在天津知名度高，但在北平还不被人们熟知，不到几天工夫山霞社就亏损了 1800 余元。万般无奈，周玉田找到了李华山，打算把戏班接回天津到福仙茶园去演出。他认为，福仙茶园是自己的，挑费不大，待紫金花演出合同期满，便可以演出。周玉田是福仙茶园老板，他离开天津后，就委托曹仲波、赵竹波二人代理园务。这二人亦都是梨园界老手，把园务打理得很好，营业收入一直不错。紫金花演出结束后，山霞社入驻福仙茶园。当时山霞社有桂宝芬、小翠霞、李莲舫、赵俊霞、碧月花、碧玉花、王玉堂、王守业、郝子卿、杨兆忠、罗万盛、王小楼等高手。另外，山霞社还有一位编辑主任叫文丐侠（即文东山），他把自己的编剧才能发挥到了极致，先后编写了《惨惨惨》《珍珠塔》等戏。赵德福是司账，也是编剧。"既然胸怀司马之学子建之才，当然亦要显一显夙有的精华"，所以也创作改编了好几出剧，包括著名的《空谷兰》等。周玉田很看中山霞社的努力，他也强化了园务管理。楼上的监理由李幼亭担任，楼下的监理则是何炳臣，会计股有高柱桂、张震堃、王麟台，广告兼外交股委托给新闻界名家王竹影。报界闻人杨扬石亦在《中南报》头条上为山霞社刊发了两版无形广告，使山霞社和福仙茶园的知名度一下子提升了很多。

经过园方和戏班的共同努力，福仙茶园的演出越来越兴旺。很快便把北平亏损的 1800 余元补足，还为园方和戏班增加了不少收入。就在营业恢复并开始发达的时候，刘翠霞收到了百代公司录制唱片的邀请，百代公司付给刘翠霞灌制费用 5000 元，另负责路费和在上海的一切挑费，这真是喜上加喜。自此，山霞社在天津站稳脚跟，步入了发展的快车道，戏班上下人等再不用为吃穿发愁。这一趋势一直持续到 1941 年 7 月刘翠霞病逝为止。

再赴大连演出

　　大约在 1920 年，9 岁的刘翠霞拜撂地艺人何丑子为师学唱辽宁大鼓，不久在父母及舅舅沙致福陪同下随师父到大连，3 个月后在西市场登台演出，但第一次演出便以失败告终。

　　这次大连之行虽然失败了，但却使刘翠霞得到了舞台锻炼的机会，而且这种专业训练为她踏上评剧之路打开了一扇门，而且她在演唱评剧时，吸取了大鼓艺术的精华，为提高她的评剧艺术提供了多方面的营养。从这一点上看，大连之行还是值得的。

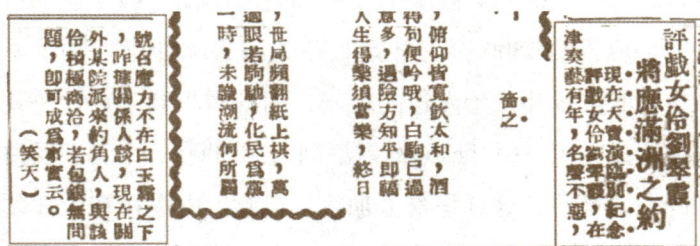

1940 年 4 月 12 日《东亚时报》载刘翠霞即将赴东北演出的消息

　　1933 年 6 月 17 日，已经是评戏女皇的刘翠霞应大连大舞台的邀请，从天津来到大连演出。当时以喜彩春为首的元顺戏班正在春明舞台演出，故客观上形成了对垒局面。春明舞台的票价是：包厢 3

元，池座分为 6 角、4 角两等，边座为 6 角。而大舞台的票价则相对较高，其中池座为 1.2 元，二楼 1 元，边座 6 角。当地报纸每日有意把两家的广告并列刊登，竞争态势已然形成。刘翠霞演出的戏目有《独占花魁》《珍珠衫》《醒世钟》《空谷兰》《双婚配》《杨三姐告状》《桃花庵》《赵五娘》《枪毙驼龙》《丝绒计》《梁山伯与祝英台》《苏小小》《啼笑因缘》《王少安赶船》《孟姜女哭长城》等。

这些剧目大多数是她的拿手戏，加之刘翠霞功夫确实到家，所以一下子在大连唱红了。1934 年 1 月，刘翠霞应大连文明舞台邀请，第三次到大连演出。《泰东日报》对此做了报道："由于刘翠霞体弱多病，时演时辍。终因病体难支，束装离连返津。"

有意思的是，1939 年 8 月，大红大紫的刘翠霞第四次到大连演出，这次来的目的一是应高亭唱片公司邀请灌制评剧唱片，另一是应唐仁寄邀请到明星戏楼演出。对于刘翠霞来说，大连既是她艺术生涯的发端之地，也是她走向成功的福地。每当提到大连，刘翠霞仍念念不忘。据说，她戏班里有很多女徒弟，都是大连人。可见，刘翠霞与大连渊源有多深厚。

1936 年 8 月 22 日，《西京日报》（西安）提到刘翠霞的"名贵"唱片

刘翠霞在逆境中成长

刘翠霞舞台生涯将近 20 年，她的演唱艺术可分为起步期、成熟期和黄金期三个阶段。

起步期。时间在 1922—1927 年之间（11—16 岁）。从学戏到独立演出阶段。在这个阶段，刘翠霞刚刚开始学艺，并主要是做配角，尚未独立成班，还属于未成熟的学习阶段。主要是在聚华茶园、马鬼子楼演出，在金花玉班当配角，并由配角升任二旦。剧目如《小赶船》《小过年》《王小借粮》《王二姐思夫》《张王巧配》《吴家花园》《借女吊孝》《告金扇》《安安送米》《三节烈》等。

成熟期。时间在 1927—1936 年之间（16—25 岁），是成班和形成刘派阶段。在这个阶段，刘翠霞担任主角，并进而于 1931 年与李华山组建了山霞社，逐渐形成了"楼上楼"的风格，是她艺术上的黄金时代，在舞台上受到观众的认可和欢迎。这期间，于 1933 年荣膺"评戏女皇"称号。其代表剧目有《雪玉冰霜》《劝爱宝》《打狗劝夫》《独占花魁》《珍珠衫》《青楼遗恨》《杜十娘》《宋金郎》《桃花庵》《美凤楼》《窦金莲》《衣襟记》《五女哭坟》《玉镯记》《庵堂相会》《莲花庵》《状元荣归》等。

黄金期。时间在 1936—1941 年之间（25—30 岁）。这个阶段，

1939 年 6 月 13 日《新天津报》载《刘翠霞之〈金鱼仙子〉》图文

天津正处在戏曲衰落时期，特别是日本侵略天津后，在日本反动势力摧残下，社会环境不稳定，老百姓流离失所，舞台活动受到限制。为吸引观众，一些诸如《大劈棺》《纺棉花》之类的坏戏形成风尚，评剧艺人为生活之需参与其中。

但刘翠霞并没有同流合污，而是独辟蹊径。1942 年 11 月《庸报》曾发表《评剧活跃》一文，对刘翠霞评剧革新给予肯定："约于民国十余年间，花莲芳彼时正是吃香之时，以后有李金顺与之对抗。嗣后，刘翠霞出演。她不仅革新腔调，而且还改革剧本，把陈腐、乏味、淫乱、有伤风化的都删去了。"刘翠霞"擅长演出悲剧。由于刘翠霞做派逼真，唱腔好听悦耳，就传遍街巷，妇孺皆知，把金顺的风头压下不少。后刘翠霞被评为评剧皇后，评剧的势力越发膨胀。"除革新腔调、改革剧本外，刘翠霞还请一些文人编写新戏，如文东山、刘汉江等名家为她编排《金鱼仙子》《三女性》《姊妹易嫁》《秀山娘娘出家》《庚娘传》等新戏。她还移植了一些京剧剧目，如《昭君出塞》《六月雪》《赵五娘》《珍珠塔》等。另外改编了现代戏，如《杨三姐告状》《败子回头》。还借鉴电影脚本《空谷兰》（又名《幽兰夫人》），将其改编成评剧。《金鱼仙子》是一出神仙剧，无论是布景、灯光、服装（安装灯泡的鱼鳞衣）都有新的创造。此外，为提高评剧的观赏性，她跟武术家学习把子功，练腰腿功，学习"小快枪""卅二刀""双电棍"等。为练功，她还在家里购置了四面大玻璃镜子。这些武功，在她演出神话剧《金鱼仙子》时，都用上了。天津有一位戏曲服装手工艺人石金声，他曾经为刘翠霞设计制作过戏衣和"二龙戏珠"的大台幔，这也给刘翠霞的戏班增色不少。评书表演艺术家王文玉曾对本人说，民国时期，天津有一句歇后语广为流传，即"刘翠霞跺脚——罢了"。据谭汝为先生解释，"罢了"二字，是刘翠霞起唱用语，如"罢了，娘的儿啊……"她在说完"罢了"之后，就会有大段脍炙人口的唱词。此歇后语多是在人们感叹时使用，意思是指"就这样吧！"

在后期，刘翠霞的唱功戏比较少了，因她后期身体多病，只好以曲折剧情、新奇灯光及布景号召，避开大段唱工，这个阶段刘翠霞艺术处于停滞状态。

为自己写序

　　刘翠霞多才多艺，她不但唱得好，还会写一手好文章，她曾给自己的传论写了一篇序文，文字简洁、感情真挚，受到后人的喜爱。

　　《平戏女皇刘翠霞秘史》一书问世前，因作者杨扬石与书的主人公刘翠霞是好友，故作者请刘翠霞为该书撰写了一篇序文。该序文被收录于书中，当时刘翠霞只有 24 岁，这篇文字并不长，但很可能是这位评剧名伶留下的唯一的一篇文字。

　　杨扬石本是《中南报》游艺版的记者，人称"杨十爷"，在天津新闻界有"文圣"之誉。他对评剧艺人刘翠霞的演技十分欣赏，经常撰写剧评文章推介她。1933 年《汉文京津日报》公选"评戏女皇"的时候，杨扬石极力为山霞评戏社的刘翠霞造势，使这位年仅22 岁的女艺人顺利地争得了桂冠。

　　刘翠霞是一个内向的人，她不善交际。除演戏外，她大门不出，二门不迈。所以，尽管杨扬石为刘翠霞奔走呼号，但刘翠霞并不认识他。后来，周玉田牵线，杨扬石结识了山霞评戏社合伙人李华山以及司账赵德福，"经李、赵二人的指引，方与刘翠霞互相晤谈"。杨扬石在采访刘翠霞后对文字做了加工整理，以纪实手法将刘翠霞的生平及艺术呈现给读者，这就是《平戏女皇刘翠霞秘史》一书的由来。

这篇序文不过 260 余字，但却包含了大量的历史信息，对于了解、研究天津评剧史，是难得的珍贵史料。刘翠霞在序文中并不讳言自己的出身，她曾提到自己"自幼家道贫寒"，并且认为自己没有什么学问。这个表态，是实事求是的，也是难能可贵的。因为一直到现在，很多当红艺人，提到自己贫寒的出身，还都在有意识地加以回避。相比之下，刘翠霞不慕虚荣，襟怀坦荡，不以自己出身贫寒为耻，这种态度才是值得肯定的。很显然，这篇序文的内容再一次佐证了艺人圈对她"老实厚道"的评价是真实的。

刘翠霞在序文中，还坦承了自己对演戏的态度，这一态度对于今天的演艺界仍有借鉴意义。她说："自信我自演戏之日起，即抱定一种不卑贱的宗旨。故对于诲淫之作，从不敢像别的演员那样描摹尽致。"她还进一步解释道："我演戏的本旨，戏词不良善的设法删正，内容有不明了的请人讲解。"虽不能承担起引领社会的责任，但也绝不至于"落一个诱惑的'罪者'"。她认为，评剧里那些诲淫诲盗的戏出，"一来（演员）自己有伤人格，二来为评戏减了价值"。

值得注意的是，她在谈论自己的上述态度时，还专门举了白玉霜作为例子。据史载，20 世纪 30 年代，白玉霜在北平演出时，曾排演了一出《拿苍蝇》的"粉戏"，因为她在演出时过于"暴露"，故为自己的戏班招来了祸端。

在戏曲史上，曾有一种说法，20 世纪 30 年代，作为评剧"刘派"代表人物的刘翠霞与"白派"代表人物的白玉霜，二人之间私交很好。但刘翠霞的上述序文，字里行间表露出对竞争对手白玉霜的不满，这虽然有就事论事的一面，但就客观情况上看，实际上已将二人之间的矛盾公开化，这一方面表明，二人之间的关系不像传闻的那样好，同时也再一次验证了旧时艺人之间的一句流行语："同行是冤家!"

因病离世

　　1941 年 7 月 5 日晚，刘小霞（评戏名伶刘翠霞养女）正在演出《铜碗丁》，忽有人告诉她母亲病危的消息。小霞下了戏，连脸都顾不上洗，就直奔天津日租界春日街（今河南路）家里。此时，母亲已不能语，她紧紧握住小霞的手，眼含悲泪望着自己的女儿……

1938 年 5 月 23 日《新天津报》载刘翠霞养女刘小霞志

　　据当年 7 月 7 日的《新天津画报》载："评戏女皇刘翠霞，献身艺坛以来，已二十余载，历走京宁济沪，蜚声各地，大江南北，无不知有评戏女皇刘翠霞其人。评戏之所以发扬光大，刘翠霞之力为

1939 年 6 月 19 日《新天津报》载刘翠霞 20 日登台的消息

多。近年致力艺术，尤博社会好评。不幸心力劳瘁，两月前心脏旧病复发，虽经名医诊治，而药石无效，终于前晚十时逝世。噩耗传来，艺海中人，无不同声哀悼。刘之外子陈君（指陈静波），与刘结缡以来，已十余载，刘死后备极哀痛，所备棺殓约为数千元之数。文艺界同人及刘之友好追悼后，即下葬云。"

据著名评剧老艺人赵良玉回忆，1931 年，山霞评戏社以位于鼓楼北的福仙茶园为基地，每天演出两场，一年下来需要演出 700 余场。山霞评戏社拥有演职人员近百人，这么多人的生计都要依靠山霞社，刘翠霞的压力可想而知。由于演出活动频繁，得不到很好的休息，故她得了习惯性流产的毛病。第一次流产是在 20 岁的时候，那个时候她的身体很好，在小产期间，靠打针吃药顶着上场。后来，接连发生 6 次流产，身体渐渐受到影响。有一次，她在流产以后，勉强支撑着上场演出。当时演出的戏目是时装新戏《三女性》，她穿的旗袍都被鲜血染红了，演出结束后由别人背着下了场。1941 年 5 月，刘翠霞正在华北戏院演出，除日夜两场外，还要赶排新戏《刘香女得道》。由于过度劳累，造成了她第七次流产。当时，刘翠霞还

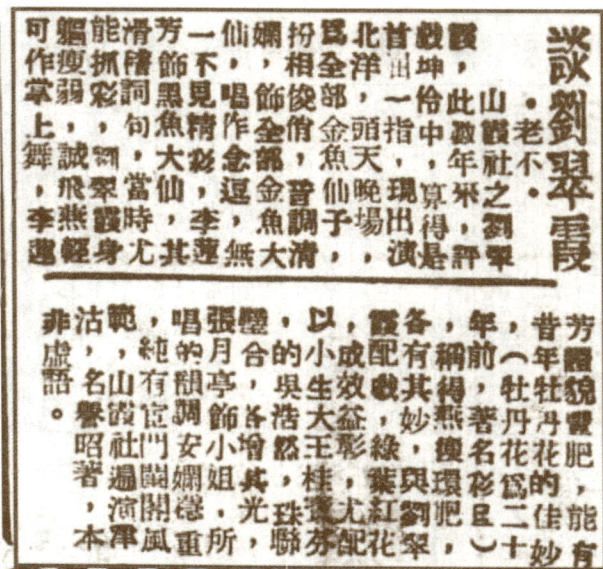

1940 年 9 月 27 日《新天津报》载署名老不的文章
《谈刘翠霞》

闹着胃病，不能吃东西。经刘翠霞的二姥爷、老大夫沙永峰（敖嘴村人）医治后有所好转。她本来应当卧床休息，但她并没有遵照医嘱，在几天吃不下饭的情况下，靠吸食鸦片登台演出。一连上台几天，致使病情加重。5 月 22 日，她在华北戏院演出《韩湘子三度林英》之后，便一病不起。经沙永峰医治月余，病情已然大见好转。刘翠霞平素好净喜洁，白天叫人打开窗户流通空气。到了 7 月初的一天，伺候她的敖嘴村的老家亲眷粗心大意，夜里竟然忘了关闭窗户。刘翠霞遭遇了寒气，得了"产后风"，立即发起了高烧，病情再一次恶化，终因抢救无效而去世。

　　其实，旧时代的艺人由于生活压力较大，"过劳死"并非个别现象。天津报纸曾披露："今年为文艺界大不幸年，一九四一年六、七月，连亡三位著名艺人，梅花鼓王花四宝六月六日病故；京剧著名

华北山霞社主角 改易金灵芝

1941 年 5 月 25 日《新天津报》载山霞社易主的消息

武生尚和玉弟子朱小义，于六月八日死于同善里寓所；评戏女皇刘翠霞七月五日亡故。"

哭刘翠霞 老不

1941 年 7 月 10 日《新天津报》载署名老不的文章《哭刘翠霞》

刘翠霞做派认真，唱腔悦耳动听，其精湛的演技、漂亮的扮相非其他评剧艺人可比。加之其性格憨厚，乐善好施，故其在业界及老百姓中口碑极好。笔者老家李各庄村（与敖嘴村毗邻），有很多老

65

评戏坤伶刘翠霞
身后备极哀荣

世界黄万字会
将举行义戏

1941 年 7 月 13 日《东亚晨报》载《评戏坤伶刘翠霞身后备极哀荣》一文

人都看过她的戏，并得到过她的帮助，便是佐证。

刘翠霞去世之后，人们皆感叹红颜薄命。据发表在 1941 年 7 月 14 日《庸报》上的《刘翠霞故后后继无传人》一文载，刘翠霞"性极朴实，不善交际，没有爽达轻佻的手腕，更没有白玉霜交际的圆滑，也不如喜彩莲、鲜灵霞善于言谈……近年来在北洋、国民、天宝等戏院，每当出演皆告人满为患，成绩颇佳，最后在华北（戏院）演唱月余后，却一蹶不起，红颜多薄命，在这徘徊茫然的深渊中，终归与世长辞了！"

寻找天津故居

刘翠霞英年早逝，给后人留下诸多遗憾和不解之谜。其中，有关刘翠霞的故居，一直没能在公开资料上得到确切信息。近日，笔者翻阅旧报时，在 20 世纪 40 年代的旧报纸上发现了有关刘翠霞故居信息，笔者按照这个线索到实地进行考察访问，终于弄清了刘翠霞故居的确切地点。

刘翠霞故居现状

1941 年 7 月 11 日出版的《新天津报》，曾发表了由礼庭先生撰写的《刘翠霞今日殡葬》一文。据该文介绍："名坤伶刘翠霞，天资聪颖，剔透玲珑。自幼专心戏剧，造诣有自。对评戏之改良，尤觉煞费苦心。出演各地，声之所至，顾曲家皆倾城欢迎之。技艺之佳，超于同侪之上。与白玉霜、喜彩莲各坚壁垒，极有声望。惟因年来致力艺术，积劳成疾，更加体质羸弱，遂于月前卧床不起，延医诊治，终以病入膏肓，药石罔效，于月之六日晚逝于日租界春日街南口鸿生里九号自宅。噩耗传来，内外行莫不惋惜，而游艺界又弱一员大将，能不使人为之益感评戏前途之黯然无光矣。兹闻翠霞死后，一切殡葬事宜，统一由其外子陈君从优办理，定今日上午十时发引，路经春日街（今河南路）北行经福岛街（今多伦道）去南市，过上光明（戏院）、聚华（戏院）、升平（舞台）、大舞台，至南门外大街谢客。"

这条新闻文字不多，但信息量非常大。一是高度评价了刘翠霞在评剧改良方面所做的重要努力。据评剧史资料，刘翠霞在评剧方面有诸多创新之举，如首次采用"机关布景"，丰富了舞台效果；创立了以"高腔高走"为特点的"楼上楼"板，影响了评剧唱腔的发展方向；在保留大量传统剧目的基础上，创新性地借鉴了其他剧种的剧本和演出经验，排演了大量的时装新戏，使评剧更加紧跟时代，贴近现实。二是记载了刘翠霞去世的原因及时间节点。据史载，因为高强度的演出，刘翠霞累计发生过 7 次流产，每一次流产都对她的身体产生很大的负面影响。最后一次流产是在 1941 年 5 月，由于刘翠霞得了"产后风"，并因此而一病不起。据 1941 年 7 月 7 日的《新天津报》载，其确切的死亡时间为 1941 年 7 月 5 日晚上 10 时。三是透露了刘翠霞殡葬活动的情况。刘翠霞死后，其丈夫陈静波做了"从优安排"，出殡的路线中选择她经常演出的几家戏院，可谓用心良苦。另据 1941 年 7 月 10 日《新天津画报》刊载的陈静波的

《哀启》载："拙荆刘氏，纪年三十一岁，悼于民国辛巳年六月十一日（公历 7 月 5 日）亥时（指晚上 9 点至 10 点 59 分）逝世，未讣。今择于国历七月十一号（夏历六月十七日）上午十时发引，届期恭请驾临光送。"四是披露了刘翠霞故居信息，即日租界春日街南口鸿生里九号。

鸿生里这个地名至今还有，它位于今天津市和平区河南路与锦州道交口处。笔者两度到现场去调查采访，获得了满意的结果。在今河南路 78 号，也就是文献上所记载的鸿生里九号，住着一位已在此生活了 65 年的崔女士。崔女士开了一家杂货店，她热情好客，我说明来意后，她很高兴地接待了我，并就其所知，介绍了相关情况。一是她家的房子是新中国成立前由父母从一位名叫李华山（有房契）的人手里买过来的，她本人就出生在这里。二是听她母亲讲，原来的房主人是一位唱评剧的演员，好像名字中有个"霞"字。三是鸿生里九号是一幢二层小楼的一部分，在河南路南侧，坐南朝北。楼上、楼下共计有 7 间房屋（崔女士住在最东侧的一间，其余房间有其他户主），面积约在 200 平方米。有正门、侧门两个出口。正门在河南路上，侧门在胡同里（至今尚在）。

崔女士提到的李华山（人称李三爷）是刘翠霞的亲戚（表舅），是评剧山霞社的创办人之一。山霞社创办人一共有两位，一位是李华山，另一位是刘翠霞，这个评剧社的名字"山霞"二字便取自二人名字中间的那个字。根据以上信息，我已基本上可以确认河南路 78 号就是刘翠霞的故居。

可能有人会提出疑问，即这所房子为什么是李华山而不是陈静波或刘翠霞的？其实，这个问题也很简单，笔者推测，基于合伙及亲属关系，在刘翠霞去世之后，陈静波很可能将这所房子出售给了李华山，这个过程是在崔女士父母取得这所房屋的产权之前完成的。

刘翠霞故居在时隔将近 80 年之后能够水落石出，作为刘翠霞的同乡的我，自然有着不同的感受。望着这座古色古香的老建筑，我心里忽然生出一个想法来：我多么希望有关部门能够给这座建筑一个名分，文物也好，风貌建筑也罢，都可以。并且我还希望有关部门能够利用这座二层小楼，建立一个刘翠霞评剧艺术纪念馆，让更多的市民能够凭吊这位平民艺术家。

"刘翠霞坟"的传说

　　能够证明刘翠霞籍贯是敖嘴村的证据，除文献记载、村民口述资料外，李各庄村的"刘翠霞坟地"也是一个。

　　关于刘翠霞埋葬地点，迄今有两个说法。据《民间采风》《评剧女皇——刘翠霞》（作者谢晨）认为，刘翠霞被埋葬在其丈夫陈镜（静）波家的坟地，该坟地坐落在陈家沟子（今属天津市河北区）。

　　另外一种说法，是在刘翠霞老家一带流行的，据说被安葬在刘

20世纪50年代的评剧剧本

翠霞老家的敖嘴村西北。敖嘴村位于今武清区京福公路西侧约5公里。该村部分地块在新中国成立后曾被划给了同属石各庄镇的李各庄村，李各庄村南有一个地块被称为"沙记坟"，是敖嘴沙氏家族（沙氏是当地旺族，明朝永乐十九年时由江苏移民落户）的祖坟，在"沙记坟"西南约百米，有一座孤坟便是所谓的刘翠霞坟。笔者曾就"沙记坟"的来历，在2002年时专门访问过几位村民。据原第三生产队村民刘金华老人介绍，他出生于20世纪30年代，在他小的时候，曾与同伴袁文采一起到天津南市一带的戏园听戏，其中就看到过刘翠霞主演的一出《珍珠衫》，她扮相俊美、风姿绰约、音调高亢，深得台下观众的喜爱。他认为刘翠霞虽长期在外漂泊，但她心恋家乡，故死后被埋在老家也是人之常情。村民侯志生说，20世纪60年代，他在生产队干活的时候，经常被分配到"刘翠霞坟"去劳动。据他介绍，刘翠霞虽然是名人，但对老家人非常友善，凡乡里乡亲投奔她的，她都会热情接待，绝无半点嫌弃，故而刘翠霞在老

1935年3月25日《新天津报》刊载《平戏女皇刘翠霞秘史》广告

家一带口碑很好。过去，村里有一个外号叫"孙油魔"的人，经常到她的坟地模仿刘翠霞的垛板"楼上楼"，哭诉悼念刘翠霞，其婉转的腔调、惟妙惟肖的动作神情，常令人不自主地掉下眼泪。但其实，这座坟地并非刘翠霞的，而是刘翠霞姐姐的。据赵永庆（刘翠霞姐夫）之孙赵广祥介绍，李各庄埋葬的确实是自己的奶奶，当时这块地是自己家的，奶奶去世后就埋在了那里，也许是因为刘翠霞名气大，就讹传

埋葬在李各庄了。

如今，在刘翠霞的家乡，评剧的影响已深深扎下了根。附近各村几乎都有民间评剧团。20 世纪 80 年代，敖嘴村恢复了评剧团，每年秋后开始排练，春节前后连演月余。有趣的是，2007 年前后，笔者在天津三宫旧书市场淘书时，曾发现敖嘴村评剧团油印的评剧老剧本，有《屠夫状元》《三看御妹》《绣鞋记》《小借年》《打金枝》《闹严府》等 20 多本。看来，能够得到这些老剧本也是一种缘分啊！

人生舞台

RENSHENG
WUTAI

出演北洋戏院

北洋戏院，最早名为金华茶园，位于法租界二十七号路樊主教路（今新华北路）与窦总领事路（长春道）交叉口，建于 1916 年，系由大仓库改建的，俗称马鬼子楼（亦称马家楼，园主姓马，其父为美国籍，故称）。为铅铁顶砖墙楼房建筑，由天津著名书法家、《新天津报》编辑薛月楼题写"北洋戏院"四字匾额。1931 年 2 月 11 日，刘文波接任该院经理，开幕式邀请尚小云、王又宸、裘桂仙、九阵风、侯喜瑞、李宝奎、慈瑞泉、贾多才、高富远等名家演出。剧目有尚小云的《玉堂春》，王又宸的《失空斩》。"九一八事变"前后，以李桂云为首的奎德社，在此园演出过许多抗日时装新戏。在中国大戏院 1936 年建成前，北洋戏院是津城首屈一指的专业大戏院，向以四大名旦、四大须生为活动阵地，梅兰芳、马连良、叶盛兰、郝寿臣、雪艳琴、金少山等京剧名角来津后，必到北洋戏院演出。

1932 年 3 月 21 日，山霞社进入北洋戏院演出，开创了评剧进入大戏院的先河。第一天上演《三节烈》，第二晚演出《赵五娘》，第三晚是《王少安赶船》《花为媒》。前场加演什样杂耍，有张月琴的梅花调，杜月芳、张红雯、大苹果的大鼓，蔡桂喜、赵宝玉的铁片

1940 年 9 月 14 日《新天津画报》载刘翠霞在北洋戏院演出盛况

大鼓等。包厢卖到了大洋 2 元,池子前排 3 毛。另据 1940 年《新天津报》载:"刘翠霞此数年来,评戏坤伶中算得是首屈一指。现出演北洋,头天晚场为《金鱼仙子》,扮相俊俏,音调清娴,唱做念逗,无一不精彩。"文章还提到小生大王桂宝芬,认为她与刘翠霞配戏,各增其光,绿叶红花,相得益彰,真可谓珠联璧合。

在山霞社进入北洋之前,评剧主要是在茶园或中小型剧院演出,而一向不受重视甚至于被一些社会名流所鄙视的"蹦蹦"竟然进入专接名角的大戏院,这令自命清高的文人墨客大跌眼镜。此后,评剧名家爱莲君、喜彩莲、白玉霜等亦在此登台献艺。特别是在 20 世纪 30 年代末至 40 年代初,白玉霜长期占据北洋,与占据华北戏院、国民戏院的刘翠霞形成对垒之势,两位评戏"女皇""皇后"借着社会各界尤其是名家的支持,你来我往,推陈出新,争奇斗艳,尤其是这些名家通过移植兄弟剧场的剧目,借鉴不同艺术的表演技巧,结合对舞台机关布景的革新,极大地激发了评剧艺术的活力,丰富了评剧的演出内容,繁荣了天津的文化市场,受到各阶层群众的普遍好评。尤其是 1939 年 10 月,为赈济天津大水后的灾民,"聊表已饥弱的热忱,业于昨日商定,定于本月 20 日早晚两场水灾义务戏,即以所得票款,送交天津佛教居士林水灾救济办事处,充作赈济难民之需。至是早晚前后一切开销,经由该院刘(文波)经理与白伶

（指白玉霜）负责……是日晚两场剧目已经商定，日场《潘金莲》，晚场为《玉堂春》，皆为白玉霜的拿手佳作"。

1940 年 12 月 23 日《新天津画报》载山霞社演出消息

1946 年初，北平芮克电影院陈金凯、刘文君等合资 150.9 万元接管北洋戏院，刘任经理。新中国成立后，戏院于 1951 年 6 月 16 日由天津市总工会正式接管，康天佑任经理，刘致友为副经理。1956 年扩建为天津越剧团专业剧场——小剧场。1966 年更名为延安剧场，1972 年重建后定名为延安影剧院。

在春和大戏院唱"混搭"

　　春和大戏院位于旧法租界马家口福煦将军路（今滨江道）福厚里4号，由华中营业股份有限公司经理高春和于1927年投资建设，1928年1月正式开业。"春和"显然是高春和的名字。在之后的岁月里，由于时代的变迁及主人的更迭，相继更名为国泰戏院、光华戏院、光华电影院、大明电影院、劳动剧场、工人剧场等。

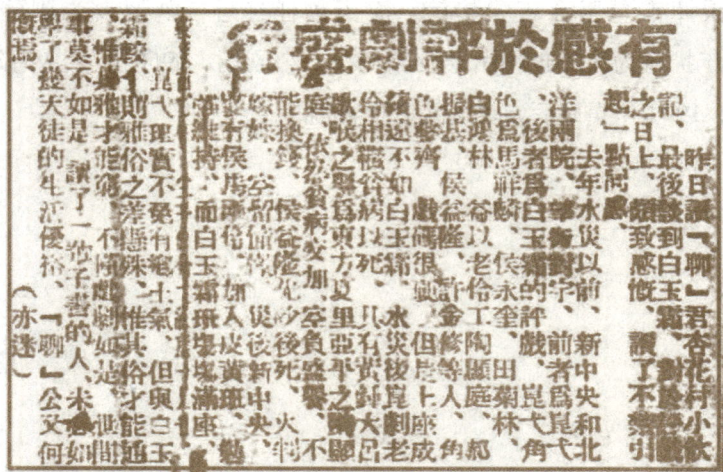

1942年2月28日《新天津画报》提及评剧艺术

春和大戏院前楼开一大餐馆，名为卡尔登，在历史上非常著名。著名小说家刘云若在其作品中经常提到这家餐馆。在 20 世纪 30 年代，春和是天津最大、最具影响力的戏院之一，它的建成是天津剧场发展史上一个划时代的变化。其内部格局已经摆脱了旧式茶园的窠臼，其舞台为镜框式，建筑为钢筋混凝土结构。建筑面积 3000 平方米，座位 1021 个。在管理制度上，取消了杂役人员打手巾把儿、卖小吃以及索要小费的落后习俗，并实行了预先售票、对号入座等措施。另该戏院设备精良，配备了即时对外播放演出实况的现代化设备。

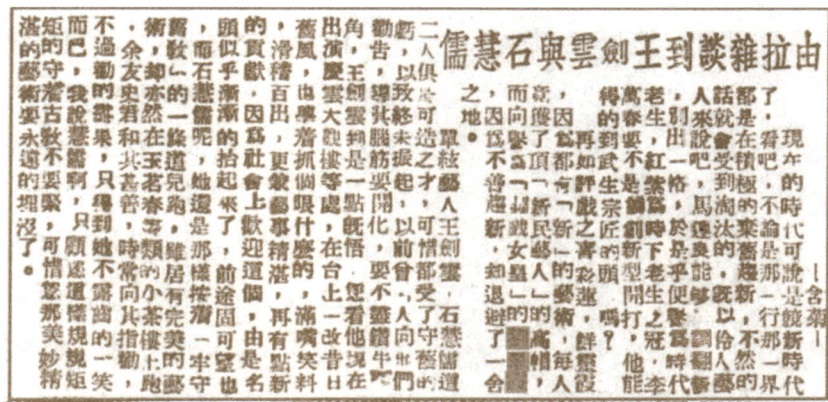

1940 年 10 月 26 日《新天津报》载有关"评戏女皇"刘翠霞的评论

1928 年起，每值盛夏，戏院开设屋顶游艺场，演出京剧、电影、曲艺、杂剧等，票价 3 角，多由附近各杂货店代售。在 1936 年中国大戏院建成之前，它是天津最高级的京剧大戏院。翻开那个时期的《北洋画报》，几乎每天都有春和演出的消息。戏院开幕时，由杨菊芬、杨菊秋姐妹演出。开业后，杨小楼及四大名旦等著名演员曾在此演出过。其中尚小云时间最长。1934 年，杨小楼在该戏院演出新排历史剧《姜维九代中原》《甘宁百骑劫魏营》，表达了军人守土有责、誓死抗战的决心。

1935 年，因上演西洋舞被封停业。后改为国泰戏院，专演电影，只偶尔演出戏曲。1936 年，中国大戏院建成后，该院无法与之抗衡，为避其锋芒，一度更名为光华电影院，专演电影。不久，泰来第接兑了该戏院，由泰来第的外甥达凄尔伯任经理。1943 年，戏院由日本人横沟市之助经营，更名为大明电影院。后又由罗宗强、杨奕五经营。1945 年 5 月 25 日，后台电线走火引起火灾，一度被迫停业，后改为大明电影院。1949 年，由纺织工会接管，修复后更名为劳动剧场。1957 年 3 月，由天津第一工人文化宫接管，更名为工人剧场。

刘翠霞戏装照

1935 年元旦当天，春和大戏院推出了秦腔、评剧"两下锅"演出，当时的报纸刊登了"秦腔大王金刚钻、评戏大王刘翠霞合作演出"的广告。紧接着，在当月的 27 日，刘翠霞又与金刚钻、韩长宝（京剧）以评剧、梆子、京剧"三下锅"的形式，以机关布景为号召，在春和大戏院联袂演出《桑园会》《花为媒》《武文华》《铡美案》《打狗劝夫》《战马超》等。3 月 21 日至 23 日，刘翠霞、张月亭等在春和大戏院演出 3 天 6 场（日夜两场）。剧目为《三节烈》《雪玉冰霜》《杜十娘》《母烈子孝大男传》

《双蝴蝶》《赵五娘》等。5 月 26、27 日，刘翠霞复在春和大戏院演出，剧目为《状元荣归》《珍珠衫》《赵五娘》《姊妹易嫁》等。

刘翠霞在春和大戏院的演出，给这座剧场带来转机，相反，自从刘翠霞离开福仙茶园之后，这座专演评剧的戏园受到致命影响，并从此一蹶不振。

山霞社的根据地福仙茶园

福仙茶园，曾有元升茶园、景春茶园、中天仙戏园、中央茶园、福仙戏院等不同称呼。始建于清同治末期，为天津四大名园之一。位于今天津鼓楼北侧原元升胡同内（该胡同已不存）。园内舞台及后台较窄小，楼下正面均为散座，楼上两侧为隔断包厢。台柱书有抱柱对联："元气转洪钧，如闻盛世元音，俾孝子忠臣各存元善；升高调凤琬，自有闲庭信步，合来今古永庆升平"。

早在 1900 年以前，著名艺人杨小楼就搭福仙茶园演戏，每月戏份高达 18 元。1909 年，著名的凤鸣班在元升茶园演出。搭班演员有小荣福、金香翠、李寿山、狗肉红、驴肉红等。剧目有《卖油郎独占花魁》《九义十八侠》等。20 世纪 30 年代，福仙茶园以京剧、梆子和评剧班演出为主。金刚钻、筱爱茹、陈艳涛等坤角都曾在此登台。1933 年开始，改以评剧为主，李金顺、花莲舫、刘翠霞、白玉霜等众多评剧名家都曾在该园演出。

1931 年山霞社成立后，便主要以福仙茶园为基地演出。当时，山霞社在福仙茶园设有戏箱，箱主李华山，箱头刘四，是评剧最早的戏箱。由于经理周玉田与山霞社主事李华山是把兄弟，所以他们之间的合作长达 6 年之久，这在天津评剧发展史上构成了一段佳话。

尤其是刘翠霞，大力推进评剧改革，除推出时装新戏外，还使用机关布景。文东山创作的《雪玉冰霜》是其代表作之一，该剧首演于福仙茶园，并使用机关布景，一时在津门引起轰动。

周玉田是福仙茶园经理，当时他已在梨园界耕耘了 30 年，可谓元老级人物。1933 年，他约山霞评戏社赴北平开明戏院演出，由于故都经济萧条，加之"九一八事变"之后时局不稳，故"赔款累累"。回津后，经与李华山商议，将山霞社移于天津鼓楼北福仙茶园继续演出。按照周玉田自己的说法，他实际上"作孤注一掷可耳"。周玉田是福将，在山霞社演出的一年时间内，成绩非常可观。当然，他也为之付出很多辛苦。他在《平戏女皇刘翠霞秘史》中曾坦言："所获之成绩虽斐然可观，而实际之苦痛当亦溢于言表。是以久拟暂息旗鼓，以待来年，讵念及百十员役之生活将何以堪？以故延耐于今，莫可言宣。"

有趣的是，记录刘翠霞艺术成就的《平戏女皇刘翠霞秘史》一书，便得益于周玉田的努力。据作者琅琊隐士自序："偶得天津鼓楼北福仙茶园周总理玉田的介绍，能与山霞社主干李华山及司账赵德福相识，曾几何时，得一适当的线索，乐何如之。后经李赵的指引，方与刘翠霞互相晤谈。但刘伶亦以时势所使然，别怀一种莫可言宣的积愫，然亦亟希望借笔墨而发挥。作者即乘机迭次的探询一切，果然得其真确的出身与经历。内容七情具备，五味皆尝。作者既得刘伶大白于耳膜，亦只以'原来如此'四字作一放汤追询的结束而已。不过，倾慕刘伶者虽多，而得其详者颇少，所以把很可惊可泣的情节汇集成书，而

刘翠霞戏装照

名为《平戏女皇刘翠霞秘史》。"

21 世纪初，天津老城拆迁时，该戏园予以保留并修葺一新，今名"元升茶楼"，以演出曲艺节目为主。其中每晚 7 点半及每周日下午由某相声社表演相声。每周四下午 1 点 45 分则演出时调、大鼓、单弦等曲艺节目。大门口挂有对联："百年茗园津门重展现，一代儿女老城谱新篇"。

在国民戏院"串唱"京剧《空谷兰》

国民戏院位于今东马路（原经中路 41 号），始建于 1935 年，1936 年开业，由杨锡庆、邱奎章经营。该院开业初由京剧艺人徐东明、徐东来演出。后在很长一段时间里，由天津艺光剧团演出话剧。1940 年 2 月，戏院经理为王之才，总务是赵锟，前台经理是韩克宽。1944 年 1 月，吴纯一接任经理，改为国民影戏院，既演电影，也演出戏剧。1947 年 2 月，北平的荣春社、富连成、鸣春社等三班毕业生莅津演出，首演地点便是国民大戏院。新中国成立后，该戏院改为新华戏院。"文革"后改作他用。

从 1937 年 7 月开始至 1939 年 11 月两年多的时间里，刘翠霞的山霞社基本上一直在国民戏院演出。主要演员除刘翠霞外，还有张月亭、桂宝芬、李莲舫、张凤仙、盖荣萱、高凤琴等，演出剧目有《庞三春》《大英节烈》《四海棠》《枪毙老妈》《庚娘传》《赵五娘》《十五贯》《苦忠义》《母烈子孝》《贫女泪》《珍珠塔》《警世钟》等 50 余出，其中包括她排演的独门新剧《侠烈英魂》。1939 年 8 月，《庸报》曾载文披露评剧演出情况，认为刘翠霞最为出色，上座率最高，其次是鲜灵霞、新翠霞、花月仙等。1939 年 11 月，山霞社与国民戏院的演出合同期满，"刘此次移至上光明出演。定期两月，试办一月，将来或回国民戏院登台"。就在山霞社在国民戏院演出的 1939 年 8 月 21 日，华北发生大洪水，天津城区不少地方被淹没。当时东南城角一带地势较高，位于东马路的国民戏院基本没受影响，刘翠霞便请鼓师张福堂雇船将戏班同行接到天宝戏院住下，将演职员的家属们接到国民戏院予以安置。正是刘翠霞的努力，在大水灾发生时，戏班数百名演职员及家属没有受到影响，顺利度过了难熬的盛夏。到了 9 月 25 日，国民戏院恢复了演出。

值得一提的是，刘翠霞在国民戏院演出时装新戏《空谷兰》时，

1939 年《新天津报》载刘翠霞出演国民戏院消息

1940 年 5 月 3 日《东亚晨报》载刘翠霞演出消息

曾串唱京剧"摇板",一时传为佳话。《空谷兰》又名《幽兰夫人》,本是20世纪20年代由齐如山根据同名无声电影改编的京剧曲目,其内容是:贵族蓝荪娶陶纫珠为妻。蓝荪表妹柔云利欲熏心,买通马车夫,在纫珠外出时将其推下山谷。柔云阴谋得逞后,遂与蓝荪结婚。岂知纫珠并没有死,而是被人搭救。她改名幽兰夫人,化装后复至家中,做了儿子良彦的家庭教师。柔云又欲加害良彦,以期独霸蓝荪财产。良彦为纫珠所救,柔云事败逃走,翻车丧生。蓝荪与纫珠叙明前情,复为夫妇。该剧由奎德坤剧社首演于天津,由杨韵谱执导。李桂云(河北梆子)和张蕴馨(京剧)所扮幽兰夫人,各具特色,红极一时。前者以华贵大方见长,后者以深沉细腻著称。"七七事变"前夕,白玉霜在津曾演出评剧。为改革评剧内容,刘翠霞与桂宝芬也曾使用文明戏的本子,合演于国民大戏院。因桂宝芬在剧中唱京剧,所以,刘翠霞也串唱了四句京剧"摇板",由于刘翠霞有过专业训练,串演时非常新奇、动听,一时传为佳话。

在华北戏院演出后一病不起

华北戏院,坐落在南区北马路143号(今已拆除)。原为北洋第一商场,建于1913年。1932年1月改为华北戏院。由陈宝善、马德春、穆亚臣、郭恩荣、杨德贵、商树珊及黄某等七人经营,陈为经理。剧场建筑是土木结构,内有130多根木柱,座位都是大凳、长条椅,大门宽度不足3米。1936年改映电影,更名为华北电影院。后又改演戏剧,并恢复为华北戏院。1952年由市文化局接管,曾3次修缮。建筑面积达3500平方米,有座位1174个,舞台面积200平方米。

自1941年1月16日开始,山霞社在华北戏院演出,演员有刘翠霞、桂宝芬、李莲舫、花月明、张月亭、王月仙,剧目有《姊妹易嫁》《孟姜女哭长城》《雪玉冰霜》《王华买父》《莲英被害记》《空谷兰》等。一直到5月,刘翠霞在华北戏院继续演出。有一天,她在演出《韩湘子三度林英》后病倒,此后一病不起,直到7月病逝。关于这一点,1941年7月14日发表在《庸报》上的《刘翠霞故后后继无传人》可提供佐证。据该文载,"刘翠霞是评戏女皇……性极朴实,不善交际,没有爽达轻佻的手腕,更没有白玉霜交际的圆滑,也不如喜彩莲、鲜灵霞善于言谈……近年来在北洋、国民、

1941 年 2 月 5 日《新天津报》载刘翠霞露演华北戏院的消息

天宝等戏院，每当出演皆告人满为患，成绩颇佳，最后在华北（戏院）演唱月余后，却一蹶不起，红颜多薄命，在这徘徊茫然的深渊中，终归与世长辞了！她的艺事，小霞尚深得其中三昧……其他角色，没有得到相当的衣钵，殊甚遗憾！"

1941 年 4 月 21 日《东亚晨报》载刘翠霞排演《刘香女十全得道》消息

营口升平茶园

山霞社名声在外，着实让戏园老板们眼红，福仙茶园的门槛也被邀角的老板们踢破了。不光本地的，外地老板也慕名前来。

营口有家戏园叫升平茶园，位于当年的"洼坑甸"，这个地方有饭馆、窑娼、杂货铺，还有影戏，较有影响的便是"升平茶园"。升平茶园也称"升平舞台"，俗称"升平"，由当时埠内富绅王太平、薛老宝等集资所建。取娱乐升平含义而得名，遗址位于现营口市塑料六厂南车间处。

升平茶园，坐东朝西，为一座尖顶起脊瓦房楼，看上去比较简陋，占地面积约 400 平方米。门上方悬有"升平舞台"四个大字匾额，耀眼醒目。内有座位 600 多个，分楼上楼下。楼上有包厢，还有正排座和偏座，舞台面积达 80 平方米。

该茶园主要演评剧。1930 年，评剧名角白玉霜、李金顺、金菊仙等来营口，曾在这里演出。其中上演过《珍珠衫》等拿手剧目，上座率很高，几乎场场爆满。每当演出后许多评剧爱好者，不分男女，不论老人、青年人，都学唱几口评剧腔调，当时，评剧热在营口轰动一时。

升平茶园管事几经更换，至 1935 年为李香斋。1948 年营口解放后便无人管理，楼房历经风雨剥蚀，不断受损直至被拆除，其遗迹荡然无存。如今其旧址已是营口市塑料六厂生产车间和成品仓库用地。现在胜利街道办事处的升平里，还有升平副食商店，名称均缘于此。

老板王太平曾亲自登门邀请山霞社赴营口演出。营口位于奉天南部，也是一个商业繁荣的城市。许多落子名角均来此演出，如由成兆才率领的警世戏社，芙蓉花的复盛戏班，李金顺的元顺戏班等，当地百姓对这种通俗易懂的民间戏曲形式非常喜爱。刘翠霞红遍津门的消息不胫而走，使这位颇具经济头脑的王老板为之一动，心想如果邀请山霞社演出，肯定能够带来很大的收益。第二天，王老板坐火车进入关内，又从北平坐车来到了天津。

关于是否去东北演出，戏班的人看法颇为不同。有的人认为，营口是大都市，老百姓欣赏水平高，口味又不同，弄不好会砸了牌子。想当年，李金顺在津唱红后，首赴东北营口演出，因为人们嫌她的演唱有大鼓味，故第一次出关演出就唱黑了。山霞社虽然在天津站稳了脚跟，但到了关外，能否被人接受，还说不定，不如暂且不去。也有的人认为，山霞社在天津演出形势很好，很多戏班都排着队等候咱们演出，没有必要去人生地不熟的外地。后来，经班主李华山拍板，还是决定赴营口演出。

论起营口，刘翠霞并不陌生。民国12年的时候，自己曾独自跟随何丑子到这里学艺演出过，如今第二次踏上这块土地，也算是故地重游了。所以，刘翠霞心里非常复杂，总有一种说不出的滋味。

升平茶园是营口最大的一家戏园，曾经接待过许多著名落子坤角演出。山霞社安排了《雪玉冰霜》《杜十娘》《马寡妇开店》等打炮戏。

《雪玉冰霜》是山霞社最新排演的节目，也是后来刘翠霞的保留节目。该戏又名《秦雪梅吊孝》《双吊孝》。说的是商林在岳父家寄读，在花园里见其未婚妻秦雪梅，得相思病。归家后，商家欲迎娶，秦家因婿病重不允。商家乃逼丫鬟爱玉假扮雪梅出嫁，后商林果死去。雪梅至商家吊孝，与爱玉结为姊妹，共誓守节终身。该戏的故事源于鼓词，民国 4 年时，由成兆才编写为落子剧本搬上舞台。月明珠、金开芳等都演出过此戏。刘翠霞吸收了月明珠唱腔的特点，在弦师张凯的帮助下加以改良，形成了别具一格的刘派风格。尤其是与桂宝芬合演的"修书叙情""过府吊孝"两场戏的唱腔，优美动听，别具韵味，成为刘派艺术中的精华，深得广大观众好评，并一直被刘翠霞作为保留剧目。

前三天的演出在营口一举轰动，营口的报纸连连播发演出消息，"看刘翠霞去"的声音不绝于耳。

在南市第一台演出

第一舞台坐落在天津南市东兴大街上，由高福安始建于 1912 年。俗称南市第一台，并曾有第一台、上光明戏院等不同称谓。

舞台坐东朝西，面积仅次于大舞台。著名电影人李吟梅曾担任经理一职。建院初期，陶显庭、庞世奇、郝振基等昆曲艺人曾在此演出。20 世纪 20 年代，曾发生一次火灾，戏院遭毁。后重修后，演出连台本戏。1937 年（另一说是 1936 年），戏院再次进行维修，并更名为上光明戏院，仍由李吟梅担任经理。李洪春、李盛斌、高盛麟等在此专演武生戏，经常客满。

李吟梅祖居鼓楼西板桥胡同，幼年时先后失去父母，随叔父生活，读书至中学，通诗文，写得一手好字。青年时在津成立"大无畏"通讯社，后在《平报》任编辑，收入微薄。1936 年春，经人介绍开始为各戏院写海报，得以结识各大戏院园主和众多梨园界名角儿。上光明开业时，遂被聘为经理，从此正式步入戏园业。

李吟梅在新闻界、梨园界交际很广，所以上任后，相继约来周啸天、裴盛戎、梁一鸣、赵松樵等名角儿久占第一舞台。凭着深厚的文字功底，他还编演了《乾坤斗法》《西游记》等连台本戏，为戏院赢得了可观的票房收入。1940 年冬，李吟梅因收了日租界巡捕的戏票而招致剧场被砸，极为窝火的李吟梅找到公会会长齐文轩理论，齐文轩也没有办法，便提出辞职，李吟梅遂取而代之做了会长。此后，李吟梅虽着力治理"看白戏"的恶俗，但收效甚微。

南市第一台是天津京剧戏班的大本营之一。1917 年，著名的高家班在此成立。班主是高福安，这是一家临时班社，习称高家班。其演员除高福安一家人外，尚有竹翠茹、小菊处、小桃、小满堂、苏廷奎等。1937 年的中秋节，著名的迪音社（京剧班社）在更名后的上光明戏院成立。这个戏班属于共和班性质，由赵鸿林、梁一鸣担任社长，姜德禄、李盛俊和三吉仙分任文武管事。主要演员有张淑娴、张淑兰、郑玉华、张海臣、陈志华、宋义增等。每天日场演传统戏，夜场演彩头本戏，如《乾坤斗法》《火烧红莲寺》等。1939 年 8 月 21 日，天津遭受特大水灾，梁一鸣与张氏姊妹应邀赴沪搭班，该社解散。京剧班解散之后，李吟梅为戏院生存的需要，于1939 年 11 月开始，转行演出评剧。当时，刘翠霞正大红大紫，李吟梅便将其约来演出。刘翠霞成为第一个在向为京剧班久占的大戏院演出的评剧演员。当时演出的剧目都是她的拿手好戏，如《金鱼仙子》《双蝴蝶》《苦忠义》《万里长城》《义烈奇冤》《包公奇案》等。北平的《新民报》以"津剧捷报"为题做了报道："评戏坤伶刘翠霞仍在东马路国民戏院恢复出演，现已应南市上光明之约，定本月的 4 日起登台。前三天戏码如下：4 日早演《桃花庵》、晚演《莲英被害记》；5 日早演《三女性》、晚演《王少安赶船》《花为媒》；6 日早演《珍珠衫》、晚演《一元钱》。闻刘翠霞此次移至上光明出演，定期两月，试办一月，将来或回国民戏院登台。国民戏院因刘翠霞合同已满，又改邀他人，定于今日登台。"12 月，刘翠霞、桂宝芬、张月亭、刘小霞等又到上光明戏院演出，戏目有《贫女泪》《杨三姐告状》《大男认亲》《姊妹易嫁》等。1940 年 8 月，刘翠霞应约继续在上光明演出《莲英被害记》《韩湘子三度林英》《一元钱》《王华买父》《大富贵图》《双蝴蝶》《风流天子》等剧目。同月报载："刘翠霞老当益壮，桂宝芬辅佐有功，刘精神不减，出演天津多年，虽经白玉霜、喜彩莲等排挤而毫不动摇。观众虽远也驱车去听，连日上光明门前，车水马龙盛况空前。"9 月，刘翠霞继续在上光明演出，使该戏院获得了空前的效益。

1945 年抗战胜利后，天津工务局以"上光明为危险建筑"为由将该院关闭。1949 年被拆除（一说改为南市商场，即群众商场，待考证）。

山霞社在庆云戏院演出连台本戏

庆云戏院始建于 1920 年，位于南市慎益大街，初名庆云茶园。该戏院房产原为旧军阀江西督军王泳泉所经营的慎益房产公司所有。1924 年由青帮头子刘秉泉、韩少林等集资经营。初为落子馆，为妓女清唱的场所，后因经营不力而改大戏，由黄宝田、杜云生经营。曾改映电影，更名为庆云电影院。1933 年遭遇大火，由慎益公司重新修建，占地面积 1013 平方米，建筑面积 1969 平方米，建筑为砖木结构的三层楼房，共设 1147 个座位。但黄宝田因患半身不遂不能经营，于是以现洋 1600 元的价格出租给王文玉、靳文元、尹少甫等人经营，并改为庆云戏院，上演京剧，租期 4 年。天津沦陷后，袁文会、王贵恩等人强行接管该戏院。袁文会任后台经理，专演杂耍。包括常氏兄弟、马三立等名家在内，集众多名家组成的兄弟剧团，在该戏院长期演出。1945 年抗战胜利后，袁文会被抓捕，王少臣接管该戏院。1947 年，著名混混儿佟海山接任后台经理，上演评剧和京剧，小白玉霜曾在此登台演出。新中国成立后，更名为共和戏院，后称共和影剧院。1984 年 9 月兴建南市食品街时，该戏院被拆除。

另据报载，1940 年 1 月 1 日，刘翠霞、张月亭、桂宝芬、李莲舫、张凤仙等人，应院方邀请，在庆云戏院演出数日，上演剧目有

《风流天子》《空谷兰》《三女性》《庚娘》《苦忠义》《大天竺峰》
《白罗衫》《贫女泪》《母烈子孝》《破腹验花》《新春秋配》《王华
买父》《一元钱》《莲英被害记》等。这一时期，也是刘翠霞最红的
时候，她演出的连台本戏最受欢迎。天津出版的《庸报》曾载文称：
"津门戏剧舞台上，连台本戏风行一时。情节重神怪离奇，演出火炽
热闹。具有代表性者有……刘翠霞的《金鱼仙子》等。"

刘翠霞演出升平茶园

新凤霞在《被小鬼儿拉下来》一文中，曾提到过升平茶园："天津南市有几个出名的评剧班财主，升平茶园的李拐子，聚华戏院的朱胖子，他们在南市成班儿都是仗着勾结当地的黑帮头子、特务、便衣队等恶势力，心黑手狠，待人非常刻薄。"升平茶园位于今南市荣安街。建于清光绪三十一年（1905 年），占地面积 1288 平方米，建筑面积 1890 平方米。原建筑大部分为砖木结构，院内楼板、边廊、包厢、舞台均为木制。该院原为男女分座，边廊为女席。初名为升平茶园，后曾更名为升平舞台、天坛舞台。20 年代，与燕乐茶园齐名，同为天津最负盛名的什样杂耍场，后因迭遭变乱，改唱京戏，也曾演过电影。至 30 年代中期改演蹦蹦戏。1938 年 12 月，曾恢复升平舞台原名，后经修缮，可容纳观众 950 人，更名为升平戏院。1940 年由李宝林、曹学谦接管经营，重新修复后，多演评剧、话剧等。爱莲君曾在此演出《死后明白》一剧时昏倒在台上，不久撒手人寰，年仅 21 岁。1953 年，国家接收后改为黄河剧场。1957年彻底大修，改为钢筋混凝土结构，设有 1179 个座位，为天津专门演出评剧的场所。改革开放后一度改为电影放映厅及娱乐厅，现已不复存在。

1940 年 3 月 25 日《新天津报》载刘翠霞、新翠霞演出广告

1917 年，著名的文明正一社，曾在升平舞台演出，搭班演员有陈德霖、小小余三胜、薛凤池、诸如香、麒麟童等。

新凤霞在《有自己的主意》一文中提到过她在升平戏院演出的一件事。20 世纪 40 年代，新凤霞作为配角在升平戏院演出《天河配》，有一个情节是仙女在天河洗澡。女主演穿着全丝内衣，整个身体都裸露出来了。班主要求配戏的小女孩也都效仿主演的样子，新凤霞等四个女孩子不同意，被班主当场赶出了后台。

1933 年，刘翠霞应邀到升平舞台演出，当时戏报上大字标明了"山霞社"，刘翠霞那一年仅有 22 岁。据 3 月 29 日《商报》载："评戏演员刘翠霞自演升平戏园以来，上座极盛，并应北平广德楼之聘，于 29 日在平演出《三节烈》《桃花庵》。"

1948 年初，著名的正风剧社评剧社在升平戏院成立。社长为张

玉堂，副社长为王玉堂。这二人都是原山霞社的主要成员。后有东北来津的白云峰、羊兰芬等加入。不久，白云峰被推举为社长。孙芸竹（六岁红）、孔广山等一度担任副社长。演出实行与前台按比例分账的办法，社内除提留部分基金外，采取"死分活值"办法计酬。演员先后有新翠霞、六岁红、羊兰芬、莲小君、刘小楼、白云峰、孔广山、单少峰等，共80余人。该社除上演《貂蝉》《打狗劝夫》《千里送京娘》《碧玉簪》等传统戏外，还移植和编写了许多新剧目，如《九件衣》《河伯娶妻》《相思树》《四劝》《巧儿团圆》《祥林嫂》《一贯道》等一百多出，受到中央和地方主管部门的表彰。1953年7月，天津市文化事业管理局接管了该社，将其改为国营天津市评剧团。

在天宝戏院连演三个月

天宝戏院坐落在原奥意租界大马路（今河北区建国道 121 号）。约建于清光绪十六年（1890 年），初名为东天仙茶园，为砖木结构。舞台坐南朝北，台顶为木结构，顶中心装有花纹孔隙直通顶棚外，孔隙旁镶有"天上神仙"四大金字。剧场共两层楼，楼上为两级包厢，一级 25 个，二级 30 个，每厢可容纳 8～10 人。楼下为散座条凳。楼下三面廊子座席，东西面为男座，正面为女座。东天仙曾经几易其主。1920 年到 1930 年间，由李永发、李永庆兄弟经营。1930 年，刘霁岚集资进行改建，楼下座席近千，楼上设包厢。1932 年改名为东方大戏院。1936 年 5 月改名为天宝戏院。天宝戏院主人是赵兰亭，山东人，有点洋派头，笔挺的西服扎着领带。他不信神，但在后台供奉佛爷，地窖子供五仙爷，过年过节上供很讲排场。1949 年被天津文化局接收，更名为民主戏院，后又更名为民主剧场。

天宝戏院一直是京戏名家演出的场所。清宣统三年（1911 年）六月，李吉瑞、张黑在此演出《连环套》，尚和玉演出《金钱豹》，韩长宝演出《八大锤》等。1915 年，著名京剧表演艺术家梅兰芳首次莅津演出的地点就是天宝戏院。他与荣蝶仙合演

《樊江关》，与王凤卿合演《御碑亭》，使天津观众第一次见识到这位新秀的舞台风采。1916 年，梅兰芳新排时装戏《一缕麻》亦首演于此。天宝戏院也是天津最早演出评剧的戏院之一。1901 年，以成兆才、王大脑袋、金鸽子、佛动心、孙凤鸣、孙凤岗为主的莲花落班由冀东二次入津，先后在奥租界东天仙、法租界天福楼、日租界下天仙等戏园演出。1915 年以成兆才为首的"庆春班平腔梆子班"再次入津，首演于晏乐茶园，后转入东天仙、马鬼子楼演出。1937 年，天宝戏院经理赵兰亭邀请京剧、评剧、梆子班轮流演出，生意日益兴隆，一跃而成为天津最有影响的戏院之一。20 世纪 40 年代，新凤霞曾在此演出，当时正是她艺术成熟期，曾轰动一时。多年后，新凤霞想起她在天宝戏院唱戏的情景："记得我在天津河东天宝戏院唱戏，一位烧锅炉的王大爷特地到后台来对我热情地说：'小凤你唱的戏我爱听，口齿清楚，有京剧的尾音儿，我早起提着鸟笼遛鸟儿，碰见很多老友都夸奖你唱得好听。'"

1939 年 8 月 21 日，洪水进入天津市区。因连日河道防汛紧急，人心惶惶，已无心看戏。白天刘翠霞回了戏，下午携 14 岁的养女小霞到法租界北洋戏院看白玉霜的《桃花庵》。才看了一会儿，小霞下楼买苹果，听人说日租界已经进水，就急忙跑回来告诉刘翠霞。戏才演了两场，母女俩就跑了出来急忙往家走。才走到日租界，水已没了腿肚子，只好到乐乐舞厅（原世界饭店楼上）找丈夫陈静波，并在惠中饭店暂时住了下来，不大工夫，法租界也进了水。她一直惦念着山霞社的同行，雇船将他们接到天宝戏院（当时特二区大马路一带因地势高尚无积水）住下，又请张福堂雇船去不同地方将演员家属接到国民戏院（东马路一带水少）安顿下来。为解决吃饭问题，在物价飞涨的形势下，刘翠霞毅然拿出自己的积蓄，购买大量面粉接济同行及家属们的生活，使大家顺利渡过难关，这个过程持续了一个多月。提起这段历史，至今仍为人津津乐道，刘翠霞因之赢得了"义伶"美誉。

刘翠霞出演新明大戏院

　　新明大戏院即后来所称的人民剧场。建于 1903 年，原为砖木结构，占地面积 1900 平方米，建筑面积 3205 平方米，舞台为镜框式。经理原为赵广顺、孙宝山等。初名天仙茶园，为与上天仙相区分，又称下天仙。梅兰芳、余叔岩、刘鸿升、尚和玉、李吉瑞、薛凤池等长期在此演出。当时有"看好戏到下天仙"等语。1917 年更名为天仙舞台，1919 年又改为大新舞台。杨小楼、盖叫天为开幕式演出。1925 年，改为新明大戏院。这一时期，孟小冬、白玉昆、赵美英等演出《狸猫换太子》《七擒孟获》等，都运用了新奇的彩头。1937 年日本人占领天津后，将其改为天津剧场。1945 年 12 月 11 日改名为美琪戏院。尚英杰、李吟梅曾先后任经理。1949 年，由中国人民解放军二十兵团接收，段立国任经理。1954 年 2 月 2 日改为人民剧场，经理张国良。1953 年大修。拥有座位 1149 个，是天津唯一专演话剧的场所。山霞社于 1936 年开始到 1937 年上半年长期在此演出。

　　1903 年，下天仙经理赵广顺及其弟赵广义共同组建鸣凤班（一说为连凤班），以梆、簧"两下锅"为号召。戏班成员多是名角，计有恩晓峰、曹桂芬、小兰英、杜云卿、黄处、程永龙、薛凤池、元元红、刘永奎、小孟七、小杨猴（杨小楼）、尚和玉、李吉瑞、张黑、老乡亲（孙菊仙）、龚处（龚云甫）、刘喜奎、王克琴、小香水、汪笑侬、高福安、小达子（李桂春）、还阳草（杨韵谱）等。后期偶署"京都鸣凤班"名称。此班为清末民初天津的名班，约于1915年解散。小杨猴曾于此班与尚和玉合演《长坂坡·汉津口》，与老乡亲合演《铁笼山》。余三胜曾于此演出《大报仇》《打渔杀家》等。

1919年，赵氏兄弟又继续组织"连凤社"，邀请盖叫天、元元红、刘喜奎、小香水、苏廷奎、杨小楼、吕月樵、薛凤池、刘永奎、王桂卿、七岁红、孙桂秋、李兰亭、冯子和等演出。剧目有《武松杀嫂》《翠屏山》《四郎探母》《冀州城》《阴阳河》《佳期·拷红》《铁公鸡》及时装新戏《新茶花》等。该班主要演员时有更换，且间有"京角"参加，故于社名前冠以"京都"字样以示标榜。

1922年，"玉记正一社"在天仙大新舞台成立。先后在此搭班的演员有刘喜奎、杨瑞亭、薛凤池、尚和玉、刘水奎、凌仙、小三元、瑞玉峰、林草卿、盖叫天、牡丹花、驴肉红、瑞德宝等。京剧、梆子同演。剧目有《杜十娘》《泥马渡康王》《万里长城》《红梅阁》《恶虎村》《桑园寄子》《华容道》《百花点将》《花田错》《铁公鸡》等。

1929年3月26日出版的《北洋画报》上，发表了著名"明明"的文章《新明义务戏琐谈》，据该文介绍："新明戏院日前由《新天津报》社长刘髯公诸君，发起为杨村修闸泄水演戏筹款，髯公自己亦于第三夕，登台演《黄鹤楼》中之刘备。而各位名票与男女名伶，亦均各演拿手好戏，一时该院座客，拥挤异常。"

按照上述文字，修闸义演是由刘髯公发起的，并且已连续演出三天。在第三日晚上，刘髯公亲自上阵，在《黄鹤楼》中饰演刘备。作者"明明"先生，在第三天"奔走前后台间，颇有琐之闻见"，并为之做了详细记述。

化妆室设在二楼，各位名票及男女名伶依次扮装。当《黄鹤楼》即将上场时，化妆室中，有饰演刘备、孔明、赵云、张飞、周瑜等各角色演员。很多亲朋故旧以及报社记者，云集在门内外观看，大有人满为患之势，服务人员只得出面维持秩序，直至《黄鹤楼》开演后，人们才散去，但台上却又站满了人。

刘髯公饰演刘备，他也是这出戏的主角，他原留有一撮小胡子，扮演刘备时并没有剃须。著名报人沙大风先生在后台见到他后大喊："大哥您怎不剃剃胡子？"刘髯公大笑着说："此亦与荀慧生大不同处也。"作者还描绘了刘髯公上台表演的情景："髯公唱白，皆甚稳重老练，台步仍是报馆先生的派头，亦别有一种神采。"当然，刘髯公毕竟是票友，表演亦有不尽如人意处，但在作者看来，他"初次出帘，有此成绩，甚不易也"。

作者还描写了其他几位演职员的情况。如著名京剧表演艺术家王庚生在后台化妆时，"谈笑颇多风趣，扎靠（即穿好戏衣）后，仍与人周旋，登台唱作，熟练之至，摇板几句，居然（杨）小楼，听者拊掌称快"。张妙闻先生"是夕新病初愈，演唱《骂殿》，颇动听，演毕卸装，面容清瘦，确尚有几分病态"，"胡碧兰演毕《汾河湾》，即与乃母同去"，"马氏姊妹，艳秋、艳芬均到场，惟艳云因病未莅"。

戏院的服务员很多是临时到场的志愿者，他们差不多都来自报界。由于大家的共同努力，此次义演非常顺利，收入颇为可观。另据资料介绍，刘髯公为修闸累计募捐6万大洋，待涵闸建成后，夹道洼积水得以在汛后下泄。此后，杨村及附近各村不再受积水困扰。

在中原游艺场连演半个月

中原公司游艺场位于天津旧日租界旭街上的中原公司（即今百货大楼）内，始建于 1926 年，是集商业、娱乐业为一体的综合性服务场所。其经营思路与稍后建成的劝业场如出一辙。其中，商业部分在 1928 年 1 月 1 日开业；娱乐部分位于 5 层、6 层，设有剧场、影院和屋顶花园（当时通称中原游艺场），于 1928 年农历四月十五开业。

1927 年冬，著名书法家、末代皇帝溥仪的老师郑孝胥应邀为中原游艺场题联："风云气少，儿情女多，命世才华空往事；忠孝劳生，功名灭性，悲歌慷慨几知音"。曾担任过吴佩孚、张学良幕僚的著名诗人杨云史亦题联三副：其一，"你要寻忠臣孝子节妇义夫只有戏场能见面；像这些祸水阴人家妖国贼一看脸谱便知心"；其二，"纵做得可歌可泣唱戏何如听戏好，看这许人山人海下台笑杀上台忙"；其三，"要做来有色有声无非脱得精光打个稀烂；就唱到如怨如慕试问大家听戏几位知音"。

游艺场分日场和夜场。日场从 12 点半到 6 点半，主要上演京班大戏，著名的京剧四大名旦均在此演出过。夜场从 7 点到夜里 2 点。主要是什样杂耍，有金松樵的"单弦牌曲"，广阔臣的"巧耍花坛"，笑然居士的"单弦拉戏"，金莲花的"文明大鼓"，富贵卿的"京津大鼓"，银姑娘的"梨花大鼓"，郭荣川的"对口相声"，王金友的"彩唱双簧"，常树田的"文明单弦"等等。

游艺场凭票入场，票价每位4角。为方便顾客，自1928年6月开始，发行一种季券，每本25张，售价10元整，季内日夜通用。这种季券印刷精美，图案高雅，既可作为礼品馈赠亲友，又可作为艺术品收藏。游艺场内另设有电影院，入场券成人5角，儿童2角。

游艺场内以屋顶花园最富特色，据民国老报人王小隐《中原一戏》一文，该花园"竹篱环绕，极为幽雅，且尤有一种特别出色之点缀，篱上很多小匾，皆做棺材之侧面式，惟妙惟肖，实足令人称奇"。花园侧重于曲艺、魔术演出，许多外地甚至外国的演出团体争相献技。如朝鲜魔术团曾演出"枪毙活人"的魔术，一时引起津城轰动："将一肥美之女人，枪而毙之，血花流烂，惨不忍睹。坐中女顾客，皆掩面不敢视。以后将女尸放入木箱，又扎了一刀，打了一枪，再揭盖视之，尸已不见。此际，该尸又从台后活跳跳地跳出来，观者皆鼓掌不置。"

1932年8月20日，位于中原公司楼上的巴黎跳舞场开幕。作为津城"高尚娱乐的唯一胜地"，该舞场曾被誉为津城"最摩登"的跳舞场。每晚9时到夜3时，票价门票5角，舞票1元三张。根据当时报纸描述，该舞场"地方高爽雅丽，空气清洁流通，侍役招待周到，饮食卫生适口"。尤其是来自北平、上海的舞女，"舞技娴熟、如花似玉"，给该舞场增色不少，因而吸引了很多社会名流前来捧场。1934年10月，中原公司对营业布局进行调整，百货板块仍设在一楼和二楼，原在五楼、六楼的巴黎舞场、中原酒楼均被调整到了三楼，另"新增高尚平民化大游艺场，设在四五六七层，内设京班大戏、评戏、有声电影、大鼓、杂耍、苏滩、双簧"。

1935 年 1 月 30 日，经过整修后的中原游艺场以"中原公司大游艺场"名义重新开放，由该公司游艺部副部长郑瑞阶继续担任游艺场经理。在五楼和四楼分别组建了京剧班和评剧班。京剧班主要演员有赵鸿林、凌湘娟、张淑娴、张淑兰、金铎声、杨博生、杨维娜、朱盛富、赵盛璧等。每天早晚两场，分演折子戏和《彭公案》《华丽缘》《释迦牟尼出世》等新编本戏。开业当天，曾由凌湘娟、赵鸿林演出灯光布景的京剧连台本戏。评剧班于 9 月组建。主要演员有郭砚芳、周紫霞、花碧兰、花迎春、新翠霞等，上演传统剧目。三楼为杂耍场，由南京来津的京韵大鼓演员小彩舞（骆玉笙）以及铁片大鼓演员王佩臣、梅花大鼓花四宝等名家纷纷登台献艺。此外，四楼由英雪丰、筱侠影、王慧影演出文明戏。并设电影部，专映日本有声片和欧美大片。值得一提的是，由郑瑞阶编写的《释迦牟尼出世》一剧，首度在中原公司大游艺场上演。该剧是京剧彩头戏剧目，分头本、二本。1936 年的农历四月初八浴佛节当天首演。该剧描写释迦牟尼出世，宣扬佛法。情节皆取材于佛经，分为《菩萨天眼观下界》《佛母入梦》《佛祖灌顶》《佛祖结婚》《魔女迷惑佛祖》《耶输陀罗佛妻入梦》《耶输陀罗随佛祖回宫》等幕。释迦牟尼由赵鸿林饰演，耶输陀罗由张淑娴饰演。该剧为中原游艺场彩头戏的代表作。

中原公司营业之初，曾辟有专门场地供刘砚霞、孙育芳、姚小冬等人演出评剧。1935 年 12 月 10 日至 26 日，山霞社首度登上中原公司大游艺场，刘翠霞等在四楼杂耍场演出半个月，剧目有《婚姻不自由》《大男新亲记》《昭君出塞》《双蝴蝶》《义烈奇冤》等，既包括传统剧目，也有一些新编剧目。

1937 年，天津被日本军队侵占，实行禁舞政策，将"巴黎"及所有的日本舞场全都关闭。日租界舞场纷纷转移到英法租界，其中巴黎舞场也转移到了法租界。1941 年太平洋战争爆发后，日寇侵入英、法租界，禁舞政策亦延伸至这两个区域，包括巴黎舞场在内的所有舞场又一次被迫关闭。抗战胜利后，巴黎舞场复又开张，并被改名为"凤凰"。该名字或取自"凤凰涅槃"之寓意，预示着这家天津最摩登之舞场将会重获新生。

1947 年，郑瑞阶在中原公司四楼西餐部成立票房"清音桌"，初为清唱，后期增加表演，并在中原公司小舞台售票公演。京剧演员侯喜瑞、尚小云，票友王庚生等参加过演唱。

世间真情

SHIJIAN
ZHENQING

"琅琊隐士"是杨扬石的化名

1934 年，杨扬石在多次采访刘翠霞本人的基础上，撰写了《平戏女皇刘翠霞秘史》一书，1940 年由天津大通书局出版，而在版权页上却署名"琅琊隐士"。

刘翠霞是评戏四大流派之一的"刘派"创始人。1931 年，厨师出身的李华山，因看中刘翠霞的评剧剧术，出资与刘翠霞共同组织了"山霞评戏社"，经与福仙茶园（在鼓楼北，今元升茶园）经理周玉田协商，以福仙茶园为基地长年演出。1934 年，大红大紫的刘翠霞应百代公司邀请，以 5000 元的酬劳，远赴上海录制唱片。

刘翠霞之所以走红，除得益于十余年的不懈努力外，还与杨扬石这位新闻界"大咖"的支持分不开。杨扬石本是《中南报》游艺版的记者，人称"杨十爷"，在天津新闻界有"文圣"之誉。他对刘翠霞的演技十分欣赏，经常写文章推介她。"无论经理是如何的限制，他亦要按时不停地刊登，骨子称似乎给翠霞作了广告。"由于杨扬石的影响，刘翠霞的知名度越来越高。在 1933 年《汉文京津日报》公选"评戏女皇"的时候，杨扬石极力为刘翠霞造势，为其在强手如林的评剧界争得桂冠奠定了基础。据《平戏女皇刘翠霞秘史》一书披露，《汉文京津日报》公选的是"评戏女皇"，而非一些评戏史料所称的"评戏皇后"，而且公选的时间是 1933 年，比史料上所言的 1934 年早了一年。

刘翠霞赢得"评戏女皇"桂冠后，十分感激杨扬石，在此之前，她并不认识这位大牌记者。一个偶然的机会，经周玉田牵线，杨扬石结识了李华山以及山霞评戏社的司账赵德福，"经李赵的指引，方与刘翠霞互相晤谈，但刘伶亦以时势所使然，别怀一种莫可言宣的积愫，然亦亟希望借笔墨而发挥"。杨扬石是一位正直的文人，他对刘翠霞并无非分之想，他曾对刘翠霞说过："我捧的并非是你，捧的完全是艺术。"当然，杨扬石也是有私心的，作为一名报社记者，"自己得了材料，而又尽了人情，岂非是两全齐美的事！"

另据《中南报》编辑、著名小说家李燃犀在《平戏女皇刘翠霞秘史》序文中披露："日来琅琊隐士有《平戏女皇刘翠霞秘史》之作，叙述者为杨扬石君。吾闻之，欣然而喜。窃以为家喻户晓风行一时之评戏女皇，述诸娴熟歌场掌故之杨扬石君之口，盖之以琅琊隐士生花妙笔，洛阳纸贵可以预卜也。"读此序文，感觉《平戏女皇刘翠霞秘史》一书是由琅琊隐士与杨扬石二人合作完成的，但按照"琅琊隐士"在《作者自序》中有关"作者乘机探询一切……把很可惊、很可泣的情节汇集成书"的表述来看，琅琊隐士和杨扬石其实是同一人，"琅琊隐士"不过是杨扬石的化名而已。所以如此，据笔者分析，不过是作者有意将"真事隐"，以避免不必要的麻烦。在《平戏女皇刘翠霞秘史》一书中，刘翠霞曾对母亲沙氏说："不过有一节，人家亦有难处。这难处就是隐姓埋名，天天地捧我，日日地大肆宣传，倘若一旦露出真名实姓，恐怕要遭到其他人的嫉妒，与其一般注意我的抨击呢！"这句话或可作为隐姓埋名理由的一种解释。当然，作者这样做，客观上也为后人留下悬疑，现在看，这未尝不是一件有意思的事。

李燃犀笔下之刘翠霞

据李松年先生《忆先师李燃犀先生》一文，李燃犀，学名柏年，笔者大梁酒徒。生于 1900 年前后，1966 年 8 月去世。其间，在英国洋行当过翻译。还曾拜评书、相声艺人海文泉为师说相声，论辈分比著名相声演员张寿臣还要高两辈。著名相声演员刘文亨的《王宝钏》以及著名白派大鼓演员白云鹏的《祭晴雯》等均出自李燃犀之手。

另据笔者查阅《天津报海钩沉》以及李默生先生的《沽湾桥影

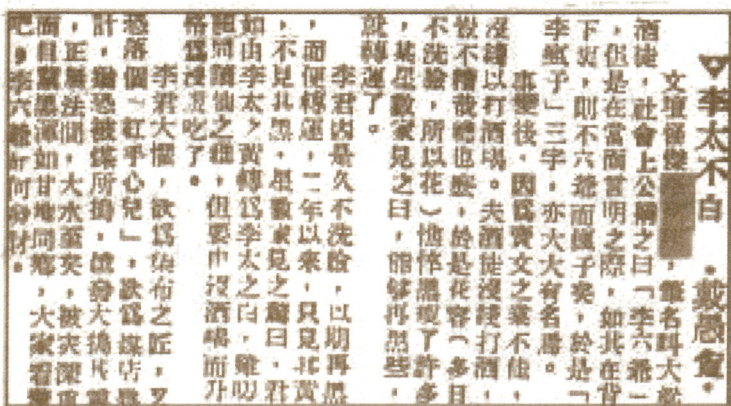

1939 年 10 月 17 日《新天津报》载李燃犀小传

寄深情》等资料得知，李燃犀还是民国时期间活在天津的报人和通俗小说大家。1934 年曾担任《天津平报》编辑。1935 年任《天津晓报》副刊编辑。1946 年 6 月自办《小扬州画报》三日刊。自 20 世纪 30 年代起为天津各家报纸副刊撰稿。因其久居津门，故对津沽风情掌故所知甚多。曾经写过《津门艳迹》《同室操戈》《老俔正传》《危机四伏》《流云锁月记》《粉红色的三不管》等"津味小说"。在民国时期天津的通俗小说大家中，除戴愚庵、刘云若外，李燃犀对津沽市井生活的描绘同样十分出色，他的长篇章回体小说《津门艳迹》，以细腻的笔触向人们展现了一幅幅多彩的津沽风情画卷，成为人们了解、研究天津民风民俗的重要史料。

1934 年，《中南报》编辑杨扬石先生的《平戏女皇刘翠霞秘史》一书准备出版，诚邀同在《中南报》任兼职编辑的李燃犀撰写序文。他在序文中对评剧历史作了简要回顾，并对刘翠霞的演技给予高度肯定。据其序文载："评剧肇始于唐山，初名'落子'。只一二人登场彩唱，不成为戏。来津时在有清光（绪）、宣（统）之间，初名'蹦蹦'。成名于津门者，曰开花炮。民初有月明珠者，开平人，革新其调，更名曰平腔，始可以言戏。"按照李燃犀的说法，评戏在"落子"时期还不是戏，戏班进津后，革新了腔调，才称之为戏。

李燃犀对初期的评剧艺人给予了很高的评价，认为其后的艺人很难望其项背。自开花炮、月明珠后，在津门成名者人才辈出，"然终不及开花炮、月明珠享名之久"。关于女伶的出现，李燃犀提供了有价值的信息。他认为，"民国三四年间，以华界禁演故，租界坤书馆延教师演'蹦蹦'，美其名曰'文明小戏'，遂开女子唱'蹦蹦'之始。昔日杰出者，曰花莲舫，曰李金顺。李宗开花炮，花效月明珠。此道二十年来，后起之秀，不可胜数。此道渐夺皮簧之席而代之，亦云盛矣。"

给刘翠霞题词的李燃犀所编辑的《天津晚报》报影

李燃犀很欣赏刘翠霞，他认为，刘翠霞"虽属后起，独集评戏大成，十年前演于日租界德庆商场……以其扮相娴雅，韵调幽扬，既非当日之野调无腔之男角所能望其项背，更非今日靡靡之音之女伶所能比拟。其所以驰骋津门歌坛十余年者，良有以也"。

当然，作为好友，李燃犀在序文中也不忘恭维《平戏女皇刘翠霞秘史》的作者几句："日来琅琊隐士有《平戏女皇刘翠霞秘史》之作，叙述者为杨扬石君。吾闻之，欣然而喜。窃以为家喻户晓风行一时之评戏女皇，述诸娴熟歌场掌故之杨扬石君之口，盖之以琅琊隐士生花妙笔，洛阳纸贵可以预卜也。"

　　细读李燃犀的这篇写于 1935 年 1 月 13 日的序文，当是研究评剧史有价值之史料。

戴愚庵与天津评剧

1922 年 12 月 7 日、13 日，天津《大公报》"剧谈"栏目，刊发署名"箬翁"先生的文章《半班戏话》《半班戏话（二）》。该文被公认为评剧史上所发现的最早对这个剧种进行系统评介的文章，也是第一篇系统介绍天津评剧演化史的重要文献。文章共分两部分，约 3200 字。从多个侧面，全面系统介绍了评剧（当时因角色不全故称半班戏，后来因谐音演变为蹦蹦戏）在天津的发展史。

一是关于评剧早期形态。文章认为，由于评剧早期作为秧歌小戏，角色不全，所以，"半班虽属剧类，有时似是曲式的……此种曲式的戏剧，为昆弋、皮黄、秦腔所无者耳"。因此，在庚子年（1900年）前后，评剧还没有成为真正意义上的剧种。

二是关于评剧艺术特点，文章归结为两个方面：第一，"半班角色可乱串，如老生可串老旦、小生、小丑，而小丑亦可反上白各色而串之……"；第二，"半班戏上场诗、下场诗，末字均平声，或均仄声。少一平一仄时，诚特别极"。如《借嫂》下场诗云："作官不与民做主，枉吃桐油炸白薯"；又如《花为媒》上场诗云："阮妈去提亲，不见转回程"。

三是关于评剧的内容源流。"半班戏之取材，多用说部中的故

1941 年 4 月 14 日《新天津报》刊载戴愚庵小传

事。甚而取于《聊斋志异》中。"如《夜审周紫琴》《花为媒》分别取自聊斋的《胭脂》和《寄生》。

四是关于评剧剧目。该文列举了 30 个剧目。如《井台认母》（即《井台会》）、《独占花魁》、《开店》、《杜十娘》、《打狗劝夫》、《斩窦娥》、《老妈开嗙》等。这些剧目一直为评剧的看家戏，长演不衰。

五是关于女伶的产生。文章认为，庚子战役以后，半班戏园虽大兴，只限于男角演唱，女角绝对无之。民国五年以降，坤书馆中之女半班角色为生计，牺牲身份，出赴半班戏园演唱。从上述记载可得出如下结论，评剧女伶多是坤书馆女唱手，产生于1916年后，因"生计"原因而走上评剧之路。远日者赵湘云、于翠娥、藕香别墅、金玉亭等，固早风流云散；而近日名噪一时者，当以李金顺、花莲舫、韩艳福最著名。

六是关于评剧的演出限制。评剧在晚清、民国时期，曾多次以有伤风化的罪名被禁演。"庚子（1900年）后，津中各租界多设园开演，中国地有时开演，不旋踵即以伤风败俗而停止。""有清末叶，坤书馆为新人耳目以广招徕计，乃于什锦杂耍之外，殿以半班戏一出，顾曲者称之。""既改民国，妇女多自由，男儿信解放。于是半班园开，观者如市。然纯工的半班戏，犹不得演于中国地。"

上述文章在对评剧这一新兴剧种进行客观分析时，也不忘指出其美中之不足：一是评剧戏分"忠奸善恶，福善祸淫，能以儆世"。但"惟规则不谨，半出嬉皮笑脸，遂将好处湮没。况措词极求解颐，因而失之于过"。二是改编者苦于其材不逮，故弄巧成拙、点石成铁，"失之典雅者最多，失之鄙陋者亦夥"，"徒为识者所笑"。三是"半班戏，多死套数。凡闺门旦，均十六岁，且首唱必表而出之，清一色是：'二八女子'云云……"

迄今为止，评剧史专著在提及上述文章作者时，只提及箸翁先生。但对于这个"箸翁"先生到底是谁并无下文。笔者曾长期求索，亦无结果。后笔者意外发现一则史料，解开了上述历史悬案。原来，箸翁就是赫赫有名的戴愚庵先生。据1927年11月15日《东方时报》副刊《东方朔》的一则由该刊主编鹿鸣（吴秋尘）先生题为"邮政局"的启事："箸翁先生：闻听人言，先生便是戴愚庵先生的化名。所以两笔账（稿酬）算在一起……"

据张春宪《沽水旧闻》点校说明介绍，戴愚庵祖籍浙江，原名锡庚，字渔清，笔名愚庵、娱园、娱园老人。另据吴云心《重刊〈沽水旧闻〉序》（详见《吴云心文集》）一文介绍，戴愚庵曾长期担任天津城内草厂庵小学的校长，早在 20 世纪 20 年代末，就曾向天津《东方时报》副刊投稿，并应副刊主编吴秋尘的约请，撰写以清末天津下层市民生活为题材的长篇小说。笔者收藏的数十张《东方时报》副刊《东方朔》中，曾发现《劫灰艳屑》《如此津门》等连载小说，可作为吴云心先生上述结论的佐证。30 年初，戴愚庵在《益世报晚刊》发表了著名的以"混混儿"为题材的小说《沽上英雄谱》，后《益世报》为他出了单行本。另一本以天津掌故为内容的笔记体著作《沽水旧闻》也由《益世报》连载，并结集出版。

作为天津著名的文化学者，戴愚庵在天津地域文化领域所取得的成就已为人知，但其在评剧史研究中的地位则被长期忽略，这不能不说是一种遗憾。前述史料的发现，有助于我们对戴愚庵多方面成就的深入了解，同时也再一次印证了天津文化底蕴的博大精深，深入挖掘天津的文化史料十分必要。

1939 年前后，戴愚庵经常以娱园、娱园老人的名义撰写评剧掌故，对刘翠霞的演技给予褒奖，对评剧艺术的繁荣起到了推波助澜的作用。

张爱玲酷爱天津蹦蹦戏

张爱玲与天津有着不解之缘：她的童年是在天津英租界（一说法租界）度过的，天津人石挥曾经在她所写的电影剧本中担任角色，她在香港上大学时有一位同宿舍的同学是天津人。令笔者没想到的是，生活在大上海的张爱玲，竟然还很欣赏天津人演出的蹦蹦戏（评剧）。

仅有百年历史的评剧，其前身为莲花落，民间又称之为"蹦蹦"，1920 年时才有评戏之名，但民间仍然习惯称之为蹦蹦。为什么称为蹦蹦呢？"半班戏者，俗号蹦蹦戏。蹦蹦云者，音之讹。实则脚色不备生末净旦丑，半班即能开演，故云。"关于为什么蹦蹦又称"嘣嘣"，有人认为可能与乐器伴奏的音响效果有关。但也有人认为，"蹦蹦"写作"嘣嘣"是笔误。

朱宝霞出生于 1913 年，天津人，是早期的评剧女演员之一，工旦角。自幼与其妹朱紫霞随养父朱景观（朱小六）习唱评剧。14 岁就登台演出。她嗓音好，扮相俊俏，颇受津门妇老喜爱。1928 年，年仅 15 岁的朱宝霞带班首次进入上海，打破了江南舞台长期没有评剧演出的状况。长达半年多的演出，轰动了上海滩。1929 年离津赴青岛演出时，她被军阀张宗昌霸占，从此息影舞台。1935 年，在张

月明珠的演出唱本

宗昌死后的第三年，朱宝霞重返舞台，与其妹组成"双霞社"再一次赴上海演出，该社还有贾学章、李子巍、李小楼、单宝峰等名角。演出的剧目有《桃花庵》《珍珠衫》《杨乃武与小白菜》等，又一次在上海引起轰动。从此，朱宝霞成为上海家喻户晓的评剧名家。

到了 1935 年，由天津走出去的另一批评剧演员白玉霜、爱莲君、钰灵芝唱红上海滩后，评剧这个新兴剧种便在上海这个中国最大的城市争得了一席之地。但到了 20 世纪 40 年代，由于日本的侵略，上海的文化市场极为萧条。评剧也和其他许多剧种一样跌入低谷。1944 年，曾有一个时期，张爱玲对评剧颇感兴趣，一直想找个伴儿一同去观赏。但当时的上海社会，评剧被认为是过时的东西，稍有文化的人是不愿去看的，张爱玲亦"不好意思张口"。后来发现有一位老太太和自己是同道，但"她家里谁都不肯冒暑去看朱宝霞"，于是张爱玲便陪她一道去看了一场评剧。

那一天上演的是朱宝霞的《井台会》。《井台会》又名《李三娘》《白兔记》。说的是五代时，有一名为刘知远的人去投军，其妻子李三娘的兄嫂逼迫李三娘改嫁。李三娘不从，被逼推磨、汲水，受尽折磨。李三娘在磨坊产下一子，起名咬脐郎。其嫂夺其子投入河中，为窦老所救，护送至汾州。咬脐郎长大后，有一日出猎，遇李三娘于井台，代其寄书给刘知远，此时刘知远以军功为节度，看信后方知李三娘为己妻，易服回家在磨坊相会，擒李洪义夫妇（其妻兄嫂），一家团圆。

月明珠的评剧唱本

据资料介绍，朱宝霞在饰演李三娘一角时，吸收了民歌的旋律，首创唱腔"十三咳"，委婉动听，粗犷奔放，荡气回肠，形成了独特的演唱风格。因之，《井台会》亦成为朱宝霞的保留曲目。

吸引张爱玲的不仅是朱宝霞的演技，处于战乱时期的张爱玲同时很欣赏李三娘的顽强，她在《〈传奇〉再版的话》一文中有这样的描述："扮作李三娘的一个北方少女，黄着脸，不擦一点胭脂粉，单描了黑黑的两道长眉。挑着担子汲水去，半路怨苦起来：虽然不比王三姐……""将来的荒原中，断瓦残垣里，只有蹦蹦戏花旦这样的女人，她能够夷然地活下去，在任何时代、任何社会里，到处是她的家……"

白玉霜的评剧启蒙

　　据 1940 年 7 月由天津大通书局出版的《评戏皇后电影明星白玉霜》（作者卧云居士，本名王幻生，静海人）一书载，有一位乡村教师叫冷因，本是小学二年级毕业，通过自修达到了高小的程度，凭着自己的三寸不烂之舌，在武清乡下村子里的学塾谋得了一个教书先生的美差。他曾想："乡村的教育，比不得市镇上，乡农中，坐井观天的多，知书达理的少。凭着自己所有的技能，足能应付三年五载。"为了达到混饭吃的目的，他"用三天的功课教五天、五天的功课教八天的法子，混了六七年"。但"鬼混到了今天，所有的玩艺，已经倾倒无存，再没有方法向下支持，便异想天开地赶了一次集，花 2 元钱买了几十个唱本，其如西皮、二黄、梆子腔，各种门类俱全，名目亦很多"。为避免被家长们发现，冷因费了一夜的工夫，把唱本全都包上了书皮，掩盖住封面上的艺人照片，第二天发给了学生。冷因告诉学生："一下手先念《汾河湾》，这本书是有历史性的。念完《汾河湾》，再念《乌龙院》，再往后是《辕门斩子》《坐宫盗令》《狸猫换太子》《走马荐诸葛》，多早晚念到《萧何月下追韩信》便可毕业，领取文凭。"

　　白玉霜平日里与母亲相依为命，母亲希望她好好念书，将来可

1940 年 12 月 18 日《新天津画报》载"白玉霜将刊专集"消息

得一技之长自己养活自己。她跟着冷因也学了几年，念过《国文》以及《三字经》《百家姓》等。自从"新书"发下来之后，白玉霜学习更加刻苦，晚上读到半夜才睡觉。过了半年多，"玉霜急攻猛进，念了廿几本"。有一天晚上，母亲对白玉霜说："你白天上学，夜里念到半夜，念的人成了个书呆子，脸色焦黄，眼皮青肿，打量着所学的功课，一定大有长进，你将你念的书念给我听听。"白玉霜念了《玉堂春》里的一句唱词："那一日梳妆来照镜，门外来了沈延林。"刚念到此处，母亲伸长了脖子，两眼瞪着书本，惊讶地问："你念的是什么书？别是唱本吧？"冷因用唱本代替课本欺骗学子、误人子弟的事，很快在村里传扬开来，因此"被学东们公然下达驱客之令"。丢掉饭碗的冷因，已是走投无路，只好跳坑自杀，幸被村里的蔡老汉救起。不料，冷因竟然趁蔡老汉和儿子不在家的机会，勾引蔡老汉的儿媳，并与其密谋一起私奔。

世界上的事往往就是这样有趣，冷因"在武清教学，因程度不够，买唱本教授"，本来是为混饭吃，才想出了如此下策，但阴差阳错，却传奇般地给白玉霜埋下了艺术的种子。这一年，"河北省所辖的农村，全在被难下，除了荒旱，便是蝗雹，东种东不收，西种西不收"。农民本为"指天吃饭，赖地穿衣。这样一来，都在叫苦连天。武清一县，当然亦不能例外。单就武清县说，家家没有隔夜之粮，稍有余裕的，亦都耗费个粒米无存"。眼看母女二人就要饿死，母亲只得与女儿商量办法。白玉霜本来就知书达理，且对唱戏有了兴趣，她最希望的是母亲二人去天津，靠自己

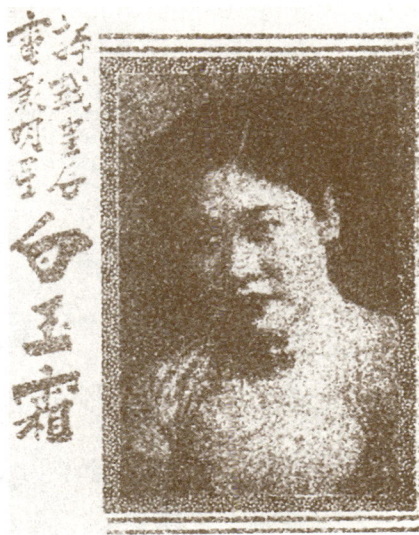

《评戏皇后电影明星白玉霜》书影

唱戏维持生活。"我的法子，是人挪活、树挪死，咱们全往天津。"她们母女一行，先投奔到了天津的亲戚家中。白玉霜想："我看这评戏，好学得多。比不得梆子腔，要好嗓音。评戏只要腔调好，作派好，我想比什么都强。"大概在她14岁那年，白玉霜果然拜了著名艺人孙凤鸣学起了评剧，不消两年就学会了十几出，从此正式踏上了评剧艺术之路。

有意思的是，《评戏皇后电影明星白玉霜》一书，还描绘了旧时武清乡村的市井画面："潇潇的秋雨，洗过了几个庄村，丛密的树叶上，满拖着水珠，湿润的地皮上，被脚踏遍了很深的陷印。道旁的浅水坑，积下了雨水，落下来的黄叶儿，漂在水面，浮爱热闹着是那么活曳，坑边上蹲着四五个十几岁上下的小姑娘，有的梳着发辫，有的绾着抓髻，在那里玩耍……丫头刚要说话，身旁的小孩子，喊闹起来，声音非常嘈杂，索性将话咽了回去，拾起碎瓦片，一片一片向水中抛去……"

白玉霜《珍珠衫》剧照

　　书中所描写的在坑边抛瓦片的这个小丫头，就是未来的那个评戏皇后白玉霜。

刘翠霞与陈静波的夫妻情

在民国时期的天津评剧界，作为评剧"刘派"创始人的刘翠霞十分幸运，她不但事业有成，而且家庭也非常幸福，相比之下，诸如"白派"创始人白玉霜、"爱派"创始人爱莲君等，则都没有享受到幸福的爱情和家庭的温暖。白玉霜曾经羡慕地说，"我要是有刘翠霞的命就好了"。刘翠霞之所以这样幸运，都缘于她与陈静波之间的夫妻情。

据报载，刘翠霞与陈静波结婚是在1935年。此前，刘翠霞年轻貌美，并且在评剧界已是小有名气，这自然引起了商界人士陈静波的注意。后来，因为机缘巧合，刘翠霞嫁给了陈静波（二房）。

陈静波是一个渔商（负责大沽渔民运来的鱼产品的批发），商号为"协记"，家住陈家沟子（今河北区小树林）。按照现在的说法，他应当是个大款。1935年1月，"天津市商会整理员办事处"曾经发布公告，在"渔业同业公会"名册里，就出现了陈静波的名字。而且，笔者在旧报中，还看到了一则名为"陈静波紧要启事"的广告，内容如下："近有友人询问静波有承办鱼类牙税之说，殊属诧异。静波经营各号商业，无暇顾及他事。外传承办税务一节，绝无其事。再者，静波与各方均系友好，利益相逐，静波虽愚，亦不能冒昧从事。显系仇我者漫散流言，有意中伤，深恐远道亲友不明真相，特此登报声明。"据此推测，陈静波在渔业界已具相当地位。

陈静波不仅是渔商老大，他在天津娱乐业也是举足轻重的人物。据《天津舞场沿革志略》（刊于 1942 年 1 月 6 日《新天津画报》）一文，著名的仙乐舞厅即为陈静波的产业。据该文载，仙乐初设于法租界中街（今解放北路）武斋洋行的左侧，创办者为刘统立（"乔治刘"），当时舞厅大班为前天津中原公司巴黎舞场的杜克敏。巴黎舞场本为津门舞业之冠，"舞女之多而且美，与布置之周而且备，当推华北舞业之首选也"。负责人为中原酒楼的王部长。"七七事变"后，因战乱之故，巴黎舞场被迫歇业。经王部长举荐，杜克敏进入了仙乐舞厅。舞厅迁入劝业场附近（今新华路原延安影院楼上）后，刘统立对舞厅作了装修，使舞厅焕然一新。因其地点便利，加之有电梯等设施，使其营业一度很繁荣。1940 年，刘统立将舞厅盘给了大安旅馆主人邱秉璋，后来，又"辗转而兑于现在'协记'主人陈静波，生意之隆，称翘楚焉"。

陈静波接盘仙乐舞厅后，采取了很多措施，使营业状况日渐发达。据 1940 年 12 月 30 日刊于《新天津画报》的《仙乐更新第一声——红星李妹金星李娟怡黛维丝均进场声势浩大》一文载："仙乐易主，前日由茶舞至晚舞，即由协记接办，主人陈君静波衣大礼服，亲自招待来宾，居然一鸣惊人，座无隙地，气象为之一变。旧主人邱君亦到场照料，并发言谓仙乐、丽都（由邱秉璋经营），现虽表面归两家营业，但精神上则仍本一贯去作，以期相互团结，共迈进行，一时闻者无不佩服。"开业第一天，著名红舞星李妹、金星、李娟怡、黛维丝等纷纷亮相，她们"均以友谊情面约进该厅伴舞，各星进场时，送鲜花篮者，无虑数百，而一片贺喜声，更洋洋乎盈耳也"。有意思的是，陈静波为点缀舞厅新张起见，特约了评剧女皇刘

1940 年 12 月 30 日《新天津画报》载陈静波（刘翠霞爱人）接手仙乐舞厅的消息

翠霞及李莲舫表演滑稽舞，"热闹已极声势浩大云"。

1941 年 4 月，仙乐舞厅还曾先后举办了"舞国大选举""春装比赛"等，轰动了整个华北舞坛，"一时无出其右者"。为提升仙乐舞厅的知名度，陈静波还派人赴上海约聘舞星，并对舞厅设备进行更新，同时在仙乐舞厅楼上开设了夏季屋顶花园（跳舞场）。1941 年 5 月，仙乐舞厅邀来港沪的"十二金钗"抵津，为欢迎新舞星登场，陈静波连续三天举办了大规模的"歌舞剧联欢大会"。第一天晚上，由全体舞星演唱中西最新流行歌曲，每人一支。第二天晚上，由舞界知名人士表演各种舞艺，并介绍最新各样步法。第三天晚上，由全体红星反串京剧。"新星十二金钗，八仙过海，各显奇能。"

1943 年 1 月，随着仙乐舞厅营业的扩大，陈静波又接盘了著名的"百乐门"舞厅。据《"百乐门"连日盛况空前》一文载，"百乐门"舞厅自陈静波接办重张后，连日盛况可谓空前。开业当天，舞厅非常拥挤，这一天晚上，演出了各种戏曲节目，有李想容的《追韩信》，张志娴的《女起解》，此外，还有相声艺人"小蘑菇"的相声，"均极滑稽有趣，博得来宾哄堂一笑"。自陈静波接手百乐门以来，聘用了大批的红舞女，"百乐门舞女阵容，益为坚强矣"。

由于陈静波所经营的仙乐、百乐门等舞厅在天津舞业界占有重要地位，这无形中也抬升了他在业界的地位。20世纪40年代初，他被推举为法租界舞业支会会长，这是他事业的最鼎盛时代。

陈静波与刘翠霞感情一直很好。他曾花巨资支持刘翠霞创办的山霞社，在20世纪30年代，山霞社是评剧社中规模最大的一个，演职人员多达一百余人。刘翠霞嫁给陈静波后，因演出劳累，曾经连续七次流产。陈静波并没有埋怨她，反而总是细心地对其加以照料。刘翠霞有个好丈夫，这在评剧圈中一直传为美谈。

正当陈静波事业上升之际，1941年5月，刘翠霞因劳累过度第七次流产，由于家里的女仆在夜间忘记了关窗户，致使刘翠霞得了"产后风"，不久便离开了人世（7月5日），这对陈静波可是一个不小的打击。1941年7月10日《新天津画报》刊载陈静波的一则《哀启》，内容如下："拙荆刘氏，纪年三十一岁，悼于民国辛巳年六月十一日亥时逝世，未讣。今择于国历七月十一号（夏历六月十七日）上午十时发引，届期恭请驾临光送。不杖期服陈静波泪顿首，率慈命称哀。哀子润章、泽章泣血稽颡。隆仪、挽、花圈、绫联、冥纸，概不敢收。丧居日租界春日街南口鸿生里九号"。据报载，刘翠霞葬礼十分隆重，这都缘于她与陈静波的夫妻情。

与相声名家戴少甫的一段公案

　　相声与评剧本来都是穷苦艺人糊口的营生，但在 20 世纪 30 年代末，曾经发生了相声界与评剧界论短长的一段公案，轰动了津城。

　　有一次，相声演员戴少甫在燕乐戏园表演《戏剧杂谈》，他说戏班供奉祖师爷是唐明皇，因为唐明皇好唱，组织过戏班，还亲自指导戏班演唱，所以戏班后台全都供奉着唐明皇。但评剧没有祖师爷，这里有个原因：据说有一年，唐明皇过生日，各大剧种的戏班全都去祝寿，京剧是国粹，送去了寿桃、寿面。评剧戏班太穷了，送去的是酱萝卜、山药蛋。唐明皇一看大怒，一脚把唱评剧的给踢了出去，所以评剧的唱腔中哎哟哎哟的声腔多，就是因为被唐明皇踢了一丫子——摔哭了。戴少甫本是北平的一位相声演员，是由李恩普在北京天桥请来的。他机敏、幽默，喜欢在台上随时抓哏。戏园是杂耍场子，以曲艺为主，包括大鼓、相声、时调等，另外，为了吸引观众，常常是曲艺开场、评剧压轴，并且常常是戏曲演员与评剧演员反串演出。由于戴少甫与评剧演员经常接触，所以，喜欢拿评剧演员抓哏。《戏剧杂谈》不过是随手抓来的一段故事，表演时还有一些动作，又好玩又好笑，这是一个噱头，所以吸引了大批观众。许多人喜欢听这段故事，戴少甫在以后再说到这段相声时，就保留了这段故事。

华乐戏园本与相距不远的燕乐茶园存在着竞争关系，华乐的老板朱寿山听了戴少甫的相声后，认为可以借机报复燕乐。这一天，刘翠霞正在国民戏院排练新戏《一元钱》。排练过程中，朱寿山到后台找到了刘翠霞。他采取煽风点火的办法鼓动刘翠霞去找燕乐老板论理："刘角啊，你现在在津城红得发紫，可偏偏有人对你口出恶言。""您想想，评戏也是有祖师爷的，他愣说咱们唱评戏的没有祖师爷，这不明摆着在损人嘛。他说唱评戏的被皇上踢出来的，您可是皇后啊，唱评戏的被踢出来，这不明摆着说的是您嘛！以后，谁还会听您这皇后的评戏呀。"

刘翠霞本来知道朱寿山没安好心，并不想去招惹麻烦，但架不住很多人起哄。不得已，她联合白玉霜找到了燕乐的李恩普交涉。李恩普见多识广，自然不吃眼前亏。逼着戴少甫给刘翠霞、白玉霜赔礼道歉，到评剧班后台给"祖师爷"磕头，并自己出钱请二位评戏皇后和其他演员吃饭。此外，还宴请当地官面人物、警察、宪兵、财主。戴少甫再说这段《戏剧杂谈》时，就把唐明皇这段去掉了，说评剧来源是乡下农民唱戏，因为唱苦戏拿手，所以才会"哎哟哎哟"的，并当场向评剧演员们致歉。

安东诚文信书局与《评戏大观》

《评戏大观》收录了刘翠霞演出的剧本，这在客观上对刘翠霞起到了宣传作用。

安东诚文信书局是一家民营出版机构，成立于1908年。初设于今丹东市前巨宝街，1923年迁至财神庙街今丹东印刷厂厂址。创办人为刘子善。经理童绥之（童广来），副经理刘祥亭。编辑（著作人）孙虚生。发行人刘祥亭、孙德政。印刷厂名安东诚文信印刷部，印刷人为孙春生。对外联系人孙德明。主要以出版京剧、评剧"小唱本"及各种戏考、子弟书为主。已出版的书籍有《京剧汇考》《京剧精华》《京剧大全》《评戏精华》《评戏大观》《戏典》等，每一种皆为分集出版，另出版了200余种京剧、评剧的"小唱本"。历年出版的戏曲读物，畅销于东北与华北各地，对东北、华北为主的北方戏曲的普及与发展起到了重要作用。

刘子善（1888—1960），今山东省昭远县辛庄镇孟格庄人。其先辈曾于山东周村、胶县、青岛、潍县等地开设诚文新、诚文堂、诚文信等书局。他毕业后，便与其堂兄刘登先在烟台开了两处诚文德书局，在济南和泰安各设一处诚文信书局。在安东、奉天和天津各设一处诚文信书局。

《评戏大观》初集书影

20世纪二三十年代，"宁舍十亩地，不教一出戏""教会徒弟，饿死师傅"是普遍现象，而且，各戏班之间竞争也十分激烈，评剧剧本极为难得，演员视为秘本。为维持生计，艺人们所使用的剧本也是秘而不宣的，这或多或少影响了评剧的继承与发展。为解决上述问题，安东诚文信书局编辑了《评戏大观》，将各家秘本汇编成册，一举突破了旧有的藩篱，为评剧的传播开辟了新的路径。正如《评戏大观》"例言"所载，诚文信书局"欲求以完全评戏脚本者尤不可得，本局为研究评剧者计，特聘编辑大家，编辑《评戏大观》一书"。

诚文信书局编辑佟瑞之找到《评戏精华》供稿人张子明索要"全本"时，张子明对佟瑞之说："若得全本，非李不拿。"其所言之"李"是指新明舞台后台老板李小舫，他是戏班中的"秀才"。

其时，李小舫爱妻新丧，无心于演戏。闲居于"三省染厂"小楼上，每日以读书、闲游来打发时光。忽一日，诚文信书局佟瑞之前来求见。二人一见如故，谈吐间，佟瑞之提出约稿一事，李无法推辞，只好一口应承。

有一次，著名评剧演员筱桂花在新明舞台上演唐鹤年所编的 3 本《昭君出塞》，李小舫饰剧中之王公。在唐鹤年"说戏"时，李小舫需照本念词，念毕即随手将本子放在椅上。后不知谁放椅子垫时将剧本之第一本压在垫底下。说完戏后，唐找李要本子，李也忘记放在何处。唐有疑李之色，李亦为此大为不满，二人不欢而散。事后有人在垫子底下发现了剧本，便交与李，李欲返还于唐，而唐早已返回"下处"。李想："一个本子值得这样看重，不如给他印出来，让同行们都见识见识。"于是便连夜誊抄，并将其送交诚文信书局。因此，在《评戏大观》中的《昭君出塞》一出，只刊印了第一本，而缺少二三本，其原因即在于此。从此，李便成为《评戏大观》的主要供稿人。这年 8 月 15 日，诚文信书局为李送来 80 元交通银行的纸币，算作付给李的稿酬。

李小舫为《评戏大观》所提供的剧本，主要来源有两部分。一部分是从他师父金开芳那里"窃取"来的，一部分是在日常演出中抄录下来的。包括李金顺、白玉霜、喜彩莲、刘翠霞在内的名伶剧本，差不多都收录在总共 6 辑的《评戏大观》中。另一部分是在抄录的基础上，由其进行了润色加工，如《小借年》，原本老夫妻"上场对"见"家豪富大，烧香点蜡，老婆坐下，哈哈哈哈"。李则改为"一夜连双岁，五更分二年"，不仅用词典雅，而且符合节日气氛与人物身份。1933 年，李小舫离开了安东，才终止向《评戏大观》供稿。《评戏大观》每期都刊有评剧名伶的彩色照片，其中有李金顺、花莲舫、白玉霜、芙蓉花、筱桂花、刘翠霞等。

　　1946 年，刘子善一家迁往北平，定居于砖塔胡同。新中国成立后，实行公私合营，诚文信书局更名为丹东印刷厂。1960 年，刘子善因心脏病复发，病逝于北京。

女小生桂宝芬

桂宝芬，天津人，生于 1913 年，评剧女演员，工小生，"桂派小生"创始人。桂宝芬出身于梨园世家，原姓秦，传说她的父亲叫秦老乐。在幼年时，桂宝芬便随其父学习河北梆子。12 岁时拜著名评剧小生倪俊声为师改唱评剧。桂宝芬天生一副好嗓子，学艺刻苦，擅长模仿，所以在学艺期间，便经常随师父游走于天津、奉天、安东等城市演出。

据崔昌春的《评剧奉天落子史》一书载，倪俊声，字秀岩，1895 年出生于河北迁安县沙河驿老爷庙庄。童年时随其父倪兴学唱莲花落，以走街串巷卖唱乞讨为生。8 岁时被父亲送侯家梆子班学艺。1906 年，11 岁的倪俊声加入了孙洪魁组织的永乐莲花落班，在天津广春茶园演出。1911 年，与成兆才在唐山永盛茶园组建永盛合班。1913 年，倪俊声与成兆才分手后，去天津搭班演出。1918 年再次出关，参加了营口的李子祥共和班，与先于他参加戏班的小金龙（原名张化龙）打替工，同演小生行当。小金龙非常喜欢倪俊声，他把《刘伶醉酒》全本戏教给他，使其在艺术上得到很大提高。小金龙得病后，共和班的小生戏便主要由倪俊声饰演。由于他唱得很红，所以女旦们都愿意与他合作。1920 年，李金顺到营口投奔倪俊声，

1939 年 2 月 6 日《新天津报》载刘翠霞、桂宝芬、李莲舫演出广告

二人合作演出《书囊记》《败子回头》《卖油郎独占花魁》《秦雪梅吊孝》等。其中在《马寡妇开店》这出戏中，李金顺演马寡妇，倪俊声演狄仁杰，获得满堂彩。倪俊声的"倪派"形成后，被很多人效法。李义廷、成国祯、张润时、白云峰等小生都师承倪派艺术。

　　桂宝芬深得倪俊声真传，她天赋好，善模仿。学艺期间，即随师往返于天津、东北各地演出，掌握了大量的演唱技巧，很快便成为一路小生演员。1927 年，桂宝芬与刘翠霞开始合作，二人可谓珠联璧合，相得益彰，很快声名鹊起。1931 年山霞社成立后，桂宝芬与刘翠霞、张月亭、赵凤宝、赵红霞、罗万盛、王玉堂、张凯、李小楼等人合作演出，成为山霞社的顶梁柱。她塑造的典型形象有《马寡妇开店》中的狄仁杰，《王少安赶船》中的王少安，《雪玉冰霜》中的商林，《小赶船》中的张彦，《败子回头》中的金不换，《大男传》中的大男，《洛阳桥》中的夏得海，《法门寺》中的赵廉等。由于她入戏很深，表演细腻到位，上座率始终不衰。1941 年，

刘翠霞、桂宝芬合演《桃花庵》剧照

桂宝芬加入了鲜灵霞成立的评戏班，上演的剧目有《井台会》《打狗劝夫》以及刘翠霞、桂宝芬拿手的剧目——《雪玉冰霜》等，并排演过一些新编剧目。她还于1942年与小月珠成立了小月珠班，曾先后赴北平、山东及东北各地演出。还曾参加新凤霞班演出，一直延续到新中国成立前夕。

桂宝芬曾得到琴师张凯的指点，在吐字收音、行腔运气、身段神情等方面技艺猛进。她的嗓音清亮纯厚，丹田音和脑后音相互配合，神满气足。她的共鸣声较强，吐字归音，四声熨帖，起伏跌宕。她的行腔悠扬激越，高腔挺拔直上，低腔婉转萦回，刚柔相济，收敛自如。她还善用巧腔，且带有明显的天津方言特点。她演唱的小生二六板采用了顶闪结合的方法，使唱腔灵活多变，并扩大了行腔音域，还在唱腔旋律中糅进了她早期所学的京剧、河北梆子等腔调。

在此基础上，还创造了女小生的"赶板""垛板"和"流水板"中的唱腔新旋律。女小生与女旦在演唱时同宫同调，音域也相近，女小生腔在行腔时比旦腔低三四度，与男小生腔相比较，则更善于唱抒情性强的一字多音的慢腔旋律，因此她的小生更受观众的欢迎。另外，她的念白口齿伶俐，节奏鲜明，表演朴素大方，动作洗练洒脱。她的表演生动传神，尤以脚下功夫称最，台步堪称一绝，起重落轻，远抬近放，斜起正落，潇洒大方。当时人们称之为"桂步"。她傍角配合默契，做到花红叶绿，相得益彰。桂宝芬的戏路比较宽，小生、老生、旦角都能胜任，尤其擅长扮演贫生，演来窘而不俗，举止飘逸，独具一格。她还兼收并蓄，京、梆、曲、杂无所不能。其腔调及唱法多被小生行当演员效法，其演唱艺术被称为"桂派"。其传人有袁凤霞、刘小楼等。其代表剧目有《马寡妇开店》《王少安赶船》《张彦赶船》《雪玉冰霜》《败子回头》《大男传》等。20世纪30年代末，高亭公司曾为其录制过三张唱片。

桂宝芬虽是女演员，但无脂粉气，平时喜着男装，穿琵琶襟大褂，留大背头。当时有人误认其为男子，招来许多趣闻。桂宝芬性格古怪，脾气大、性子急。有一次，山霞社演出时，她因为不高兴拒绝登场，急得刘翠霞团团转，幸亏二路小生刘小楼救场，才免生枝节。但桂宝芬心地比较善良，尤其肯提携后进。刘小楼救场后，桂宝芬并没有生气，也没有嫉妒他，相反，她却处处关心、支持刘小楼，把自己的技艺传授给他，使刘小楼很快由二路小生步入一路小生行列，成为山霞社的骨干成员。

1951年5月1日，天津成立了群艺社，桂宝芬成为其中一员。1952年，与郭砚芳一起加入石家庄市评剧团，受到尊重。因她孤身一人，所以被剧团养了起来。1952年1月病逝于石家庄红十字会医院，由郭砚芳为其办理了丧事。

白玉霜因刘翠霞而重新登台

1937 年 2 月，一条爆炸性新闻轰动上海滩，评剧皇后白玉霜突然失踪。当时，关于她的传闻很多，被害说、被拐说等等，不一而足。而实际上，白玉霜是与玉顺社打铙钹的李长生到武清乡下种田去了。

李长生，是武清三里铺（现黄庄街南三里屯村，在杨村火车站以南不足 300 米，今已拆迁不存）人，父亲早亡，母亲失明。幼时读过几年私塾，很有几分书生气。11 岁独自离家到天津谋生。一开始，在天津某梆子戏班跑龙套，闲在的时候，跟底包学打铙钹。1932 年春，24 岁的李长生进了白玉霜的玉顺社，此后便长期跟随白玉霜在京津两地演出。白玉霜对李长生的表现很满意，除按月给他包银外，还经常给点"茶钱"和"烟钱"。

1936 年初，白玉霜因演出评戏《潘金莲》和电影《海棠红》成功而轰动了上海滩，被冠以"电影明星"和"评剧皇后"的头衔，紧接着一些绯闻也接踵而至。恰在此时，报纸上又传来一代影星阮玲玉自杀的消息，白玉霜感到，在演艺圈子里混，即便是明星，也难以摆脱"供有钱有势人任意玩弄的命运"。从阮玲玉的不幸遭遇，白玉霜仿佛也看到了自己将来的结局。于是萌生了离开演艺舞台，找一个靠得住、听话的人陪着，到一个没有人认识自己的地方，过

1942 年 8 月 11 日《妇女新都会》刊载白玉霜逝世的消息

几年清静日子的想法。

1937 年 2 月，经过一段时间的策划，白玉霜与玉顺社的铙钹手李长生"私奔"，他们先由上海乘火车到南京，后又转车继续北上杨村。在李长生的老家三里铺，夫妇过起了男耕女织的生活。白玉霜让李长生买了十几亩地，原想自己种地，可没多久就受不了了，只好雇人管理。不甘寂寞的白玉霜又逼着李长生开了一间豆腐坊，李长生天天起五更推碾子磨豆腐，白玉霜则换上一身农家衣服，走街串巷卖豆腐。每缝农历一、四、七杨村集的时候，两人便一同赶集市去卖。没有集的时候驾着马车到龙凤河、北运河去兜风，还跑到村外土坡树林子里逮蝈蝈、摘酸枣。不久，白玉霜出资盖了三间大瓦房，村上的人都说，李长生在外面发了大财，此番回来是报效老母的。1937 年 8 月，白玉霜在看到刘翠霞演出的戏报时受到了刺激，在养母李卞氏的诱骗下，她被迫离开了三里铺，重新开始了舞台生活。

在三里铺的半年多时间，是白玉霜一生当中最难得、最幸福、最太平的时光，善良的村民，淳朴的民风，一望无际的黄土地。离开三里铺多年后，白玉霜仍然念念不忘。

文东山给山霞社写剧本

文东山，亦名文丐侠，北京人，生于清同治七年（1868 年）。是继成兆才之后另一个著名的评剧编导。他出身于贵族之家，本是一位秀才，并一度留学法国，不仅精通法语，而且通晓音律，喜好戏曲，吹拉弹唱无所不能。

清末民初，文东山步入梨园，在天津加入某个河北梆子戏班，演丑角兼编导。1928 年，由于河北梆子不大景气，他便投奔警世戏社三班任评剧编导。此后随戏班游走于安东（今丹东市）、奉天（今沈阳）等地演出。他给警世戏社三班名伶筱桂花编写的第一出新戏是《孟姜女》，接着又给她编排新戏《义烈奇冤》《二度梅》等。1930 年，他随戏班去山东演出，其间曾编写了《刘香女出家》《苦鸳鸯》等新戏。转年回到奉天，又编写了《庚娘传》。这些剧目大都是在借鉴河北梆子剧目基础上的再创作，其中许多情节、唱段、念白是原河北梆子戏出所没有的。如《孟姜女》中的"思夫""住店""过关""哭城"等重要场次唱段的辙口和句子的长短等，都是根据筱桂花的演唱特点创编的，其中的部分唱词还请筱桂花参与创作。后来文东山陆续编写了《三女性》《姊妹易嫁》《金鱼仙子》等剧目，其中大多数剧目成为评剧的保留曲目。

《评戏新编》书影

崔春昌《评剧奉天落子史》一书载，当年参加过警世戏社三班的艺人菊桂笙曾回忆说："1931 年开春，我和筱桂花全班去安东，在江沿舞台演出，文东山跟到安东给筱桂花排过《冤怨缘》，由胡艳秋、胡小楼演里子活。文东山是老北京人，是 1928 年来奉天的，当时 60 多岁，他文化高，是满清有资格的老人。他是带老伴和丈母娘来奉天的。当时他的老伴有 40 多岁，丈母娘和他年龄差不多。文东山长得很瘦，有烟瘾，所以常常吃仁丹。文东山多才多艺，他给筱桂花排《孟姜女》，亲自演门官。筱桂花在戏里唱小曲时，他扮演的门官拉'四股子'（四根弦的铜胡琴）给她伴奏。在安东过夏天时，我们见鸭绿江对岸的朝鲜人买竹子削得尖尖的做成刀，有些害怕，辛国斌把筱桂花、筱菊花等"一窝花"带走了，我们被扔到这儿，为了生活我们只好维持演出。文东山给我和胡艳秋排了《冤怨缘》，接着又给我们排了他根据文明戏改编的新戏《一元钱》。1932 年春天，我们回奉天，文东山与我们分手。"

1934 年至 1941 年这 8 年中，应刘翠霞邀请，文东山加入了山霞社。先后为刘翠霞编写了《一元钱》《三女性》《空谷兰》《铜碗丁》《大男传》《姊妹易嫁》《莲英被害记》《啼笑因缘》等时装新戏，为丰富评剧的演出剧目做出了贡献。文东山多才多艺，不仅能写剧本，还可以演些零碎角色。他在排戏时，还能根据剧社人员的多寡、时间的长短和观众的欣赏习惯等，灵活安排剧情，使大家都有事干。如剧中有"大考"情节，他便让演员扮上头名状元、二名榜眼、三名探花、四名进士等，然后请这些人在台上做戏。有一些戏中的"逛花

刘翠霞《金鱼仙子》剧照

园"场面，文东山大胆地安排 12 名丫鬟扑蝴蝶，使舞台气氛非常活跃。值得一提的是，文东山在编导大型神话剧《金鱼仙子》时，对评戏舞台的机关布景进行了大胆创新。

笔者曾在 1939 年 11 月 17 日出版的《东亚晨报》上看到一则消息，提到编剧家文东山将编《许烈女》的事情，可作为了解这位作家的有益史料。该消息称："山霞社在上光明公演，津市鼓楼西板桥胡同，自发生许烈女轶事以后，梨园行鉴其贞烈可敬，为发扬该女名传千古计，靡不纷纷排演为戏，俾观客可以明了真相，在先导正

社排演，在福仙舞台露演，嗣后秋卉芳又在小广寒演奏，现编剧家文丐侠亦编新剧，昨已呈请影戏检查委员会批准，一俟核准后，上光明之山霞评戏社即可排演云。"

据《中国戏曲志·天津卷》载，《金鱼仙子》是根据清代传奇《鱼篮记》改编的。内容是：王、张两家均为朝官。王家有女牡丹，许给张子张真。后因张家败落，张真去王家投亲，王家拒不接纳。张夜读于碧波潭，金鲤鱼幻化成牡丹，与张真相会。张真因游园偶遇真牡丹，误与倾谈，牡丹惊呼，王家怒逐张真出府。金鲤鱼追至，与张同逛花灯会，为王家所见，将二人拘回，始知金鲤鱼与牡丹为两个人，大惊，乃请包拯判断真伪。嘎鱼精与鲇鱼精助金鲤鱼，化为包公，会同审案，包拯无奈，告退。王家再请天师施法，金鲤鱼乃携张真同逃。天兵布下天罗地网，捉拿金鲤鱼。最后金鲤鱼得观音救护，皈依观音，全戏结束。该剧于 1936 由山霞社首演。导演刘汉江。"金鱼仙子"即金鲤鱼精，由刘翠霞饰演，文东山为其设计了一身鱼鳞行头，每个鱼鳞全镶上一个干电池灯泡，台口有 6 块铁片，脚一踩上铁片，全身的灯泡发亮，连头上的灯泡都是亮的。嘎鱼精由碧玉花饰演，鲇鱼精由李莲舫饰演。这出戏是山霞社独有戏目，极受欢迎。一上演即引起极大关注，震动津门而久演不衰。

文东山改编的另一评剧传统剧目《韩湘子三度林英》，亦是山霞社的独有剧目。这出戏是根据冀东对口莲花落改编的。描写韩湘子得道后，化装成一乞丐道人，来至家中，企图点化其妻林英，见林英凡心未退，不能成正果，便劝其忍耐数载，待凡心退后，再来度化。言罢韩湘子扬长而去。该戏于 1936 年由山霞社首演于天津。刘翠霞饰演林英，桂宝芬饰演韩湘子。演出取得巨大成功，当时的报纸评论说："刘翠霞扮相俊秀，音调清娴，唱做念逗，无一不见精彩。""小生大王桂宝芬辅佐，珠联璧合，各增其光……"

文东山为人宽厚善良，他一生无儿无女，把艺人当作亲人。在沈阳共益舞台给筱桂花排演《孟姜女》时，由于戏班业务好，许多艺人来投。因人员骤增，致使演一出戏时闲下很多人。艺人怕不参加演出分不到戏份儿，要求文东山编戏时把大家都利用起来。文东山非常理解大家的苦衷，尽量让大家都有角色。比如，若戏中有好人遇难的情节，他就让闲着的人都扮上山神、土地等前去搭救。再如，戏中有赶考的情节，他则让闲着的人扮上状元、榜眼、探花等。还根据需要，随时将小戏拉成大戏，并能让演员演得有情有趣，观众看得津津有味。

以文东山为代表的文人参与评剧的编导或创作，不仅丰富了评剧的创作题材，也丰富了评剧剧目，增加了戏剧内容的历史深度，表现了作者强烈的爱憎和社会责任感。

文东山一生创作的剧目只有十几个，虽然数量并不多，但质量非常高，且具有文学性、通俗性和平民化的特点，使评剧剧本的创作水平提高了一大截。20世纪40年代中期，文东山在天津故去。

第一任师父张柏龄

在民国时期的天津评剧界，提起"张家四虎"，可谓尽人皆知。"张家四虎"是指张柏龄、张柏仲、张柏鹏、张柏顺。他们都是成兆才所组建的唐山庆春平腔梆子班以及南孙家班的成员，其中最为有名的当数张柏龄。

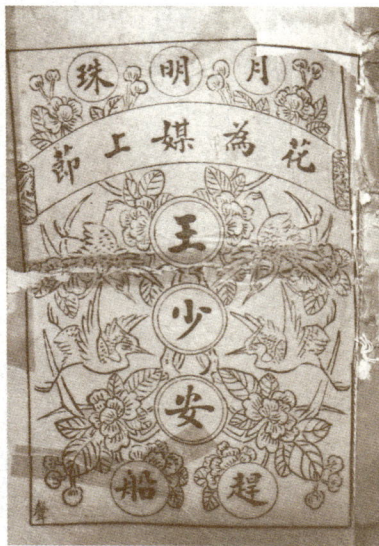

月明珠《花为媒上节——王少安赶船》剧本

张柏龄约生于 1885 年，今天津武清区陈嘴镇庞庄子人。他本是西路评剧演员，工旦角。1896 年，以金叶子（来凤仪）、乐不够（刘存德）、挑帘红为首组成的西路莲花落班进津，包括张柏龄、张柏顺在内的张家四虎经常搭班参加演出。1912 年，评戏南孙家班在天津成立后，张柏龄成为其中成员之一。1916 年，由于东路评剧的竞争，以刘宝山、刘子琢为首的西路莲花落班散班，其演员大部分进入东路莲花落班。张柏龄是集西路、东路评剧艺术于一身的演员，见证了评剧的起步和发展。此外，他还有一个优势，即会拉弦。所以，在评剧艺术发展史上影响很大。约在 1920 年前后，张柏龄在其南市天安里寓所授徒，培养的弟子以同庆后茶园为基地进行演出。刘翠霞当时也住在天安里，并因此成为张柏龄的入室弟子。除刘翠霞外，筱摩登、王金香等也都是他的弟子。1922 年前后，以张柏龄为首的"张家四虎"在天津法租界天祥商场四楼的"乾坤楼"成立"张家班"。此班是继孙凤鸣的"孙家班"、赵月楼的"娃娃班"之后，又一个以培养女弟子为主的评剧科班。在"张家四虎"中，张柏龄工旦角，他嗓音洪亮，表演入戏，人送绰号"百灵鸟"。张柏龄之兄张柏顺，工小生，曾长期与花莲舫同台演出，有绰号"画眉鸟"之誉。叔伯弟张柏仲，同样工小生；叔伯弟张柏鹏，在戏班主要演些"零碎"活。张家班以张柏仲挂头牌小生，每天以弟子为主演出和示范教学，培养了一大批较有成就的评剧演员，其中包括旦角主演李宝珠、李宝玉、李宝翠（反串小生），开蒙演员张月亭、张月娥、花迎春、林红霞、陈凤娥、杜小楼、张品三、汪德华、汪月娥等。

提到张柏龄，就不能不提评剧第一代女伶李金顺。1915 年，李金顺在天津侯家后河沿义顺茶馆首次登台。这个茶馆是天津七大坤书馆之一。由于她嗓音洪亮，音色圆润，一张嘴就赢得个满堂彩，从此在艺界稍有名气。当时莲花落老艺人张柏龄与阚子林，每天都到茶馆去听李金顺演唱大鼓，由于她音域宽、气口足，很适宜演出评剧。张柏龄断定其前途无量，于是与孙凤鸣、阚子林商议后，一面托人找主家说情，一面凑钱将李金顺赎出，由孙凤鸣、张柏龄等为其传授落子。由于李金顺天资聪颖，勤奋好学，备受老艺人们的喜爱，不到一年时间，她就学会了《花为媒》《王少安赶船》《刘云打母》《人头告状》《还阳自说》《珍珠衫》《杜十娘》《高成借嫂》

等戏。现在看来，若非张柏龄等人慧眼识珠，李金顺恐怕就不会有后来的成就。

在张柏龄的弟子中，筱摩登也是其中的佼佼者。她是评剧名角，原名钱玉舫，曾用艺名花玉舫，出生于天津谦德庄。8 岁时拜张柏顺为师学习落子，后因家中贫困于第二年辍学。1935 年，13 岁的筱摩登再拜张柏龄为师，并到"张家班"搭班演出。20 世纪 40 年代，在东北一路走红。其所演出的剧目有《花为媒》《马寡妇开店》《王少安赶船》《雪玉冰霜》《盗金砖》《杜十娘》等，深受东北人民喜爱。

评剧名家王金香也是张柏龄的弟子，她原籍河北省滦南县。自幼随其养父王振铎（莲花落艺人）在天津学艺。1925 年到南市同庆落子馆演出，并在天祥商场乾坤楼张家班担任主演，以《啼笑因缘》《人道》一举成名。她博采其他剧种之长，唱腔朴实亲切，甜润婉转，保留了乐亭影调的韵味，尤以噎腔独具特色。她的武功也非常厉害，"大刀枪""小快枪"动作敏捷、干净利落。其代表剧目有《李桂香打柴》《王定保借当》《黄爱玉上坟》《花为媒》等。1948 年病逝。

张柏龄有女儿张艳秋，亦工评戏旦角。1940 年，张柏龄病逝于天津南市。

不在册的弟子花淑兰

　　花淑兰原名葛淑兰，生于 1929 年，唐山林西人，著名评剧表演艺术家。

　　花淑兰 8 岁的时候就随母亲学戏。她天赋条件好，嗓音高脆，甜润清新，加之学艺勤奋刻苦，12 岁便在唐山、秦皇岛、天津等地登台演出。在天津时，她经常去观摩刘翠霞、爱莲君的演出，并揣摩、借鉴这些名家的唱腔和技巧。20 世纪 40 年代，还曾与新凤霞同台唱对子戏，逐渐由唱"帽儿戏"、倒二、打里子到担任主演。1946 年崭露头角后，被恶势力欺辱和威胁，被迫离开塘沽赴北平演出。在北平时，她以《刘翠屏哭井》《保龙山》打炮，由于她的演唱既有刘翠霞高腔高调的特点，又杂糅了爱莲君"疙瘩腔"的玲珑、俏皮的元素，所以听起来有一种特殊的韵味，在北平受到欢迎。三年解放战争时期，她在张家口演出期间，排演了《白毛女》《血泪仇》《兄妹开荒》《夫妻识字》等具有时代特点的新戏，以文艺形式配合革命形势需要。新中国成立后，艺事猛进，技艺精湛，声誉日隆，嗣后在沈阳评剧院工作。

　　花淑兰的演唱特点是嗓音甜润、唱腔高亢、表演活泼。她擅演花旦戏，其中《茶瓶计》是她的代表剧目。在这出戏中，她继承和

民国时期评剧剧本

发展了刘派、爱派的艺术特色，丰富了小丫鬟春红的艺术形象，通过边唱边舞的表演，把一个机灵、活泼、顽皮和天真无邪的小春红刻画得活灵活现。与刘翠霞一样，花淑兰的音域宽，能唱到 15 度，在高音区甚至超越了刘翠霞。她充分发挥自身优势，使花腔在高音区行绕，听起来坚实有力，同时又华丽跳荡，把刘派、爱派的特点融为一体并发挥到了极致，逐渐形成了自己的演唱风格，被同行誉为"花派"，深受同行肯定和喜爱，很多晚辈演员纷纷效法。花淑兰的代表剧目除《茶瓶计》外，尚有《黛诺》《谢瑶环》《牧羊圈》《小女婿》等。20 世纪 50 年代，她在《小女婿》这出戏里扮演陈快腿，给人们留下了深刻印象。这部戏与《刘巧儿》一样，成为那个时代的评剧经典作品而被载入史册。

琴师张凯

张凯（1898—1950），河北省顺义县（今属北京市）人，是民国时期天津著名评剧琴师。他出身于梨园世家，自幼随父张殿尊（梆子琴师）学板胡，十五六岁开始在北京天桥一带拉弦。1930年来到天津，投奔其弟张福堂（山霞社打鼓师），加入该社负责评剧板胡，为刘翠霞、桂宝芬拉弦。1941年刘翠霞故后，先后傍朱宝霞、桂灵芝、花迎春、郭砚芳、新翠霞、六岁红、莲小君等人，为她们拉弦。在此期间名声日盛，同业者接踵求教。1948年，张凯加入了著名的正风评剧社，为羊兰芬、白云峰等人伴奏。1950年病逝于天津。

张凯拉弦技巧娴熟，伴奏富于激情，尤擅演奏慢板、垛板，善用软弓、分弓。演奏慢板，弓满韵足，干净利落；演奏垛板，指法多变。快弓、连弓音调清晰，严谨流畅，具有自己的演奏风格。张的弟子有赵跃庭、东福顺、张进德、金文南（小来子）、张桂年、李元林、杨锡龄等。

新凤霞在《演员与琴师的合作是鱼与水的关系》一文中记述了张凯的一些情况，为我们了解这位著名琴师与刘翠霞、新凤霞的合作关系提供了史料。

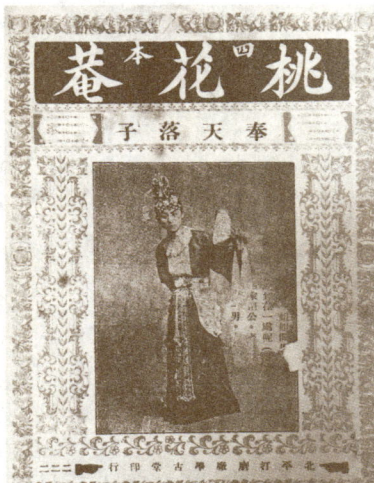

评剧剧本《桃花庵》

新凤霞从小在姐姐杨金香的影响下学戏。她的二伯父是一位好琴师，京胡很不错。他认为："一个好演员得有个好搭档，就是同琴师、鼓佬的合作。这叫左膀右臂。"打鼓佬和琴师是一个好演员不可缺少的左膀右臂。有一副好嗓子，还得配一把好弦子。新凤霞自14岁开始就担任主演。她一直记着她二伯父的话，走到哪儿，无论受多少苦，都没有缺过好琴师、打鼓佬。

她担任主演的第一个琴师就是给刘翠霞拉大弦的张凯。张凯原是刘翠霞的琴师，是张福堂的哥哥。张福堂曾说过："刘翠霞的唱法是金嗓子，张凯的弦是玉弓头，金玉一起才能满堂。"张凯的大弦保调，音色美。他喜欢新凤霞的嗓子，认为"刘角儿（指刘翠霞）嗓子是非我这把弦不可，小凤（新凤霞的小名）这条嗓子真甜，刘角儿不在了，我这把弦非给小凤这条嗓子拉不可"。

20世纪40年代，新凤霞搭班儿在天宝戏院（前身是"东天仙"）唱主演，张凯给她拉大弦。当时二人有个协议，一同进这个戏班儿挣钱对半分。比如每天份子1元，各5毛。对于张凯来说，他所得的份子钱，是最为优厚的，也就是行内所说的"汤比肉还肥"。这种合作关系一直坚持了两年多。有人对此提出异议，并劝说新凤霞改变这种做法："小凤霞别这么傻，你换把大弦吧，干吗挣钱让他分一半哪？"新凤霞有自己的主意，她认为："第一，他是我师父（张福堂）的哥哥，我学戏就请他给我吊嗓子；第二，他的手音好，这是公认的。连刘翠霞都离开他不唱。我现在刚唱戏，得要大伯帮助我。我现在就沾着大伯的光了。人家这么有地位的琴师跟我这小芝麻角儿合作，我得知好知歹，就眼里瞪着钱可不行啊。"

但张凯也有太保守的一面，只许新凤霞墨守成规地照老调唱，不许有一点点创新。他跟刘翠霞合作多年，认为唱评剧就必须唱高调，就得像刘翠霞的唱法。新凤霞对此有不同意见，她觉得评剧不改变唱法，一味地只讲拔高，把演员唱死也没有人听。二人于是有了分歧，有一次演出时，由于新凤霞坚持自己的唱法，师父张福堂和琴师张凯都跟她翻了脸。张福堂站起来把鼓签子一扔说："我不伺候你了，你是唱戏的吗？你有师父吗？真丢人现眼。"原来新凤霞第一次唱新腔以后，就有人指责张福堂："你怎么教徒弟胡唱？"张福堂曾劝过新凤霞，叫她不要再唱新腔了。但新凤霞跟师父说："时装剧演的是现在的人，全照老腔唱多怯啊！"不想这个"怯"字捅了师父的肺管子，张福堂大骂新凤霞是"欺师灭祖"，还说："下次再这样唱，我就当场摔鼓签子。"现在果然兑现了。鼓佬、琴师甩手一走，当场把新凤霞晾在台上。她平时人缘好，戏班儿讲究"救场如救火"，打大锣的张师父给圆了场，拾起鼓签子顶了上去，拉二胡的王十三师父也抄起了板胡代替了琴师，总算把戏唱下来了。

新凤霞不守旧，不因循，坚持创新，才有了后来"新派"艺术的形成。单从这一点上看，张凯作为老艺人已是明显落伍了。

曾给李金顺当配角

李金顺 1902 年出生于今武清区王庆坨镇。王庆坨是武清县南部的一个大镇。由于该镇是津西通往直隶省保定（晚清时曾经是省会）的重要关口，故一直是沟通四方的商品集散地。这个镇子曾经出了不少名人，譬如明朝朝中大臣曹化淳，据说，清朝时大学士纪晓岚的姥姥就是曹家人。近现代涌现出了著名教育家王猩酉，著名学者张轮远，著名时调艺人高五姑，著名评剧艺人花莲舫，再有就是评剧艺人李金顺。

李金顺的父亲叫李文茂，是清末民初鹤麟昆腔班的笛师，因眼睛不好，所以人称"瞎大爷"。母亲姓张。清朝末年，八国联军入侵后，由于连年战乱，社会动荡，民不聊生，于是鹤麟昆腔班被迫解散。李文茂回乡后，闲时偶尔也吹上几支曲子，或者唱上几句曲词。长时期的耳濡目染，李金顺自然受到熏陶，也学会了一些曲词。到了李金顺 12 岁的时候，由于李文茂体弱多病，家庭生活陷于困境。万般无奈之下，李金顺离开了家乡，与母亲一起流落到天津南市。

旧时的南市既是达官贵人的销魂之所，也是底层妇女的人间地狱。每当华灯初上之时，以东兴街、永安街交叉口处为中心的十字街头，串街的，卖唱的，要把式卖艺的，五行八作，什么都有。街道两侧全为整齐的妓院，搽指抹粉的妓女们站在大门两侧，扭捏多姿，飞眼流星。戏园周围，行人如织，喊声如雷。整个南市彻夜不眠，喧嚣不止。灯红酒绿的氛围，也给江湖艺人创造了谋生的环境。一些艺人经常出入妓院，向达官贵人卖唱讨钱。这些艺人所唱的曲儿，有码头调（今天津时调）、莲花落（今评剧）、大鼓书和

评剧坤伶花莲舫

秦腔（今河北梆子）等等。李金顺每天生活在这种环境中，不知不觉也受到了艺人们的影响。时调、大鼓、落子等许多名段，李金顺学得惟妙惟肖。李金顺天生有一口好嗓子，底气足，调门高，唱出曲儿来美妙动听。

1914年，李金顺正式拜同乡魏联升（即小元红，今廊坊安次区人，当时曾归武清县管辖）为师学唱秦腔。一年之后，又拜葛春兆为师学唱京韵大鼓。半年后，经过老师的严格训练，李金顺学会了风靡鼓坛的刘（宝全）派京韵大鼓《大西厢》《闹江州》《游武庙》《华容道》《草船借箭》等曲目，练就了膛音好、低音宽、口齿洁的硬功夫，唱起来行腔苍劲，粗犷奔放，气力充沛，吐字真切。在侯家后义顺茶馆首次登台就获得了满堂彩。

就在此时，落子开始在天津流行起来。落子，又称莲花落，起源于元朝，清末民初在冀东滦州（滦县）一带盛行。它本是农民乞食时所唱的小曲，后来演变成为农闲时自娱自乐的项目。经过若干年的改革，落子由单口发展到了对口，后来就发展到了拆出，形成

了角色分明的戏曲形式。1901 年，以成兆才、佛动心、孙凤鸣、孙凤岗、夏春阳所组成的冀东评剧班曾一度进津演出，但却被扣上了"鄙俗俚曲"的帽子，直隶总督杨子祥以"有伤风化，永干力禁"，将其驱逐出天津。1908 年，以成兆才、金菊花、任善峰、倪俊声为首的冀东落子班，再度进津演出。适逢光绪、慈禧两次国丧，官方发布禁用响器的命令，因而演出大受影响。直隶总督再度宣布，落子班社永远不许进城演出，使落子在天津几近绝迹。虽然落子班社被禁演，但落子在妓院却从未被禁止。加上落子曲通俗易懂，曲调委婉动听，故事生动有趣，故还是吸引了许多人，特别是在中下层群众中仍然拥有大批听众，以至于许多坤书馆后来纷纷改成了落子馆，妓女们以学唱落子来招揽嫖客。

李金顺因为有唱鼓书和秦腔的基础，很快也学会了许多落子唱段，也成为落子馆的一名唱手。1915 年，改良后的落子以庆春平腔梆子戏的名目，再次登陆天津。首演于河东宴乐戏园（今属河北区）。这时，大街小巷开始流行着"月明珠调"。李金顺也被月明珠调所吸引，更加爱上了落子这门艺术。坤书馆的老板为吸引嫖客，也开始打起了落子的主意，纷纷聘请落子艺人传授技艺。时间不长，李金顺就学会了许多唱段，不久便登台演出。落子老艺人张柏龄、阚子林，每天都要看李金顺演出，发现李金顺演出底气足，调门高，高腔高走，具有男性演员所不具备的天然优势。于是找到了李张氏，承诺出钱教李金顺专门学唱落子，并要求李金顺加入庆春班演出。李金顺在老艺人的帮助下，很快学会了《花为媒》《王少安赶船》《刘云打母》《人头告状》《还阳自说》《珍珠衫》《杜十娘》《刘翠屏哭井》《高成借嫂》等戏。1916 年，李金顺正式参加庆春班，先后在晏乐茶园、东天仙茶园、群英茶园演出。1924 年，由其义父谢文玉牵头组成了金花玉班，主要演员有李金顺、花莲舫（班名取三人名字各一字），开始独立组班演出。其他演员还有赵月楼、刘翠霞等。主要在聚华茶园、天福舞台演出。由于李金顺不断探索，在艺术上精益求精，并不断对唱腔、动作、伴奏进行了改革，逐渐形成了李派风格。"听李金顺去"也成为街头巷尾的流行语。曾经有一个李金顺唱凉茶水的掌故。大意是说：茶园为观众准备了茶水，当观众举杯正要喝水时，李金顺开始起唱，由于大口落子音域宽，调门高，观众一下就被吸引住了，直勾勾地盯着台上的李金顺，当李金顺的大段唱词结束后，观众才醒过神来，但茶水早已凉了，只好重新再倒。1926 年，花莲舫离开戏班，李金顺携戏班演出于天祥商场内的小广寒。同年，李金顺离津赴丹东演出，并成立了主要以女伶为主的元顺戏班。

20 世纪三四十年代，是李金顺评剧艺术的黄金时期，她在哈尔滨等地演出，轰动了东北，并因之形成了李派风格。刘翠霞曾在金花玉班为李金顺打里子，深得李金顺的器重，为刘翠霞的成长和艺术风格的形成提供了很好的帮助。

李金顺的言传身教，加之张柏龄、赵月楼等名师的指点，为刘翠霞成为一代名伶奠定了坚实基础。

李义芬与山霞社

李义芬，是著名评剧男演员，1908年出生于河北省清苑县一个贫农家庭，是山霞社成员之一。

1928年，芙蓉花所在的复盛戏班来到天津后，方知道天津的"中国地"不让唱评剧（当时称落子）。原因是评剧都是"淫词浪语"。她们被迫到法租界小广寒去演出。小广寒在天祥市场的四层，坐满了才400人，不够一天的开销。复盛戏班的班主高景山去找当地的派出所长，见了面，二话没说，就塞给派出所长的小孩100块钱。又请客，又说好话，派出所长才答应他们"演着看"！

于是复盛戏班便从小广寒迁到南市第一舞台演出。头一场的打炮戏选的是《保龙山》，这是一出文武带打的爱国戏。"复盛"的行头又好，角色又齐，演这出戏很适合。他们为了争取评剧在"中国地"生存的权利，这第一场戏不要钱，敞开大门，谁爱看谁看。大家看了，果然不错。从此之后，评剧在"中国地"才打开了一条生路。他们在第一舞台演得很成功，阴天下雨也是满座。后来又搬到新明大戏院（下天仙）演出。新明大戏院是一个拥有2000多个座位的大园子，过去只有梅兰芳等人才去那儿唱戏。复盛戏班到了那里，弄了个"开门红"，连唱了8个月，生意很好，许多艺人将所挣的钱买了房子。这时花云舫摔了腿，由芙蓉花担任主演。十三妹这时离开了戏社。复盛戏班是个共和班，多挣多分，少挣少分。他们住在后台，哪儿也不去。如果有坏人来找女角，她们不见。"我们唱戏吃饭，不应酬。"因为和男演员们住在一起，那些图谋不轨的人也没有什么办法，所以芙蓉花等人的声望很好。

继芙蓉花之后，刘翠霞等也相继到"中国地"演出。复盛戏班有一位演员叫李义芬，1929 年到天津演出后，就离开复盛戏班，并傍刘翠霞演出，成为山霞社的骨干成员。据《评剧在天津发展简史》一书载，6 岁时，李义芬在同义胜社（河北梆子）剧团学艺，师从侯生，工文武小生、老生和武生。1928 年，18 岁的李义芬在沈阳加入了芙蓉花的复盛戏社。1929 年，他随复盛戏社到天津，主演了《白水滩》《郑州庙》等戏，受到好评。从 1937 年到 1942 年，他又脱离山霞社，与白玉霜合作达 5 年之久。白玉霜去世后，他加入了再雯社，并傍小白玉霜唱戏。新中国成立后，在北京新中华评剧团工作。李义芬的嗓音宽厚洪亮，行腔自如，身段潇洒，表演质朴，塑造了众多的文武小生形象。他为陈世美这一人物创造的脱袍甩帽动作，成为后学者的样板。

亲传弟子新翠霞

新翠霞本名李禹芳，小名叫焕子，1919 年生于天津，10 岁便开始拜赵月楼为师学评剧，13 岁时正式拜刘翠霞为师，取艺名叫小翠霞。17 岁时开始独立演出，并改名新翠霞。

1941 年《新天津画报》载刘翠霞参加杂耍平戏大会演出的消息

刘翠霞是评剧史上举足轻重的人物，她创立了著名的评剧四大流派之一的刘派。早在 20 世纪 30 年代，她就在天津评剧舞台走红，因唱腔高亢嘹亮，清脆动听，被誉为"评剧第一女高音"。她所创立的刘派演唱风格，保持了评剧"大口落子"传统特色，深受观众喜爱，在评剧刘派追随者中，其亲传弟子新翠霞是最优秀的演员，在观众中享有盛誉。

刘翠霞对新翠霞在艺术上要求十分严格，但在传授方法上，并不像其他师父那么严厉，相反却非常宽厚。有一回，新翠霞演出《昭君出塞》唱错了词儿，心里很害怕。没想到的是，刘翠霞没有简单地责怪她，而是详细讲解了如何掌握要领，并鼓励她继续努力。从此，新翠霞学习更加勤奋刻苦，并很快登台为刘翠霞配戏，她们师徒俩精彩的对唱或联唱，很受观众欢迎。刘翠霞在《绣鞋记》里饰演张春莲，她演张秋莲。刘翠霞演《花为媒》里的张五可，她演李月娥。在学艺 4 年的时间里，新翠霞还主演了传统戏《珍珠塔》《金鱼仙子》以及时装戏《空谷兰》《杨三姐告状》等，颇得刘翠霞真传。观众普遍反映她唱得像，唱得好，大有"青出于蓝而胜于蓝"的味道。到了 17 岁时，新翠霞开始独立演出，并正式启用新翠霞这个艺名。

新翠霞嗓音清脆醇厚，高亢嘹亮，有柔有刚。她继承了刘翠霞的唱工艺术，掌握气息得当，发声部位准确，底气足、调门高、吐字真、气口好。她善于用声音的魅力来抒发人物感情，做到了升沉无隔、横竖不挡，得心应口。现存留于世的老唱片，如《绣鞋记》《珍珠塔》等，与刘翠霞的音色相近，调门相同，就是内行人也难以分出谁是师谁是徒，可谓学到惟妙惟肖、出神入化的地步。

新中国成立后，新翠霞参加了天津正风评剧社（天津市评剧团前身），她以饱满的热情，认真的态度，积极投入新剧目的排练，先后

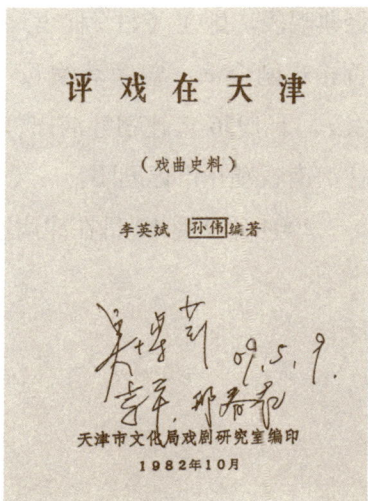

评戏在天津

（戏曲史料）

李英斌 孙伟 编著

天津市文化局戏剧研究室编印
1982年10月

刘翠霞的再传弟子、新翠霞弟子吴博莉为笔者签名留念

主演过多部现代戏与新编历史戏，其中在《刘胡兰》中扮演革命英雄刘胡兰，在《妇女代表》中扮演大公无私勇于维护集体利益的张桂容，在《爱情》中扮演心灵美好的姜雪梅，在《张士珍》中扮演热心为居民服务的商业标兵张士珍，在《牛郎织女》中扮演追求自由幸福的织女，在《小忽雷》中扮演不为富贵所惑对爱情忠贞不渝的郑盈盈等，都给观众留下了深刻印象。

她在保持刘派韵味的基础上，按照人物性格改革创新。如她在《牛郎织女》一剧中扮演织女，被王母娘娘派来的金甲神押返天庭，与丈夫牛郎及幼儿分别时唱的搭调，一波三折，三起三落，奔放淋漓，尽情抒发了人物满腔悲愤之情，字字腔腔叩击观众心扉，颇具艺术感染力。在《刘胡兰》一剧中，刘胡兰被捕后在大庙与母亲相会时，托母亲带回的"四封口信"，运用了经过改革的反二六板，曲调委婉流畅，舒展自然，准确表达出刘胡兰身处险境却泰然自若视死如归的气概和对革命、对人民、对亲人深切挚爱之情，成为评剧经典唱段。她在《妇女代表》中扮演的张桂容，1954 年参加天津市首届戏剧会演，曾荣获演员一等奖。由她主演的神话剧《牛郎织女》，于 1956 年赴朝鲜演出，引起极大轰动，受到广泛好评。后调往河南省郑州市评剧团。

2004 年 9 月 10 日在津病逝，享年 85 岁。

结怨黄翠舫

1923 年，刘翠霞拜张柏龄为师学习评剧。数月后，她以"刘翠霞"这个由张柏龄起的艺名，首次在马鬼子楼登台献艺。当时是给东发红（南孙家班之老三孙凤岗的艺名，老二孙凤鸣的艺名是东发亮，老四艺名是开花炮）、黄翠舫（天津人，黄三奶奶之养女，曾为警世戏社三班成员）等主角做配角。由于她在饰演《花为媒》里的丫鬟时表情动作非常到位，"而顾客们的心里，便认为翠霞大卖风骚"，"便哄传翠霞唱得好，翠霞做得好"，故在天津卫引起轰动。很多顾客把捧黄翠舫的劲都用在捧刘翠霞身上，因嫉妒刘翠霞，黄翠舫不久离职而去。

刘翠霞在马鬼子楼初次登台时，连行头都没有，便四处央求同行中人借着穿。当时的戏份儿低得可怜，每天不过一二百枚铜子，还不够家中的日常用度。但刘翠霞做戏很认真，每天早出晚归，不遗余力地学，演技逐步成熟，赢得观众肯定。"常在马鬼子楼顾曲的人们，乍然地看见又来了一个十二三岁的小孩子，做派不但很好，唱得亦不错，内中便有些位顾客对她注了意，竟把捧黄翠舫的心完全移到翠霞身上。"以至于刘翠霞每一登场，都会博得一阵碰头好儿。刘翠霞很会揣摩戏中人物的心理，"居然在台上大卖风味"。有一天下了早场，刘翠霞随着母亲沙氏回到家中，草草地吃过了饭，便开始准备晚场。晚戏是《花为媒》，由刘翠霞饰演丫鬟。快到了时间，刘翠霞在沙氏陪同下早早地到后台扮装。她这一扮，比真的丫鬟还俏媚十分。在场上，虽然身材矮小，可台步非常风流，可谓有滋有味。"并且还要个人的身价上卖出十分的春味。"

本来，好看评剧的人们，一半是看剧情、听腔调，一半是看演员的动作、神情。这就像人们看小说一样，在内容上，"把苟且的作为揣摩得逼真，便能受人欢迎"。若"文字精悍而缺少香艳的春味，便被人弃如敝屣"。而刘翠霞在场的举动，纯粹是为了表达人物感情、塑造人物的需要，并非有意卖弄。这引起了戏班班主的注意。倘若刘翠霞一天不出来，班主便抓耳挠腮，三番五次地去家里催。有一天，刘翠霞受了风，头有些晕，四肢无力，于是请了病假。那些捧刘翠霞的顾客，皆乘兴而来，败兴而归。刘翠霞台上演出的情况，也传到刘守忠耳朵里。刘守忠不顾女儿病体在身，对着刘翠霞"提眉吊眼、怒气勃勃"，认为刘翠霞做的都是丢脸的事。刘翠霞舅舅沙致福赶紧劝解，他对刘守忠道："翠霞只有十几岁，还能做出什么不体面的事呢？"刘守忠从怀里掏出一张报纸一边向沙致福抛去，一边怒道："你看、你看！"原来，刘守忠抛过来的是当天报纸，刘守忠本来不认识几个字，但报纸上的"刘翠霞"三个大字，他是认得的，他认为，艺人上了报准没好事。但刘守忠不知道，这份报纸刊发的文章并非胡说八道，而是客观介绍刘翠霞艺术成就的。与通常的捧角家不同，这位作者是一位资深的评剧家，而且纯粹是赞赏刘翠霞的艺术。

刘守忠知道报纸是捧刘翠霞的，便把气儿消泯下去，脸上现出愧色。刘翠霞因为受到父亲的训斥，加之受了风寒，一下子病了，"面上的颜色竟而变成枯黄色，眼泡儿亦肿得很高"。自从刘翠霞病倒后,马鬼子楼上座率掉了十分之三。戏园方面赶紧派人到刘翠霞家里打探,当得知不久可以登台时,才高兴地返回戏园,把这一消息报告给戏园老板。戏园老板很高兴,赶紧令人把海报贴出去,"刘翠霞病愈登场"的消息便不胫而走,所以登台当天,上座率猛增。张柏龄给刘翠霞拉弦格外卖力气,而刘翠霞在观众鼓励下,演技并没有因为得病而退步,相反技艺还提高了很多,黄翠舫作为主角,由于刘翠霞表演受到欢迎,心情受到影响,"这一来,竟而嫉妒心生,处处要留到翠霞的神"。刘翠霞在马鬼子楼又唱了一个多月,因为与黄翠舫闹得不愉快,她就离开了马鬼子楼,从此刘翠霞再也没有与黄翠舫合作过。在休息调整了一段时间后,刘翠霞被聚华茶园老板约去唱戏,从此与另一位评剧大家李金顺结缘。

值得一提的是,黄翠舫的妹妹筱玉芳(原名冯梓娟)也是一位出色的评剧演员。筱玉芳生于 1923 年,11 岁拜杜洪宽为师学艺。13 岁入爱莲社,在艺术上受爱莲君影响较大。后得琴师赵耀庭指教,16 岁担任主演。早先多演爱派剧目,后又学习借鉴了李金顺、刘翠霞的艺术特点,逐渐形成了自己的风格。她嗓音高亢、响亮,音色醇正,擅长青衣戏,也演花旦戏。她的唱腔既富有刘派粗犷雄浑的激情,又蕴涵着爱派委婉柔顺的娇态。其代表剧目有《孔雀东南飞》《莲花庵》《武则天》等。新中国成立后,她成为中国评剧院、天津评剧院的著名演员。

六岁红陪刘翠霞演《打狗劝夫》

1933 年 6 月，刘翠霞参加了在大连举办的万国博览会评剧会演，她以《独占花魁》一炮走红。之后，沈阳大观茶园前台经理朱德胜、李得源在与后台经理张俊臣商量后，决定去大连接刘翠霞来搭班演出，以庆贺大观茶园第一次成班。

评剧剧本《后娘打孩子》《宝庆仲状元》

刘翠霞到沈阳后，按惯例先去北孙班拜访一些评剧界老前辈，当她听说年仅 10 岁的六岁红能文能武，且在东北一带已小有名气时，就专门看了六岁红的演出。

六岁红，原名孙芸竹，生于 1923 年，山东人。1927 年，因父母双亡而被人贩子转卖，成为北孙家班班主孙鸿魁的养女，学唱评剧。后被成兆才破例收为门徒，起艺名六岁红。11 岁唱大轴戏，红遍了东三省。1948 年进入天津正风剧社。1958 年后到天津评剧院。

六岁红的嗓音闷中透亮，俗称"云遮月"，演唱受李（金顺）派影响很大，粗犷、朴实、憨厚。其代表剧目有《安安送米》《九件衣》《妇女代表》《杜十娘》《雪玉冰霜》《保龙山》《茶瓶记》《卖油郎独占花魁》《罗汉钱》等。刘翠霞观看了六岁红演出的《三节烈》《窦娥冤》《安安送米》等剧，感觉她虽然是个孩子，但演戏认真，台缘很好。正在走红的刘翠霞决定邀请这位小妹妹合作演出几场戏。

刘翠霞时年 22 岁，而六岁红只有 10 岁。她们二人第一出合作戏是《打狗劝夫》（《德孝双全》）。戏报贴出去后，产生巨大反响，当日剧场爆满。这出戏的剧情是：赵氏兄弟二人分家，穷哥哥赵连弼，因除夕缺粮，求助于富有的弟弟赵连芳。连芳隔墙抛袋拒之。事被连芳妻桑氏得知，暗助连弼银米而去。桑氏贤德，见夫手足情薄，又结交狐朋狗友，遂用计打死一狗，着以衣帽，做死尸状，置于后门草房之中。继而又去酒楼寻夫，佯称家遭横祸，令其处置。连芳吓坏了，恳求赌友车三、王二助其将尸体移出。车、王二人惧祸溜走。桑氏又促其夫找连弼求助。连弼不计前嫌，慨然允之。移尸毕，车、王欲图敲诈，诬告连芳于官，声言死者为其舅。公堂上，桑氏历述打狗劝夫之经过，不仅使官府查明真相，也促使赵氏兄弟骨肉相亲。

《打狗劝夫》是刘翠霞的看家戏，也是她向师父赵月楼学的第一出戏。当年在天津陪李金顺演出时，她饰演大旦张氏，二旦桑氏则由李金顺演。山霞社成立后，刘翠霞既可以演张氏，也可以演桑氏。这次携山霞社到东北则是第三次露演。头两次到东北演黑了，没有得到观众认可，这次以《打狗劝夫》打炮，一下子唱红了。

头场戏，当桑氏得知丈夫不念同胞意，决意把狗打死，劝丈夫回心转意，于是叫丫鬟梅香用棍将狗打死。这时刘翠霞唱道："宽去外衫进厨房，双手高举一股香。灶王爷前忙跪倒，口尊家神老灶王。我今害狗一条……乞求老狗转世莫明糠。开言叫声小梅香，丫鬟拿棍着头打。"这一段唱得情真意切，韵味醇厚，获得满堂彩。10岁的六岁红手持木棍，边舞边唱："手拿大棍叫老狗，我今送你命无常。"然后道白"我们奶奶说咧"，又接唱："下世不让你托生狗，投一个好爹与好娘，长大成人去学唱，唱些个古往今来劝人方，照着老狗打棍，四腿趴地命见阎王。""咱禀奶奶，我将老狗打死。"六岁红矮小的个头拿着大木棍在台上认真打狗的表演，赢得观众哄堂大笑，掌声四起。这次联袂演出，在沈阳产生巨大反响，六岁红进一步得到认可，刘翠霞则受到东北观众爱戴。有了这次合作，六岁红学到了刘派舒展流畅、刚柔相济的艺术，并把这些艺术融入自己的演出中，为六岁红的演艺事业注入了活力。

除刘翠霞外，六岁红还与李金顺、白玉霜这两位艺术大师合作过，这对她的成长产生了良好影响。20世纪30年代末到40年代初，六岁红还先后与东北"评戏大王"筱麻红、王金香、刘艳霞以及水莲珠、爱莲茹、李淑艳、金玉霞、李兰芳、喜彩苓、王素秋等人同台演出，为她在艺术上的发展奠定了非常好的基础。

山霞社名家赵良玉

赵良玉，艺名金菊花，工青衣、花旦，兼演小生、小丑，中年以后演老旦、彩旦。原籍河北省玉田县，1907 年生人，8 岁丧父，因生活所迫，在家乡随莲花落艺人学艺，以走庄串村撂地演唱谋生。16 岁时，经人介绍到唐山九天仙戏院正式拜师学唱评剧，艺名金菊花，比莲花落早期老艺人也叫金菊花的杜之意先生晚一辈儿。从艺40 余年，一直到 1968 年才离开舞台，一生忙于演戏和授徒，始终没有中断粉墨生涯。

赵良玉的师父叫马富贵，也是撂地唱莲花落出身，与东发红（即孙凤岗）、东发白、柳叶红、金鸽子等都是师兄弟。他本工唱丑，但对青衣、花旦也很擅长。赵良玉拜师时，曾立下字据："学艺三年，出师后效力一年，四年之中，家属不许探望，打死勿论，投河觅井，马踩车轧，师傅不负任何责任。"

与赵良玉同科学艺的有大师兄王兆水（艺名露水珠），二师兄王玉林（艺名金元宝），三师兄李忠（艺名一朵花），还有张存凯、小宝玉等。与他同科的还有位大师姐叫大金子，唱青衣花旦，当时已经 30 多岁，是唐山落子时期最早的一位女演员。她长得很胖，会做戏，唱得也不错。

评剧剧本《杜十娘》

九天仙戏院在唐山铁道北，与铁道南的庆仙戏院，是当时唐山两家主要演出落子的场所。九天仙戏院主要演员有金鸽子（迁安县人），唱青衣花旦；四月珠（丰润县人），唱青衣花旦；柳叶红（本名刘钰），唱青衣花旦；杨景玉（蓟县人），唱青衣花旦；田福公（玉田县人），唱小生；冯有勇，唱小生，后改老生；拉弦的有李忠、韩云（都是宝坻县人）等。庆仙戏院的主要演员有成兆才、金开芳、开花炮、倪俊声等。

赵良玉在唐山学艺期满后即独自挑班。后来冀东农村歉收，戏班很难维持，在他20岁那年（1927年），经师兄金元宝介绍，由唐山来天津演出，从此，就在天津扎下了根。

赵良玉初到天津搭的是张柏龄的班，演出地点在法租界天祥市场四楼乾坤楼戏院。演员中有当时被称为"三花"的李宝珠、李宝翠、李宝玉，还有金淑玲（唱彩旦）、张翠芳（唱青衣花旦），男演员有张金福（唱老旦）等。赵良玉头一天"打炮"演的是《马寡妇开店》，接着又演了《李香莲卖画》和《夜宿花亭》等戏。《马寡妇开店》是月明珠在唐山唱红的，当时天津还没有演的。赵良玉走的是月明珠的路子，一下子就唱红了，剧场天天满座。但当时的旧戏班"欺生"，本班演员怕赵良玉唱红了影响他们的地位，由张柏龄出面婉转地向他提出换个地方的要求，并主动介绍赵良玉到谦德庄同乐戏院（吴玉书、崔长福所搭的班）去唱。赵良玉在同乐唱了一年多，同班的还有刘顺至（唱彩旦）、赵连元（唱老生、丑）、郁玉明（唱零碎，绰号"好不了"）等。当时戏院不卖票，戏院茶房计时收费，演出从早晨 8 点开始，直到夜里 3 点才结束。当时演戏兴"打彩"，就是演苦戏时，演员跪着唱，观众往台上扔钱。有一次，赵良玉演《后娘打孩子》里受母虐待的姑娘。有继母输了钱逼她上街乞讨的情节，赵良玉正跪在台上唱，台下一个观众朝他的脸上扔了把铜钱，使他的眉棱骨被打破，鲜血直流，从此落了一个伤疤。在同乐的演出结束以后，赵良玉就在市内各个戏院演出，后来，评剧女演员逐渐取代了男旦，赵良玉便改工小生、老旦、彩旦，先后同李金顺、花莲舫、刘翠霞、爱莲君等人同台演出多年。他与花莲舫同台演了几年戏，唱小生，合作得很好。花莲舫晚年穷困潦倒，门庭冷落，靠摆小摊维持生活，赵良玉专程去看她，她很感动，拉着赵良玉的手说："良玉，难得你还惦记着我，我唱了半辈子的戏，落了个这样的下场。"刘翠霞的山霞社成立不久，演老旦的罗万胜病故。当时，赵良玉正在小梨园演出，山霞社的班主李华山遥过一个日本翻译，邀赵良玉到山霞社去演出，专门给刘翠霞演老旦，一直唱了 7 年，还负责给刘翠霞的三个养女说戏。从 1947 年开始，赵良玉参加了鲜灵霞戏班。新中国成立后，继续在鲜灵霞剧团工作。1953 年鲜灵霞剧团改为进步剧社。1956 年，从进步剧社中分出一部分人成立联合评剧团，赵良玉是联合评剧团的成员。后来又下放到宝坻县，一直到 1968 年退休。

赵良玉的戏路宽、舞台经验丰富，演唱韵味醇厚、板头瓷实。在行腔中巧妙地使用真假声，独具一格。1954 年，他在天津市第一届戏剧会演中作为特邀老艺人演出了《花为媒》，扮演张五可，观众反应非常强烈。

赵良玉的表演细腻、真实，善于刻画人物。老旦演得好，彩旦撒得开，演得活。尤其是演《双吊孝》中的商太太，《铜碗丁》中的丁四奶奶，堪称一绝。演《桃花庵》中的老尼、算命瞎子也有独到之处。在《杨三姐告状》中扮演的杨母，具有浓郁的生活气息，剧场效果非常强烈。在旧戏班中，老旦作为"四梁八柱"拿头牌份儿的只有他一人。

赵良玉从青年时代就课徒授艺，一生共教了 70 多个弟子，其中较有名气的有筱俊亭、新凤妹、小月珠等。此外，李文芳、新翠霞、莲小君等也得到过他的指导。

女小生刘彩霞

山霞社，是由刘翠霞与李华山于 20 世纪 30 年代共同组建的评剧社。在饰演女小生的角色中，桂宝芬被视为第一把交椅，而屈居第二位的则是刘彩霞。

1916 年，刘彩霞生于天津。她原本是个尼姑。有一次，刘翠霞到庙里去上香，刘彩霞主动上前与其攀谈。她告诉刘翠霞说，自己自小就喜爱评剧，尤其敬仰女小生桂宝芬，并向刘翠霞表达了还俗的愿望。刘翠霞很喜欢刘彩霞爽朗的性格，对这个比自己小了好几岁的小妹妹给予很大的同情，于是把她安排在了山霞社，使其成了一名小生演员，满足了她还俗和当小生演员的愿望。后来又一度结为干姐妹，成为非常好的知己和搭档。

刘彩霞天生就有一个好嗓子。她的音域很宽，在刘翠霞的指导下，她运腔节奏十分稳健，唱起来高低音运用自如，音色甜美，清脆悦耳，韵味十足，且演唱时带有较明显的天津话韵味。其"二六板"唱腔极具特色，把小生的情态表现得淋漓尽致。其唱腔中仍保留了一些莲花落及"哈哈腔"风格，同时又杂糅了京剧"西皮流水板"的旋律。另在"二六板"的演唱中，时常夹杂"垛板"（楼上楼），为烘托气氛制造了良好的音乐效果。

20世纪30年代出版的《新天津报》，曾记述了某记者对刘彩霞的现场观感："刘彩霞在未正式加入该华新社之前数日，曾一度在小梨园票演。某日晚场演出《败子回头》，作者曾亲睹刘彩霞的表演，发现其嗓音清脆嘹亮，说白完全京白，非常精彩动听……将来各剧在演出时，必极精彩也。"

刘彩霞曾随山霞社出演大连、奉天、青岛、哈尔滨、唐山、北京等诸大城市，"莫不载誉载声，为人所交口称赞"。被誉为时代艺人的新翠霞，随刘翠霞学艺出师后，自己组建了一个戏社——华新评戏社，因同时排演时装新戏和古装新剧，需要一位全才小生，"故特邀刘伶彩霞加入"。刘彩霞在华新社演出曲目有《貂蝉》《生死鸳鸯》《烈女还阳》等。

1934年10月13日，应上海百代公司邀请，刘翠霞赴上海录制唱片。按照约定，灌制唱片的报酬是5000大洋。戏出有《因果美报》《庵堂相会》《独占花魁》《败子回头》《珍珠塔》《百玉箱》等。除班主李华山陪同外，参加录制唱片的演员唯有刘彩霞一人。

1939年4月15日出版的《新天津报》曾发表了《记刘彩霞》一文，较为详细地介绍了刘彩霞的艺术人生。据该文载："女伶刘彩霞为名评戏伶人刘翠霞之妹，评剧界小生之隽才。她工演评戏小生，确有独到之处，不但扮相台风儒雅风流，偶俶潇洒，而做戏亦复细腻精到，别具慧心，所以很受观众欢迎。"

新中国成立后，刘彩霞曾一度在沧州艺校工作。1959年，沧州艺校评剧班合并到天津评剧院，刘彩霞在评剧院担任少年训练队老师，王有才、王金章等名角都是她的弟子。20世纪60年代，刘彩霞赴汉沽评剧团担任教学工作，直至退休。

有意思的是，20世纪40年代，经刘翠霞做媒，刘彩霞与李华山结为秦晋之好。

为人仗义的沙致福

　　沙致福，今武清区石各庄镇敖嘴村人。沙姓本是大姓，在敖嘴村有四大姓氏，即所谓的"沙马戴杨"。沙致福出身于农民家庭，兄弟姊妹共 5 人，其中兄弟有三人，即大哥致发、二哥致田，另有姊妹二人。幼年时，沙致福曾与做买卖的父亲走南闯北，结交了不少好朋友，也有了一些积蓄，过着相对富裕的生活。

　　1915 年，也就是在刘翠霞 4 岁的时候，因敖嘴村南的永定河（浑河）连年发洪水，造成灾害，致使吃粮遇到困难。他家里因为有点积蓄，所以情况稍好一些，还能坚持得住。但他妹夫刘守忠一家，则因此陷入困境。万般无奈之下，沙致福用小驴车带着妹妹沙氏，还有沙氏的两个女儿投奔天津的旧友。刘守忠将家里的几亩耕地出售后，亦赶到了天津大红桥一带的邵家园子，以摆水

评剧剧本《送情郎》

183

果摊维持一家人的生活。在这期间，为照顾妹妹一家人的生活，沙致福经常往来于老家和天津之间。

1922年，第一次直奉战争爆发了，此时，天津又一次遭遇兵灾洗劫。华界商业区到处是砖头瓦块，市面萧条，一片狼藉景象。河北大街、针市街等华界商户纷纷迁往英、法、日租界。许多戏园被迫歇业，刘翠霞老舅的买卖越来越难做，缝穷的活计少了，刘守忠一家人的生活也陷入了困境。这时，何丑子的出现，给他们的生活带来转机。

何丑子是鼓书艺人，他与沙致福是旧友，有一年他来到天津，与沙致福会面，并因此与刘守忠结识。在刘守忠的要求下，年仅10岁的刘翠霞拜何丑子为师学习辽宁大鼓。因为何丑子要回原籍大连，故在沙致福的陪同下，刘守忠一家人亦到了大连。刘翠霞虽然学习认真，但因为形成了虚荣的毛病，所以并没有在大连唱红。一年之后，沙致福与刘守忠一家人又回到了天津。当时刘守忠一家人住在南市天安里，沙致福与刘守忠一家在一起住。

也是机缘巧合，刘翠霞与邻居张柏龄相识。张柏龄是评剧艺人，以教学为生。刘翠霞因有唱大鼓的经历，且经常到张柏龄家里串门，不经意间学会了不少评剧唱段。张柏龄觉得刘翠霞是块好料，就收她做了徒弟，刘翠霞从此走了评剧之路。为了培养刘翠霞，沙致福一直与刘守忠、沙氏跟在她身边。刘翠霞无论是在天津，还是到济南、大连、北平等外地演出，沙致福均跟随到现场。后来，李华山与刘翠霞组建山霞评戏社，沙致福也在戏班承担一些管理任务，并专门负责给刘翠霞包头。在山霞社期间，他结识了福仙茶园经理周玉田、戏剧评论家杨十爷（杨扬石）等社会名流，为刘翠霞从艺提供了便利条件。

沙致福有4个儿女，其中两儿分别是沙绍全、沙绍忠。沙绍全随父亲在山霞社工作，并娶了山霞社唱戏的小莲芳为妻。沙绍忠是第二子，死得很早。两个女儿分别是大女儿沙绍辰，嫁到了今廊坊市安次区码头镇丰盛店（俗称丰店）村；二女儿沙绍珍，目前住在抚顺。沙致福在 1949 年之前就去世了，其妻携绍珍去了抚顺并定居。因当时沙致福之妻经常去东北给戏班买小姑娘学戏，所以对东北相当熟悉，这也是她落户东北的重要原因。

吴俊亭给刘翠霞配戏

吴俊亭，小名吴十八。生于 1921 年，河北省武清县（今天津市武清区）人，在他很小的时候，由于家乡连年遭遇洪涝，加之母亲双目失明，迫于生计，他与父亲一同逃荒来到天津。

当时，天津作为北方最大的商埠，戏曲（当时称什样杂耍）十分兴盛。特别是评剧，由于曲调哀婉悠美、唱词通俗易懂，故很快取代了京剧、文明戏和梆子，成为当时最受天津市民欢迎的剧种。评剧有东路、西路之分。武清、宝坻一带流行西路评剧，唐山、滦县一带流行东路评剧。二者在戏出、唱腔、曲调等方面均有很大的不同。开始，吴俊亭在西路戏班学习西路旦角。后来，由于东路评剧崛起，西路评剧日衰，吴俊亭于是改学东路小生，向

《评戏大全》（肆集）书影

著名评剧艺人张存凯学艺。

大约就在 1932 年前后，年仅 11 岁的吴俊亭加入了山霞社，成为一名小生演员。当时，同在山霞社的还有后来成为著名白（白玉霜）派传人的另一位武清人李兰舫（1936 年吴、李二人结为夫妻）。吴俊亭学戏刻苦、认真，经常在后台偷戏（行话称为抒叶子），同在山霞社的著名女小生桂宝芬，非常受观众欢迎，于是吴俊亭就主动向她学习。后来，在桂宝芬缺场的情况下，吴俊亭就与刘翠霞配戏，逐渐成为一名具有自己特色的小生演员。演出的剧目有《雪玉冰霜》《人面桃花》《盗金砖》《武松》等。吴俊亭的形象好，动作潇洒漂亮，跑台、亮相十分帅气。他嗓音音域宽，音色明亮，曲调迂回委婉，优美动听。他的唱腔具有特色，以低腔低调为擅长。孔广山、刘小楼等著名小生都受到吴俊亭的影响。

1938 年，吴俊亭赴东北演出，从此再没有回过天津。一直到新中国成立后，吴俊亭加入了沈阳评剧团，成为一名集导演、演员为一身的双栖艺人。1950 年东北文协评剧工作组与唐山评剧院在沈阳首演《小女婿》，吴俊亭饰演田喜，在评剧界引起反响。

吴俊亭曾于 1959 年在沈阳评剧团执导了《人面桃花》，并饰演了小生崔护的角色。《人面桃花》写的是博陵崔护于清明出游，入村求饮，与少女杜宜春邂逅，一见钟情。来年，崔护再次造访，恰逢杜宜春随父春游，未得相见。崔护为此题诗于门"去年今日此门中，人面桃花相映红；人面不知何处去，桃花依旧笑春风"，然后怅然离去。杜宜春见诗痛悔，思念成疾，一瞑不醒。崔护复来，闻杜宜春已死，失声痛哭。杜宜春闻哭声后复活，二人遂成眷侣。"三春杨柳黄莺唱"一段是崔护落榜春游时唱的，诗情画意般的山村景色，使他乐而忘返，陶醉其中。吴俊亭用低腔低吟的方法，把崔护放荡不羁的性格及吃酒带醉的神态表现得恰到好处。尤其是题诗一节，传神的动作，洒脱的书法，受到观众的广泛好评。

1963 年，吴俊亭逝世，终年 42 岁。

山霞社鼓师张福堂

张福堂（1902—1980），原籍河北省顺义县（今属北京市）。天津著名的评剧鼓师，与著名评剧琴师张凯乃为同胞兄弟。

张福堂 7 岁时，随父学唱河北梆子，12 岁时便登台献艺，15 岁时来到天津。16 岁时改学评剧，工小生，兼演青衣、花旦，在圈内小有名气。其拿手戏有《刘伶醉酒》《铁莲花》《李香莲卖画》《孙继皋卖水》等。

新凤霞《唱出自己的风格来》一文载："张福堂他是唱河北梆子旦角出身，倒仓坏了嗓子，改行打鼓。是给刘翠霞打鼓的鼓师。"还因为他身材高大，形象欠佳，所以改学场面，习司鼓。曾向任善庆（金不换）请教。由于勤学苦练，鼓技日进，先后与倪俊声、白玉霜等人合作。1927 年，专任刘翠霞的鼓师，与刘翠霞合作默契，直至刘翠霞 1941 年辞世。山霞社解散后，先后为朱宝霞、桂灵芝、郭砚芳、莲小君、小灵霞、花迎春等人司鼓。并同时带徒授课。1941 年，新凤霞成为主演，拜张福堂为师。并由张福堂、张凯兄弟二人给其司鼓、司弦。后因新凤霞经常在唱腔上创新，与传统腔调不同，师徒间看法不一致，并在感情上产生隔阂，两年之后分手。后为摆脱业主盘剥，与王玉堂、刘小楼等艺人一起领衔，在天津升平戏院成立了正风评剧社（共和班）。他久居天津，声誉颇隆。新中国成立后，任正风评剧社社长。天津评剧院成立后继续担任鼓师。1958 年改做教学工作，在天津评剧院少年训练队任教。1980 年病逝。

张福堂的鼓技允文允武，打文戏稳而不瘟，舒展细腻；打武戏强而不火，洒脱明快。在掌握速度上，准确严谨，稳健鲜明。搂腔打挂，点路多变，腔熟板活，强弱始终如一，特别是伴奏"慢板""垛板"有独到之处。刘翠霞灌制的唱片都是由张福堂司鼓的。

张福堂有不少弟子。如著名演员张桂霞，1933 年出生在一个梨园世家。她 6 岁的时候，随父亲在升平戏院演出，8 岁时拜张福堂为师学习评剧。新中国成立后，加入正风评剧社。曾与小白玉霜、新凤霞、鲜灵霞、六岁红、刘小楼、白玉峰等名家合作演出。

小灵霞，也是张福堂的女弟子。她原名李文秀，1926 年出生于东北。其母亲李莲舫是山霞社著名的彩旦演员。小灵霞在 7 岁时就在刘翠霞主演的《打狗劝夫》中饰演丫鬟，在《安安送米》中唱娃娃生，很受欢迎。后拜张福堂为师学艺。她通过张福堂等前辈的言传身教，加上刘翠霞、文东山、赵良玉等人的指导，较好地传承了刘派艺术。小灵霞扮相俊美，身段好看，演唱精彩，做戏活泼，十几岁就能独立演出。新中国成立前一直活跃在天津舞台上，代表剧目有《天雨花》《丝绒记》《双招亲》等。1951 年以后去了北京。

鲜灵霞向刘翠霞"抟叶子"

　　著名评剧表演艺术家鲜灵霞无论是在唱腔还是在演唱风格上，均与刘翠霞相仿，都是"高腔高走"的大口落子。不知道的，以为她就是刘翠霞的徒弟。但其实她们二人之间并不存在真正的师徒关系，这需要从鲜灵霞在聚华茶园"抟叶子"说起。

　　鲜灵霞原名郑淑云，1920 年 1 月出生在河北省文安县丰各庄村，4 岁时随母亲投奔天津的姨夫家，不久在西南角南大道大酒缸胡同落脚。在她家往西有一家桂和戏院，有一次，母亲省吃俭用买了两张戏票，带着她去看戏，从此她便迷上了评剧。她经常在没事的时候到戏院蹭戏，日久天长成为一个"小迷症"。后来，她一家迁到劝业场附近，劝业场六楼有一个天乐戏院，又成为鲜灵霞游玩的好地方。1930 年前后，鲜灵霞一家迁到南市荣吉大街附近，

《评戏新编》贰集书影

当时这个地方有一家名叫聚华茶园的戏院，刘翠霞自 1923 年开始，就在这家戏园子登台唱戏，并在这个地方开启了她的评剧艺术之路。鲜灵霞因为迷上了评剧，所以就经常到聚华蹭戏。由于她总来，所以与戏班上下人等都很熟悉。有一次，聚华上演《小老妈开嗙》，演出前由于有人生病，鲜灵霞被管事临时派上去救场。由于她把很多戏都看熟了，所以虽然还是一个小孩子，但演出却非常成功。茶园老板朱寿山一眼就看中了她，认为"这孩子很有出息，准是个评剧的材料"。有了这次的经历，鲜灵霞学艺的劲头更足了。1934 年，在母亲的支持下，鲜灵霞正式拜著名评剧艺人刘宝山学艺，并由姓穆的会计给起了"鲜灵霞"的艺名。从此，聚华茶园就成了鲜灵霞的舞台。

在稍年长的评剧观众中，凡看过、听过鲜灵霞的演出的，一定会说她是著名评剧演员刘翠霞一派。鲜灵霞的唱功与刘翠霞有相似之处，但她并没有拜刘翠霞为师学戏，她确曾认认真真地听过、看过，甚而模仿和研究过，那都是偷偷地"抒叶子"学来的。

由于鲜灵霞居住在南市，经常进出聚华，所以近距离接触过刘翠霞。虽没有机会直接求教，但在她看戏的时候，会细细地揣摩，并认真摹仿。后来正式学戏了，就更有了条件，每当不该她出场的时候，她总是静静地候在一旁，认真地看，仿佛要扎到她们的艺术之宫里去探得秘密。加上她那副适合刘翠霞演唱风格的金嗓子，受刘翠霞影响也是情理之中的事。有意思的是，与刘翠霞一样，鲜灵霞也有笑场的毛病。据新凤霞《爱闹着玩》一文载："无论什么戏她都能笑场，演《秦香莲》青衣戏她都能笑场。说笑就笑，一笑就没完。笑得站不住蹲在台上，笑得台下叫倒彩，笑得戏演不下去，笑得肚子疼。"

谈到影响，又何止刘翠霞一个人。当时的评剧界，好像有一条不成文的规定，大凡外地来津演出的戏班，无论它的主演如何出名，也得首先到聚华连演几天，在天津卫唱红了，牌子亮了，方可挪至其他戏园子。像当时在整个评剧界已负盛名的碧莲花、李金顺、李银顺、白玉霜、芙蓉花、花月仙、喜彩春、喜彩莲、花玉兰、周紫霞等等，都先后在聚华唱过。

当然，这其中也包括刘兆祥师傅对她的严格训练。当她日趋成熟的时候，便试图熔百家于一炉，集各派艺术之特点，创造出自己的新风格来。因为她音域宽，嗓音豁亮、清脆，具有优美的高音区发音等特点，而这些特点恰恰是刘翠霞的一派，听起来较为相似，所以当观众一接触时，就把她和刘翠霞联系在一起了。当她唱红以后，便接替李银顺，当上了聚华戏班的主演。由此可以说，聚华茶园是鲜灵霞评剧艺术的摇篮。

成名之后，她几乎唱遍了当时天津卫的所有戏院。像南市一带的丹桂、聚华、群英、升平，劝业场和天祥楼上的天升、天乐、天华景及周边的新中央、乐乐、燕乐、北洋，鸟市的聚英、国民，河北大街的丹桂，河东大马路的天宝，都曾留下过她的足迹。

鲜灵霞还经常赴北平及东北各城市演出，仅 1939 年至 1945 年这五六年间，她就曾十几次到故都北平去演出。由于她的风格与刘翠霞接近，而刘翠霞早已为上述这些地方的观众所熟悉，所以，鲜灵霞所到之处，同样受到观众的爱戴。1942 年，鲜灵霞班在天津成立。该班除主演鲜灵霞外，其他演员还有刘兆祥、桂宝芬、莲小君、小砚生、张月娥等。这个戏班是 40 年代评剧舞台上最看号召力的戏班之一。1943 年 7 月《庸报》曾载文肯定鲜灵霞的艺术："评戏坤伶鲜灵霞，今春出演华北戏院，成绩颇佳。近又应张家口之聘（……）天宝烦友挽留在津演唱三天，以作临别纪念。"同年 9 月天津《庸报》发表《评剧坤伶鲜灵霞登台天宝戏院》的消息："鲜灵霞在津拜名剧家刘燕东为义父，演刘氏所编剧杰作不下百余剧，由此声名更噪，已成大红大紫状态。鲜灵霞此次天宝露台上演《神仙眷属》《征婚》《笑缘记》《婆与媳》等二十余出新戏。"

多少年之后，鲜灵霞在谈到刘翠霞时，仍念念不忘这位"恩师"。正是受到她的影响，并以此为基础，鲜灵霞才能集百家之长，逐渐形成自己的风格。

新凤霞向刘翠霞学艺

新凤霞是我国著名的评剧表演艺术家。在她的印象中，刘翠霞是最令人羡慕的演员。当时，在天津老乡嘴里有"听了刘翠霞，胜似喝酽茶"的说法。但"角儿们"或多或少都有架子，新凤霞就体验过这么一次。

新凤霞《我演过狗形》一文（详见《新凤霞谈戏》一书）载，1940年，新凤霞已13岁。当时，她只是一个小演员，还没有成"角儿"。有一次，新凤霞想听听刘翠霞吊嗓子。当时，张福堂在山霞社是一名鼓师，师大爷张凯（张福堂之亲长兄）也在山霞社拉大弦。于是她找到师父请求帮忙。张福堂答应了，但嘱咐她说："角儿吊嗓子，可得老老实实地听，角儿的脾气

《评戏新编》肆集书影

大呀。"

新凤霞开始有点害怕。师徒俩一前一后来到了刘翠霞的屋子里。刘翠霞此时夹着烟卷儿在抽烟，见鼓师带着个孩子来，有些不高兴："怎么带一个孩子来，干吗的？"

"这是我的徒弟，我想让她听听吊嗓子。"张福堂赶紧解释。

"听吊嗓子就到院子里去听吧。"但凡"角儿"都是不愿意别人偷艺的，戏界有句名言，即所谓"教会徒弟，饿死师傅"。刘翠霞虽然对戏班同人很大度，但对外人同样有所警惕。

新凤霞还是个孩子，她并不介意。心想，我只是想学艺，不想干别的，只要让我听就行了。于是兴奋地跑到院子里，站在窗口外等着。

"担毛竹心内酸长叹了一声……"从屋里传来《雪玉冰霜》中的"写信"段唱。刘翠霞的唱腔具有吐字真、喷口好的特点，在台下看戏不会听得这么清楚，新凤霞暗自高兴，并且从心里佩服刘翠霞。

自从听过了刘翠霞吊嗓子，新凤霞就喜欢上了刘派艺术。于是每天都到刘七爷开设的国民戏院后台（当时山霞社在此演出）偷着看戏。偷艺在行内称为"捋叶子"。由于每天都去偷艺，所以认识了班子里的许多人。有人给新凤霞出了个主意，说可以找陈静波让他听听，因为陈静波是刘翠霞的爱人，又是班主。如果他觉得不错，自然就可以进山霞社搭班唱戏。

这一天，刘翠霞的师父张福堂、师大爷张凯受新凤霞的委托找到陈静波，要求进戏班"来个零碎活，教她见见世面"。

陈静波是个大个子，身体胖，眼睛大，他对张福堂、张凯二兄弟非常尊敬，他告诉二人说，等一会儿刘翠霞抽完烟，就让她下来听听。新凤霞看见陈静波的大眼睛很害怕，但当听了陈静波的一席话后，心里还是高兴极了。她稍作准备，静等着刘翠霞下楼。不一会儿，刘翠霞抽完了烟，果然下了楼。

新凤霞由张凯拉弦唱了一段《劝爱宝》，她既没有忘词，也没有荒腔走板。师父一边看着陈静波和刘翠霞，一边替新凤霞说着好话。陈静波倒是很高兴，他说："我看这个孩子有个好处，就是不怵阵，她敢唱角儿的看家戏《劝爱宝》，就不错。"

刘翠霞也觉得这孩子唱功不错，就让她再唱一遍。张福堂按照刘翠霞的要求，又给新凤霞吊了一回嗓子。由于刘翠霞平时不苟言笑，新凤霞以为她不太高兴，所以唱起来有点紧张，由于用力过猛，一下子唱跑了调。张凯把弦放在腿上，张福堂也停下了鼓，新凤霞吓得站在那不敢正视刘翠霞。

陈静波知道孩子紧张，并没有责怪新凤霞。张福堂赶紧打圆场说："她这是害怕，怵角儿，让她跟角儿演一场戏，让她见见世面就好了。"刘翠霞对新凤霞印象并不坏，她觉得这个孩子有潜力，将来一定是块好料。于是便答应张福堂的请求："那好，让她明天上台演《打狗劝夫》中的狗形吧。"新凤霞赶紧对刘翠霞说了声谢谢。

第二天，新凤霞早早地来到国民戏院，果然在《打狗劝夫》中成功地扮演了狗形，这是她第一次与评戏女皇刘翠霞同台，不仅学到了很多技巧，也从中真切地领略了刘翠霞的演出风采。这次的经历一直影响着新凤霞，以至于她在回忆录里经常提到这段佳话。

新凤霞记忆里的刘翠霞

　　刘翠霞是新凤霞的偶像，对新凤霞评剧艺术的形成有着非常重要的影响。这从新凤霞的回忆录中可以找到很多记载。

　　新凤霞认为，刘翠霞是评剧名家，值得她认真学习。她在《演员与琴师的合作是鱼与水的关系》一文中，肯定了刘翠霞的风格特点："刘翠霞是评剧最著名的演员，在天津号称'评剧大王'，嗓音高、清脆，她的唱片一直流传到现在，可以说在天津独树一派，音色好听。"新凤霞在她的《喊嗓子》一文中，还曾记述过她到国民戏院学习刘翠霞演戏的经历："在我们师姐妹中，我发现了几种不同的学戏态度。比如家境好的新美霞，她家里是开妓院、放印子钱的，天天换新衣服。她的爱好是看百货店，喜欢香粉、高跟皮鞋。有一次，我跟她一道去看刘翠霞的《雪玉冰霜》，她先是不肯去。经我说服愿意去了。刘翠霞是最好的评剧名主角，在天津东马路国民大戏院演出。我家住在南市，我说：'怎么去哪？'她得意地对我边说边指着自己的口袋说：'当然要坐电车了，我给你买票。'我看她那得意的样子心里很反感。坚决地对她说：'不要，我走着去。戏院子门前见吧！'她要打扮、扑粉、抹胭脂，我说完话就走了。她在电车上坐着，我在地上跑，还是我先到门口的。"

　　新凤霞虽然认为刘翠霞唱功不错，但认为她在表演上还是有欠缺的。新凤霞在《唱出自己的风格来》一文中，曾道出了自己的这个想法："早年的评剧不重表演重唱功。如评剧著名演员刘翠霞，号称评剧皇后，这么好的演员，她就不表演，站在台上连眼都不睁。唱一出《打狗劝夫》大段唱后捂着肚子一动不动，嗓子好，真有唱功。她还挺有理，说：'唱戏，唱戏嘛！唱不好，你怎么能算是唱戏的？'她就强调唱不讲表演。当然唱也是表演，但她只管唱，不管做。因此刘翠霞尽管是好演员，但她的唱段一道汤一个味儿，有功夫但没有人物，听来平板，没有魅力。关于唱，不能说只凭好嗓子、有功夫，就是行了，更重要的是要唱出人物来。"刘翠霞有时也犯脾气，"要是不高兴了，一看人就会把对方吓得连话都说不出来"。

　　有趣的是，新凤霞对刘翠霞的做派烂熟于心，并时常搞一下"模仿秀"。在《我不是老艺人》一文中，新凤霞曾讲道："当时最正统的女演员是刘翠霞，号称'评戏大王'，当时评剧刘派势力可大了，女孩子唱戏无不学她。我学她，也学当时其他女主演。我学的很像。"她在《学人》这篇文章中，还曾记载过一段趣事："我学著名评剧演员刘翠霞唱《劝爱宝》，站在当中，双手捂着肚子，唱得又脆又甜，嗓子又高又亮堂，可一动也不动：'爱宝……你怀中抱娇儿三岁未满，青春过去你也到老年，你不孝他照样一正一反，就好像房檐水一点也不偏……'"新凤霞模仿时，抓住了刘翠霞冷面孔的特点，脸上不做戏，板着面孔，不动声色，也不跟同台演员交流。老演员都拍手叫好："真像呵！"

　　也许是那个特殊年代使然，新凤霞话里话外，对刘翠霞还是有不满的。她在《童年》（详见《新凤霞说戏》）一文中记述：山霞社"很难进去搭班唱戏，想演个小角色都难。记得我为了学刘翠霞的唱，想去听听她吊嗓子都不行。要学她唱高腔和'楼上楼'换气怎样呼吸，只能演个《打狗劝夫》的狗形，还得偷偷地不能让刘翠霞知道"。

　　实际上，在过去的年代，从小演员到成为主角儿，或多或少都要经历这样的过程，刘翠霞、白玉霜又何尝没有看过人家脸色呢？

座钟老板王玉堂

我的同事王娜曾赠给我几张评剧老照片，其中就有他爷爷王玉堂在正风评剧社演出的画面。

王玉堂于 1905 年出生于河北省涿县（今河北省涿州市），是西路评剧著名生角演员，艺名银叶子。代表剧目有《小王打鸟》。1925年改演东路评剧，应工花脸。他的嗓音高亢，板眼扎实。在《三节烈》中演李武举，在《法门寺》中演刘瑾，曾与倪俊声在同一戏班演出多年。1932 年加入山霞评戏社，是该社的四梁八柱之一。赵月楼死后，王玉堂任承事老板（又称座钟老板）及天津评剧改进会理事兼净组组长。1944 年，王玉堂随小白玉霜赴上海演出。

1948 年 2 月，天津正风评戏社成立。该社坐落在南市升平戏院（后改成黄河剧场）。升平戏院前台经理李宝林是乐队出身的资方，他主动放弃剧场不健康的广告，支持剧社演新戏。取消了剧场"小卖"和"打手巾把"的陋习，又出资取消了廊座、包厢。增添了剧场座席，改成对号入座，将舞台一桌二椅的简陋装置改为立体布置，使整个剧场秩序井然，变成文明场地。

经协商，本着劳资两利的精神，把剧场（剧社）由包银制改为共和制，即只有班底而没有主角。主角由资方根据业务情况轮换邀请。宗旨是为了保证班底不受资方支配，由剧社掌握班底的去留。剧社由张福堂、王玉堂、刘小楼、李书文、李新亭为领导成员，张福堂任社长，刘小楼、王玉堂任副社长。演员有小灵霞、花迎春、吴佩霞、吴翠霞、吴凤霞等五位女主角。但由于国民党伤兵和地痞流氓的骚扰，营业不景气。1949 年天津解放后，由东北来津的评剧演员六岁红、羊兰芬、白云峰等应邀加入剧社，遂以民主方式成立了新的正风剧社筹委会，具体负责剧社改革工作。王玉堂仍为领导成员。

1954 年，王玉堂组织民声剧社任社长兼行政股股长。这一年，天津市举办第一届戏曲观摩大会，王玉堂在《借女吊孝》一剧中扮演王九忠。1956 年，王玉堂到天津专区评剧团工作，该团后改为火花评剧团，其在少年队任教。"文革"中，王玉堂被疏散到天津西郊小南河村，1977 年在那里病逝。

孔广山与山霞社

孔广山，1924 年出生，艺名刘小亭。天津市宝坻县人。评剧文武小生，兼演老生及丑行。

1937 年，13 岁入山霞社拜刘宝山为师，学评剧小生，习艺 7 年，立字为据，工小生，学唱西、东两路评剧。因两家交谊颇深，孔广山曾易姓为刘，改名刘小亭。

1945 年，孔广山独立演出。1948 年在北京加入再雯社。1950 年回津入正风剧社，后参加天津评剧团，担任主演及编导，后任专职导演。曾先后与刘翠霞、白玉霜、爱莲君、鲜灵霞、小白玉霜、李兰舫、郭砚芳、新凤霞等名家合作。代表剧目有《刘伶醉酒》《炼印》《九件衣》《乔老爷奇遇》《活捉王魁》等。

孔广山的演唱韵味较浓，功底扎实，擅用鼻腔共鸣。在演唱上受评剧女小生桂宝芬影响较深。他的表演潇洒飘逸，技巧娴熟，锐意出新，身形动作优美规范，刻画人物深刻细腻，充分体现主人公的感情。无论是演生行还是丑行，塑造古代人物还是现代人物，都达到个性鲜明，栩栩如生。囿于自身的嗓音条件，行腔多在中低音区。1954 年，他主演《刘伶醉酒》一剧，以精湛的演技出色地刻画了一个玩世不恭、放荡不羁的古代名仕刘伶的艺术形象。在演出中，他运用多种身形动作和甩发等特技表演，生动地展现出了刘伶面对酒仙杜康"不醉三年不要钱"的狂言，放量狂饮从微醉到大醉的不同形态，层次分明，醉中见美，颇见功力。此剧参加天津市第一届戏曲会演，获得了表演一等奖，为评剧男演员拔得头筹。

孔广山多年一直从事导演工作，由于他具有深厚的表演功底，熟谙戏曲表现规律，所以在导演方面造诣精深，善于运用戏曲表现手段营造舞台气氛，发掘人物内心世界，追求艺术的完美。他导演的戏以戏曲化程度高、画面整洁漂亮、情景交融、声情并茂著称，与刘文卿合作，各展所长，相互补充，配合默契，成为一对"黄金搭档"。他独自执导的《花木兰》《夫人城》《祥林嫂》《血泪仇》等剧目，成为天津评剧的精品力作。其中由崔莲润主演的《花木兰》一剧，是天津电视台摄制的第一部舞台剧，影响深远，广受好评。

1986 年 10 月，孔广山病逝。其传人有李少岩、王金章、杨金利等。

王金章深得评剧名小生孔广山、张福堂、单宝峰、单少峰等人的喜爱。1958 年 8 月孔广山收王金章为徒，在此期间，王金章在恩师孔广山的指教下成为一名有成就的演员。李少岩也是孔广山的弟子，出生于辽宁省绥中县，曾先后在唐山评剧团、辽宁省评剧团、鞍山评剧团担任小生演员，在东北一带颇为有名。

附录 1　刘翠霞年谱简编

1911 年

刘翠霞出生于直隶省武清县六区敖嘴村东街（今敖东村）。父亲刘守忠是种地的农民，母亲沙氏是本村大户人家女儿。姐姐屏儿比她大 6 岁。

1912 年

孙凤鸣在天津组建凤鸣班，在书馆、茶园与曲艺同台演出蹦蹦戏，当时以男旦为主角。同年，李金顺、花莲舫开始学习落子，她们的共同师父是南孙家班的东发红、夏春阳等艺人。

李金顺学习后去群英落子馆担任主角；花莲舫等在同庆落子馆演出。

1914 年

凤鸣班招收李金顺、花莲舫等女徒，后又招收李桂珍（白玉霜）、筱桂花、小菊花等入班学艺，是最早由女旦主演的戏班。

1917 年

6 岁，由于当年发生洪涝灾害，庄稼基本绝收。刘翠霞在舅舅沙致福的安排下，随母亲沙氏、姐姐屏儿一起到天津卫大红桥一带的邵家园子落脚。

成兆才和月明珠等永盛合班（1912 年由王永富成立于唐山，1918 年更名为警世戏社头班，东家是王永富之子王凤亭。1925 年，因月明珠已在 1923 年去世，缺少了主角，故该戏社解散）的莲花落艺人在天津马鬼子楼演出了他的著名作品《马寡妇开店》。这个戏出是包括刘翠霞在内的许多名伶的保留曲目。

1920 年

9 岁，拜撂地艺人何丑子为师学唱辽宁大鼓，不久在父母及舅舅沙致福陪同下随师父到大连，3 个月后在西市场登台演出。开始时受到欢迎，但由于沾染上了爱虚荣的毛病，艺术上每况愈下，不久与父母一起返回天津，住在南市天安里贫民区。

评剧第一代女旦李金顺当年在天津唱红。她以落子传统腔调加入大鼓的唱法，使观众耳目一新。每当李金顺有大段唱工时，只要一张嘴，观众就静下来细听，聊天与上厕所的全部停止。有的正端茶杯想喝茶，听李金顺开始一唱，停杯静听，唱完这段后，点头咂嘴表示过瘾。这一年春，李金顺在母亲的带领下来到营口小红楼剧场演出，首度与倪俊声合作演出《马寡妇开店》《花为媒》等。

凤鸣班来大连演出，演员均为女徒。主演李桂珍（白玉霜）、筱桂花、孙艳茹（小如意）等。

1921 年

10 岁，拜自己的邻居、著名评剧艺人张柏龄为师学习评剧。数月后入李金顺、花莲舫的金花玉班，由张柏龄给起了"刘翠霞"的艺名，并首次在马鬼子楼登台献艺。当时是为东发亮、黄翠舫等主角们做配角。由于她在饰演《花为媒》里的丫鬟时表情动作非常到位，"而顾客们的心里，便认为翠霞大卖风骚"，"便哄传翠霞唱得好，翠霞做得好"，在天津卫引起轰动。很多顾客把捧黄翠舫的劲都用在捧刘翠霞身上，因嫉妒刘翠霞，黄翠舫不久离职而去。

白玉霜拜孙凤鸣为师学习评剧。白玉霜原名李桂珍，又名李慧敏，1907 年出生。其父李景春艺名粉莲花，是南孙家班艺人。另据《评戏皇后白玉霜秘史》一书载，白玉霜是武清人。此说有待查证。

3 月，19 岁的李金顺应李子祥共和班邀请，在营口小红楼戏园演出《马寡妇开店》《花为媒》等戏，这是她在天津唱红后首次赴外地演出。但当地人对这种大鼓味道的评剧不适应，演出以失利告终，被迫回到天津。拜杨瑞海、阚子林、张柏龄为师，继续学习。半年之后其母亲带着李金顺赴哈尔滨演出，打炮戏是《王少安赶船》，结果因为唱得像大鼓，只演了 6 天就灰溜溜地回到了天津。

1922 年

自 1912 年开始，花莲舫在同庆落子馆演出长达 11 年，这期间，白玉霜（当时叫李桂珍）、刘翠霞、花荣桂等，给她配演丫鬟、彩女，或演开场戏。

孙凤鸣建岐山小舞台，凤鸣班改称岐山戏社。

1923 年

警世戏社三班在天津成立。主角是王庆昌，艺名盖五珠。

孙凤鸣把梆子戏的《五元哭坟》改成了《五女哭坟》。五女取名大凤、二凤、三凤、四凤、五凤。白玉霜学大凤，黄翠舫演二凤，筱桂花（张丽云）演三凤，筱菊花演四凤，筱麻红演五凤。五人联唱的形式，开风气之先，在大连演出时轰动全城。

12 岁，刘翠霞在华乐落子馆（聚华茶园）登台，在李金顺、花莲舫组成的金花玉班饰演丫鬟。

1924 年

白玉霜之父粉莲花去世。这一年，白玉霜回到天津，先在马鬼子楼担任主角，后又到同庆落子馆给花莲舫配戏，当时花莲舫是天津最红的评剧艺人。

筱桂花在天天舞台给李金顺打替工。当时李金顺、花莲舫是金花玉班两位主演，经协商后，筱桂花唱大轴，刘翠霞唱倒二。这是二位未来的评剧大家的第一次合作。

评戏名伶李银顺登台献艺。李银顺出生于 1914 年，自幼被卖给了李金顺之母为养女，在李氏姐妹中排行第五。8 岁时从赵兰亭学习京剧老旦，10 岁时上台演出（京剧）。13 岁时拜张存凯为师改学评剧。16 岁时独立挑班。曾与孙凤岗、珍珠花、孙文奎、刘兆祥等人合作，久演于聚华茶园（戏院）。1948 年病逝于天津，年仅 34 岁。

1925 年

筱桂花在天天舞台唱评剧时得到了李金顺的指导，由原来单纯的模仿，变成了独立创作，逐渐形成了自己的演唱风格。与李金顺合作一年后，筱桂花声名大振。

11 月，14 岁的刘翠霞暗中拜赵月楼为师。同年，因花莲舫请病假，刘翠霞临时救场，与李金顺合演《打狗劝夫》，获得彩声，因此在评剧界崭露头角。

这一年，李金顺因与天天舞台经理吴万祥不和，终止了演出合同，率金花玉班赴德庆商场演出。吴万祥约集打手 30 余人包围了德庆商场，李金顺从后台逃走，并被迫离津。戏班由刘翠霞担任主角，为其之后的发展奠定了基础。

李金顺到安东后，与在安东开戏院的天津人郭子元成立"元顺戏班"，元顺戏班班底亦十分硬整，在东北大红大紫。先后赴沈阳、哈尔滨等地演出。这一阶段是李金顺艺术成熟期。

1926 年

这一年，刘翠霞开始演出正戏，艺术上开始成熟。

孙凤鸣的南孙家班在大连西岗子用板棚搭起了一座小剧场，起名为岐山小舞台，邀请筱桂花担任主演。

1927 年

本年度，16 岁的刘翠霞担任主角，并应约到专门演出评剧的聚华茶园聚庆班演出。

当时，25 岁的李金顺的元顺戏班到哈尔滨庆丰茶园演出《王少安赶船》，大获成功。一连 3 个月，观众一直踊跃。剧场票价由原来的 6 角涨到了 8 角。李金顺赴东北后，刘翠霞在原金花玉班开始挑大梁，为成立山霞社奠定了基础。

1928 年

复盛戏班从安东到天津演出。由于中国地界不让唱落子，班主高景山去找当地派出所所长，见了面，二话没说就给所长小孩子 100 块钱，派出所所长才答应"演着看"。于是复盛戏班由规模过小的小广寒转移到规模很大的第一舞台（在南市），一直演出 8 个月。之后又应邀赴专接京戏大班的新明大戏院（下天仙）演出，复盛戏班的行动为评剧争取了权利。这之后，刘翠霞等相继到中国地界演出。

李金顺的元顺戏班赴哈尔滨同乐舞台演出。当时北孙家班正在庆丰舞台演出。大舞台、中舞台、新舞台演出三台京戏，华乐舞台演出折子戏。六台戏同时上演，形成竞争态势。因新舞台的女武生王少鲁故去，六个戏班的艺人集中在新舞台为其义演，李金顺演唱《王少安赶船》一折，由于名角云集，上座率猛增，每场客满后都卖出100张站票，票价也分别提高到了1元2角（甲）、1元（乙）、8角（丙）。票款除纳税外，全部交给王少鲁所在戏班。之后，李金顺又参加了大舞台举办的两场义演。

老教授曹欣悦编了一部剧本《爱国娇》，他听说李金顺正在哈尔滨演出，慕名找到了李金顺。这出戏描写一个官僚资本家，有巨资在日本银行。他怕日本银行没收他的存款，打算把自己的女儿嫁给日本银行的行长。资本家的女儿是个留学生，自己找了爱人，她慷慨激昂地劝告父亲应当爱国后，便逃出了自己的家庭。李金顺在戏里扮演留学生，为适应人物身份，演好角色，她专门剪了短发，并让戏班所有小女孩都剪了短发，还在苏联服装店做了衣服和鞋子。这出戏演出极为成功，轰动了哈尔滨，乃至全国。

1929 年

1月31日，《大公报》载《蹦蹦戏谈（一）》，文章简述了蹦蹦戏的进化。首先说明蹦蹦的发源地、特点，从庙会搭布棚进化到戏馆演出，突出介绍刘翠霞的《老妈开嗙》一剧。该剧描写"三河县小老妈，居然装束入时，而且鬓旁还插上一朵小电灯花儿，委实风骚得很。这出戏是最纯粹而且最原始的蹦蹦戏，把北方小老妈的三角恋爱（和丈夫和主人的恋爱）整个揭破。但是等到老妈开嗙（即演讲北京城内情况向她丈夫——乡下佬吹牛的意思）唱莲花落一段，里面有"北京城里的皇上没有了辫子"一句，真叫人笑掉大牙。

2 月 8 日，著名评剧艺人、剧本作家成兆才云世，享年 56 岁。成兆才出生于 1874 年 12 月 20 日，是评剧事业的奠基人。

1929 年秋天，李金顺在哈尔滨唱得正红的时候，奉天中山大戏院（今沈阳大戏院）经理阎子臣不惜重金接其演出。阎子臣原是营口共和戏班的管事，他联合几家股东，在北市场西南角修建了一个三层楼的剧场，起名中山大戏院。李金顺是第一位到这家戏院演出的艺人。头几天演出情况很好，不久因同来的安冠英犯案未结，被人告发下狱，致使李金顺情绪不稳，演出效果逐渐下滑。后来李金顺干脆不唱了，终止与中山大戏院的合同，阎子臣情急之下猝死。

同年中秋，在奉天北市场公益舞台搭班演出。合作者有罗万盛、罗万全等李子祥共和班的老艺人。因李金顺早年曾在共和班唱戏，所以旧友之间的配合非常默契。在公益舞台演出之后，李金顺又到大观茶园（今之青年剧场）插入南孙家班演出，合作者有筱麻红等。

1930 年

李金顺在哈尔滨道外十六道街化乐剧场演出，同年加入哈尔滨的艺人组织"雨花会"。

12 月 7 日，《大公报》以《天天舞台上蹦蹦戏连晚上座均极繁盛，平民娱乐之潜势力》为题，报道了刘翠霞演出蹦蹦戏的情况。"法租界天天舞台，最近内外装修，焕然一新，及组织蹦蹦戏班，并邀自关外归来之刘翠霞为该台主角，售座为每位二角五分，包厢二元，连日晚均上满座。院内四壁悬红色帐幔，刘翠霞出场时台上已摆满花篮，并置许多极大之银盾，辉耀夺目。刘所有的行头及所用桌围椅帔，也均灿烂鲜艳，气派与大戏班之著名女伶相埒。台下则怪声叫好，嚣然盈耳，其热闹之状，亦为各戏院所未见。按蹦蹦戏为低等戏曲，流行民间，自平津以至滦榆辽哈各处均极繁盛。闻刘翠霞在辽哈颇受欢迎，返津以后，声誉鹊起，蹦蹦戏潜势力膨胀，与此可见。"

1931 年

1月14日，《益世报》载文，法租界天丰戏园，一度由刘翠霞、文金舫主演评剧，现已停业。

夏天，李金顺妹妹李宝顺在奉天公益舞台演黑了，李母请来哈尔滨的大女儿李金顺前来救驾。李金顺带着一鼓一弦和喜彩春、刘鸿霞等轮流担任主演，不仅很快解了围，还在奉天唱得大红特红，连演两个月后又到大观茶楼演出，并在吸纳营口李子祥流散出来的艺人刘兆祥、王幼卿、李义庭、王喜瑞的基础上，组建了明玉戏班。以其重排的《爱国娇》在大观茶楼演出，引起轰动。

8月，29岁的李金顺赴营口升平茶园演出《爱国娇》。这是她在营口演出失利后的第二次演出，但却非常成功。

9月，"九一八事变"发生，日本侵略者占领营口，明玉戏班解散。李金顺返回哈尔滨。李宝顺在其母带领下，携银顺、玉顺等养女返回天津。

12月31日，《益世报》载文，"评戏班山霞社成立"。

山霞社前身系李金顺、花莲舫领衔的金花玉班。由主演刘翠霞任社长，李华山任后台管事。主要演员有桂宝芬、张月亭、陈禄田、李莲舫、王玉堂、刘小楼等一百多人。首演于福仙茶园。该社在当时是最庞大、阵容最齐整且表演最正派的班社，在天津声名大振。而后就进入专接京班名角的大型剧场演出。以《雪玉冰霜》《劝爱宝》《王少安赶船》《三节烈》等传统戏享誉当时。同时演出时装戏，从文明戏移植了许多剧目，如《一元钱》《空谷兰》《莲英被害记》等。后又聘请文东山为其编剧，聘请京剧演员刘汉江编导时装新戏《三女性》和彩头戏《金鱼仙子》《韩湘子三度林英》等，该班社开评剧舞台使用灯光布景先例。后因主演刘翠霞病逝于 1941 年解散。

1932 年

年初，应福仙茶园老板周玉田邀请，山霞社与周玉田达成协议，以福仙茶园为基地长期演出评剧。

3 月 21 日，评剧演员刘翠霞、桂宝芬、赵俊霞、李莲舫、李金仙在北洋戏院演出《三节烈》《赵五娘》《王少安赶船》《花为媒》。

5 月 21 日起，刘翠霞、李玉芬、桂宝芬、李莲舫、李彩芬、张彩莲、张凤莲等，在北洋戏院演出《杨三姐告状》《王汉琪偷亲》《三贤传》等。

12 月，刘翠霞赴北平广德楼演出。

12 月 30 日，刘翠霞领导的山霞社进入专接京班的北洋戏院演出，此为评剧史上的创举。包厢为大洋两元。这一年，李（金顺）、刘（翠霞）、白（玉霜）、爱（莲君）、喜（彩莲）五大流派形成。

1933 年

3 月，应北京广德楼邀请，山霞社首度赴北平演出。之后，又去过大连、济南和奉天等地巡回献艺。

山霞社应邀到升平舞台演出。据 3 月 29 日出版的《商报》载："评戏演员刘翠霞自演升平戏园以来，上座极盛，并应北平广德楼之聘，于 29 日在平演出《三节烈》《桃花庵》。"

6 月，以刘翠霞为主角的山霞社来大连，在大连大舞台演出。刘翠霞还参加万国博览会的评剧大会演，在大连电影院演出《三节烈》

《王少安赶船》，并以《独占花魁》而一炮走红。

当年赴大连演出的主要艺人有：王金香、张金祥、刘翠霞、雪艳琴、尚福堂、陈荣春、李玉奎、郑廷奎、高云霞、冯艳卿、冯艳云、燕云霞、张韵宸、赵宝庆、任翠卿、黄宝岩、孟丽君、花素兰、刘鸿霞等。演出场所有：同乐舞台、三庆舞台等。演出剧目有：《大回朝》《搜孤救孤》《正德访贤》《坐宫》《女起解》《上天台》。

大连电影院原名三星茶园，坐落于西岗露天市场一区（今长江路小学处）。建于20世纪20年代初，是三面敞开式小舞台，坐西向东，砖木结构，设长条木凳为座席，可容纳观众700余人，既可放映电影，亦可唱戏。1927年重新修饰，改名上海大戏院。业主谢世煌。1932年，又改名大连电影院。

继赴大连演出后，刘翠霞于6月赴沈阳大观茶园演出。著名评剧表演艺术家、当时年仅10岁的六岁红应邀与其合作演出《打狗劝夫》。

8月，大连文明舞台开业。李文田首邀刘翠霞演出，观众评论说："来大连的女角，数刘翠霞唱得好。"

秋天，哈尔滨头道街同乐舞台闹了一场火灾，很多评剧艺人受到损失。其中喜彩春的妈妈被烧死在火中。金菊花烧坏了半边脸，掉了一只耳朵。雨花会出面组织义演，李金顺在息别舞台后，也应邀参加演出。演出的地点在大舞台，每场收入3000多元，总共演出5场。演出结束后，李金顺息影舞台。

李金顺应大连百代公司邀请，灌制《三节烈》《桃花庵》《王少安赶船》等唱片。同行者还有筱桂花、喜彩春。

1934 年

9月，《益世报》载文《秋后津市游艺一览》："演评剧者凡四家，计鼓楼北福仙茶园的刘翠霞、大胡同聚英茶园的王月仙、荣业大街聚华茶园的锦牡丹及劝业场天乐茶园的李宝珠，原以杂耍著名的燕乐，则反演王菊山、小侠影之文明戏云。"

9月，筱桂花赴日本百代公司总部灌制唱片，成为第一个去日本的评剧演员。灌制的唱片有《马振华哀史》《昭君出塞》《老妈开嗙》《老妈辞活》《太平年》《丑开店》等12张。

10月13日，应百代公司邀请，刘翠霞携刘彩霞启程赴上海灌制唱片，协议灌制费用5000元。山霞社主事人李华山陪同前往，时间为一周。据载，民国时期，刘翠霞共灌制唱片61张，现已发现的大约有40张。其中百代公司的唱片有《和睦家庭》《因果美报》《打狗劝夫》《状元荣归》《三节烈》《巧奇冤报》《青楼遗恨》《赵五娘》《败子回头》《衣襟记》《花为媒》《绣鞋记》等；高亭公司的唱片有《德孝双全》《花魁从良》《杨三姐告状》《三节烈》等。赴上海期间，由陈八爷（陈恩才）与赵德福负责戏班的运转，并指定由焕子（小翠霞的奶名）领班继续在福仙茶园演出。

12月，刘翠霞收到陈静波写来的书信，二人遂结为秦晋之好。

12月，刘翠霞赴北平吉祥戏院演出，颇受欢迎。她将文明戏中的一批曲目，移植为评剧时装戏，其中有《一元钱》《三女性》《空谷兰》《大男传》《莲英被害记》《啼笑因缘》《铜碗丁》等，并请文东山编剧，演出了由京剧演员刘汉臣导演的新戏《馒头庵》。

同年，白玉霜在北平哈尔飞、城南游艺园、广德楼等演出。曲目有《桃花庵》《珍珠衫》《马寡妇开店》《老妈开嗙》《杀子报》《拿苍蝇》等，与刘翠霞形成对垒局面。

1935 年

1月1日，春和大戏院举行秦腔、评戏"两下锅"演出，报纸有"秦腔大王金刚钻、评戏大王刘翠霞合作"广告。

金刚钻与刘翠霞、韩长宝（京剧）于1月27日，在春和大戏院合作演出《桑园会》《花为媒》《武文华》。夜场为《铡美案》《打狗劝夫》《战马超》。演出以机关布景为号召。

3月，刘翠霞、张月亭于21日至23日在春和大戏院演出三天六场（日夜两场）。曲目为《三节烈》《雪玉冰霜》《杜十娘》《母烈子孝大男传》《双蝴蝶》《赵五娘》等。

5月，刘翠霞于26日、27日演出于春和大戏院，曲目为《状元荣归》《珍珠衫》《赵五娘》《姊妹易嫁》。

6月，《大公报》载文称，北门里福仙茶园，自刘翠霞脱离后，营业一蹶不振，虽有金艳秋、郭砚舫、花迎春三个小孩打短维持数月，但上座寥落，茶园于8日改邀孙育航、紫金花演出。

7月，白玉霜、爱莲君、钰灵芝三班在上海联合会串蹦蹦戏，演出《德孝双全》《夜审周子琴》《双蝴蝶》《苏小小》等。

9月，天津劝业场的天华景戏院、天会轩、天乐戏院、天宫电影院、共和厅、卧月楼等统一改称天外天游艺场，内分大戏部、昆曲部、电影部、评戏部、新戏部及杂耍部等。

12月10日至26日，在中原公司大游艺场四楼，刘翠霞演出评剧传统曲目，也有一些新编曲目。包括《婚姻不自由》《大男相亲记》《昭君出塞》《双蝴蝶》《义烈奇冤》等。

1936 年

3月26日，刘翠霞在新明戏院演出，曲目为《昭君出塞》（一至八本，分4天演出）、《庞三春》、《打狗劝夫》、《赵五娘》、《状元荣归》、《德孝双全》、《珍珠衫》、《花为媒》、《三节烈》。

4月，刘翠霞等在新明戏院演出《万里长城》《杨三姐告状》

《昭君出塞》《苏小小》《窦金莲》《独占花魁》《枪毙老妈》《王华买父》《孟姜女寻夫》《雪玉冰霜》《义烈奇冤》等。11 日转北洋戏院演出。

5 月 27 日，刘翠霞为祝贺天祥市场屋顶游艺园开幕，演出评剧改良新戏《红牡丹》。

7 月 19 日，刘翠霞、张月亭、桂宝芬、王月仙在新明戏院演出《昭君出塞》《万里长城》《母烈子孝》《旋风奇案》《可怜的云娘》《刘成杀婿》《烈女冤》《双鸳鸯》《空谷兰》《狠毒计》《青楼遗恨》《庞三春》等曲目。

同月，白玉霜在上海拍摄其主演第一部影片《海棠红》，首次为评剧艺人赢得了"电影明星"的美誉。

8 月 1 日起刘翠霞、张月亭、桂宝芬、王月仙、李莲舫在新明戏院演出《啼笑因缘》（一至四本）、《宋金郎团圆破毡笠》、《独占花魁》、《刘公案》、《密云县》、《醒世钟》、《颠倒风》、《空谷兰》等剧。

9 月 1 日到 16 日，刘翠霞、张月亭、桂宝芬、赵凤宝、李莲舫在新明戏院演出《孟兰会》《庞三春》《水牢记》《青楼遗恨》《美凤楼》《打狗劝夫》《包公奇案》《弟兄和好》等剧。

10 月，自 24 日起，刘翠霞、盖丽霞、金凤芝、桂宝芬、张月亭、李莲舫、赵凤宝、刘彩霞在新明戏院演出《赵五娘》《昭君出塞》《花魁从良》《空谷兰》《双婚配》《李云娘》《珍珠衫》等曲目。

12 月，刘翠霞首次上演机关布景戏《金鱼仙子》，嘎鱼精由碧玉花扮演，鲇鱼精由李莲舫扮演，场面之煊赫，砌末之辉煌，行头之华丽，堪称一绝。

同年，还上演《韩湘子三度林英》，颇受欢迎。

1937 年

2 月,《益世报》发表文章《春节游艺概观》指出,新明大戏院的刘翠霞与张月亭都很受欢迎。

4 月,自 1 日起,刘翠霞、张月亭、王月仙、桂宝芬、李莲舫在光华戏院(原春和大戏院)演出《昭君出塞》《醒世钟》《宋金郎》《苦忠义》等剧。

7 月,自 1 日起,刘翠霞、张月亭、桂宝芬在国民戏院演出,曲目为《庞三春》、《大英节烈》(一至三本)、《四海棠》、《枪毙老妈》、《庚娘传》、《赵五娘》、《十五贯》、《苦忠义》、《母烈子孝》、《贫女泪》、《珍珠塔》、《警世钟》等。

"七七事变"后,评剧演出停止很长时间,艺人生活大受影响。

1938 年

在停演一年多后,山霞社于 9 日恢复演出。其中 9 月至 10 月,刘翠霞、张月亭、桂宝芬、李莲舫、张凤仙在国民戏院演出《莲英被害记》《孟姜女》《赵五娘》《苦忠义》《王华买父》《三女性》《大三节烈》《金鱼仙子》《万里长城》。

1939 年

5 月,自 13 日起,刘翠霞、张月亭、桂宝芬、盖荣萱组成的山霞社在国民戏院演出《苦忠义》《莲英被害记》《宝风缘》《一元钱》《华西缘》《狠毒计》《庞三春》《义烈奇冤》等。

6 月,继续在国民戏院演出《三女性》《阴阳报》《空谷兰》《一元钱》《五女哭坟》《宋金郎》《破腹验花》《扇子奇案》《新茶花》等。

7 月，继续在国民戏院演出《风流天子》《莲英被害记》《黑猫告状》《醒世钟》《双鸳鸯》《侠烈英魂》《旋风奇案》等。据 20 日的《庸报》报道，评剧演员刘翠霞近排新剧《侠烈英魂》，并论及刘的艺术成就。

8 月，刘翠霞、张月亭、高凤琴等继续在国民戏院演出《阴功报》《鸳鸯谱》《于公案》《董良才》《王华买父》等。10 日，《庸报》载文介绍评剧演出情况，并评价刘翠霞最为出色，上座率最高，鲜灵霞、新翠霞次之，花月仙又次之。

8 月 21 日，天津市区进水。刘翠霞让张福堂雇船将山霞社演职员家属接到国民戏院避难。水退后，山霞社在国民戏院恢复演出，无奈洪水刚过，人心不稳，上座率极低。国民戏院时演时停。

9 月 25 日，天宝戏院、国民戏院在大水后恢复营业，这两家戏院是全市最早恢复营业的戏院。

11 月，2 日出版的《新民报》以《津剧捷报》为题载文称："评剧坤伶刘翠霞仍在东马路国民戏院恢复出演，现已应南市上光明之约，定本月的 4 日起登台，前三天戏码如下：4 日早演《桃花庵》、晚演《莲英被害记》；5 日早演《三女性》、晚演《王少安赶船》《花为媒》；6 日早演《珍珠衫》、晚演《一元钱》。闻刘此次移至上光明出演。定期两月，试办一月，将来或回国民戏院登台。国民戏院因刘翠霞合同已满，又改邀他人，定于今日登台。"自 6 日起，刘翠霞等在上光明戏院演出《金鱼仙子》《双蝴蝶》《苦忠义》《万里长城》《义烈奇冤》《包公奇案》等。

12 月，自 1 日起，刘翠霞、桂宝芬、张月亭、刘小霞在上光明戏院演出《贫女泪》《杨三姐告状》《大男相亲记》《姊妹易嫁》等。9 日，转到庆云戏院上演。

1940 年

1 月，自 1 日起，刘翠霞、张月亭、桂宝芬、李莲舫、张凤仙在庆云戏院演出《宝贵图》《风流天子》《空谷兰》《三女性》《庚娘》《苦忠义》《大天竺峰》《白罗衫》《贫女泪》《母烈子孝》《破腹验花》《新春秋配》《王华买父》《一元钱》《莲英被害记》等。

《庸报》载文称，"津门戏剧舞台上，连台本戏风行一时。情节重神怪离奇，演出火炽热闹。具有代表性者有……刘翠霞的《金鱼仙子》等"。

2 月，自 1 日起，刘翠霞又转入天宝戏院演出《南宋花史》《馒头庵》《庞三春》《金鱼仙子》等。

3 月，刘翠霞继续在天宝戏院演出。

4 月，继续在天宝戏院演出。曲目有《起死回生》《医合缘》《沉香床》《魏大蒜》等。

5 月，刘翠霞在国民戏院演出新曲目《三女性》《大天竺峰》。

6 月，刘翠霞在国民戏院演出，并排演了《刘海戏金蟾》，本月与观众见面，在津首次公演。

8 月，自 3 日起，刘翠霞等在上光明演出《莲英被害记》《韩湘子三度林英》《一元钱》《王华买父》《大富贵图》《双蝴蝶》《风流天子》等剧。同月，报载："刘翠霞老当益壮，桂宝芬辅佐有功，刘精神不减，出演天津多年，虽经白玉霜、喜彩莲等排挤而毫不动摇。观众虽远也驱车去听，连日上光明门前，车水马龙盛况空前。"

9 月，刘翠霞在上光明演出《一元钱》《王华买父》《大富贵图》《双蝴蝶》《风流天子》等剧。同月 27 日，《新天津报》载："刘翠霞此数年来，评戏坤伶中算得是首屈一指，现出演北洋，头天晚场为《金鱼仙子》，扮相俊俏，音调清娴，饰全部金鱼大仙唱做念逗，无一不见精彩……"

10月，刘翠霞在北洋戏院演出《新春秋配》《窦金莲游阴》《初恋》等。

11月，自1日起，在国民戏院演出《金鱼仙子》《王少安赶船》等剧。

1941 年

1月，自16日起，刘翠霞等在华北戏院演出《姊妹易嫁》《孟姜女哭长城》《雪玉冰霜》《王华买父》《莲英被害记》《空谷兰》等。

2月16日，刘翠霞、桂宝芬、李莲舫、花月明、张月亭、王月仙在华北戏院演出《姊妹易嫁》《孟姜女哭长城》《雪玉冰霜》《王华买父》《莲英被害记》《空谷兰》等。

4月，刘翠霞在华北戏院演出。

5月，刘翠霞在华北戏院演出《韩湘子三度林英》后病倒，此后一病不起。

7月5日病逝。一代名伶香消玉殒。"听刘翠霞的柔软，听花玉兰的脆声。"刘翠霞故后，当年报纸曾言："今年为文艺界大不幸年，一九四一年六、七月，连亡三位著名艺人，梅花鼓王花四宝六月六日病故；京剧著名武生尚 和玉弟子朱小义，于六月八日死于同善里寓所；评戏女皇刘翠霞七月五日亡故。"

7月7日，《新天津画报》文："评戏女皇刘翠霞与世长辞……终于前晚十时逝世，噩耗传来，艺海中人，无不同声哀悼……内外行无不惋惜，据闻定于本月十一日下午发引。"

7日，《新天津画报》载《评戏女皇刘翠霞与世长辞》一文：

评戏女皇刘翠霞，献身艺坛以来，已二十余载，历走京宁济沪，蜚声各地，大江南北，无不知有评戏女皇刘翠霞其人。评戏之所以发扬光大，刘翠霞之力为多。近年致力艺术，尤博社会好评。不幸心力劳瘁，两月前心脏旧病复发，虽经名医诊治，而药石无效，终于前晚十时逝世。噩耗传来，艺海中人，无不同声哀悼。刘之外子陈君，与刘结缡以来，已十余载，刘死后备极哀痛，所备棺殓约为数千元之数。文艺界同人及刘之友好追悼后，即下葬云。

7月8日，《天声报》载文："评戏女皇刘翠霞，自上月患病，一度病笃，嗣经竭力救治，已见大好，但于四日外出，不料六日晨（实为五日晚十时）竟逝于日界春日街寓中，现正办理丧事。"

7月14日，《庸报》载文《刘翠霞故后后继无传人》一文：

刘翠霞是评戏女皇……性极朴实，不善交际，没有爽达轻佻的手腕，更没有白玉霜交际的圆滑，也不如喜彩莲、鲜灵霞善于言谈……近年来在北洋、国民、天宝等戏院，每当出演皆告人满为患，成绩颇佳，最后在华北（戏院），演唱月余后，却一蹶不起，红颜多薄命，在这徘徊茫然的深渊中，终归与世长辞了！她的艺事，小霞尚深得其中三昧……其他角色，没有得到相当的衣钵，殊甚遗憾！

8月1日，《天津游艺画刊》第3卷第1期发表了《评戏大王究竟是谁》的文章，据该文载，在前半个多月，评戏坤伶白玉霜在永安饭店内请客，来宾到场的非常之多，楼上的几间餐室全都给占满了。那天又正赶上开画展，欣赏艺术的人们，也都伫立在走廊上，拥拥挤挤，屋内屋外，弄了个水泄不通。

白玉霜穿着一件靠纱的长衫，未施朱粉，身体益发显得丰腴了。

她一会儿给人点烟，一会儿酌酒，在各座上忙个不停。席间一个客人问："白老板，你跟刘翠霞很熟吧?"她沉了沉，看了看对方，好像是在想一句话，然后说："不太熟，认识。"又一个客人接着说："刘翠霞死了，评戏大王，要数白老板了。"她也笑了，很郑重地说："您太捧了，我不行，还有彩莲呢!"可巧，那天正是刘翠霞发引的下午，大家对于伶人的沉浮，怀着无限的感慨。

9 月 11 日，《庸报》载《评剧活跃》一文："约于民国十年间，花莲舫彼时正是红之时，以后有李金顺与之对抗。嗣后，刘翠霞出演，她不仅革新腔调，而且还改革剧本，把陈腐、乏味、淫乱、有伤风化的都删去了，擅长演出悲剧。由于刘翠霞做派逼真，唱腔好听悦耳，就传遍街巷，妇孺皆知，把金顺的风头压去不少。后刘翠霞被评为评剧皇后……评剧的势力越发膨胀……委实评剧太活跃了。"

1942 年

8 月 10 日，评剧皇后白玉霜病逝于天津。

1942 年 9 月 8 日《天声报》刊《白玉霜死后》一文："评戏女伶中又少了一个，先前刘翠霞死时，人们都怜惜得了不得，好在有白玉霜、喜彩莲。如今，白也追随刘而去，爱听评戏的人自然受打击不小。"

又有报纸云："由于评剧界名坤伶逐个逝世，削弱了实力，致使京剧剧坛演出较为活跃，评剧盘踞津门舞台时代已告沦丧。"

附录 2 刘翠霞宗亲及村民座谈会发言摘要

时间：2019 年 5 月 4 日上午

地点：武清区石各庄镇敖东村村委会

作者与敖嘴村刘翠霞宗亲及村民座谈

参加人：沙恩永、沙恩月、刘万明、赵广祥、刘元福、张殿发（夫妇）、张景懿、马玉田、侯福志

1. 沙恩永：敖东村人，沙致文之孙，沙绍先之子，93 岁（属龙，1926 年出生）

沙致文是我爷爷，与沙致发是堂兄弟关系（沙致发与刘翠霞关

系较近，是刘翠霞的亲大舅。因此，刘翠霞和沙致文之间应该是远一些的亲属关系）。我父亲叫沙绍先，刘翠霞是我父亲的表姐，我管刘翠霞叫表姑。我见过刘翠霞，比我大 15 岁，记得小时候，每逢过年她还给我压岁钱。表姑长得漂亮，瘦高个儿，约 1.6 米。在山霞社工作的咱们老沙家人不少，每个人都有不同的分工。表姑的姐夫赵永庆负责管戏箱，我三爷沙致福负责给表姑包头，我父亲沙绍先是山霞社的跟包，他曾说过，我表姑刘翠霞只让我三爷沙致福包头，从不用别人。沙致福是我的堂三爷，三奶奶是安次县小郑庄（今廊坊市安次区）那一带的。我表姑刘翠霞死的时候，我才 10 多岁，她出殡的时候我在场，她埋在了小骚子口（此为武清口音记录，实际应为小稍直口），肯定没有埋在李各庄。

2. **刘元福**：敖东村人。88 岁（出生于 1931 年）。

赵永庆是蛮子营人（今豆张庄镇双河村），后来迁到敖嘴，娶了刘翠霞姐姐为妻。他有两个儿子，赵希文、赵希武。赵希文在戏班当跟包，他住的房子是由刘翠霞出钱在刘翠霞家的老宅上给翻盖的。

3. **刘万明**：敖西村人，原敖西村党支部书记，75 岁（出生于 1944 年，属猴），与刘翠霞是同辈。刘翠霞是他的堂姐，都是一个老太爷后辈。刘万明父亲这一辈一共老哥儿仨，分别是刘廷珍、刘廷荣、刘廷富；刘翠霞父辈是亲哥儿五个，父亲叫刘守忠，应当属"廷"字辈，但目前无从考证是否有另外的名字。

我父亲这一代，与刘翠霞的父亲是堂兄弟，为一爷之孙。刘守忠一共是哥儿五个。刘守忠行三。这哥儿五个都没有儿子，在村里没有后代。

4. **沙恩月**：敖北村人，68 岁（出生于 1951 年，属兔）。刘翠霞亲大舅沙致发之孙、沙绍宗之子。

沙致发有老哥儿仨，致发、致田、致福。沙致发还有两个姐妹：

我大姑奶奶嫁给石各庄黄氏为妻；二姑奶奶嫁给刘守忠，她生有两女，其中次女就是刘翠霞。

沙致福行三，一直跟着刘翠霞戏班。

沙致发有两个儿子，绍章和绍宗。长子绍章比次子绍宗大3岁。绍章是我大爷（大伯父），曾在丁字沽与人合伙开振泰恒粮行，任经理。

刘翠霞是我二表姑，她嫁给了天津的陈三爷（陈静波），他是陈家沟子人。刘翠霞死后，被埋在了小骚子口，就是现在的小稍直口，当时属于陈三爷家的祖坟。刘翠霞的养子叫陈哲章（陈小波），小名叫喜子，曾在天津市手表厂工作。1983年我在村里的印刷厂跑业务，经常去市里找他，和他有多年的来往。我以前问过他坟地的事，他告诉我说，就是在小骚子口。所以，刘翠霞坟不可能在李各庄，李各庄埋的是我的大表姑，也就是赵希文的母亲。陈哲章估计已不在了，要活着应当有80多岁了。

刘翠霞故乡敖嘴评剧团演出剧本

我爷爷是老哥儿仨，我爷爷致发是老大，为人实诚、直爽，收粮食的时候，他负责过斗。过斗这个事情在当时是一件很重要的事，必须公平、公正、公心才能让老百姓和主家都信仁。

我大爷（大伯父）沙绍章住在市里的东南角，他在振泰恒粮行任经理，振泰恒粮行是我们当地几家有钱人合开的，沙绍章为他们打理生意，占干股。解放后定成分时，因当时很多人低价卖土地，他购买了不少土地，因此在当时给定了个地主。

沙致福是我三爷。他有两个儿子，两个女儿。我三爷沙致福两个儿子分别是沙绍全、沙绍忠（沙绍忠死得早）。沙绍全在山霞社时候，娶了山霞社唱戏的小莲芳（此按武清口音记录姓名）为妻。沙绍全在20岁左右就去世了，当时小莲芳和她孕育的孩子还没出生，过去管这个情况叫木水儿。小莲芳解放后去了石家庄评剧团。沙绍全去世后，小莲芳改嫁给一位姓董的。她与沙绍全生育的孩子带过去取名为董玉生，在石家庄京剧团担任司鼓。他亲生父母在山霞社的时候曾收养过两个女孩，因此他实际上还有两个姐姐。他姐姐曾和他说过，他亲生父亲是沙绍全，是敖嘴村人。"文革"时，董玉生曾写过寻亲信，并到敖嘴寻亲。我们家族当时还为他取了名字，叫沙恩凯。后来，我去石家庄办事顺便去看他，发现他还是叫董玉生，感觉少了亲情，就再也没有联系他。他现在的年龄大概是73岁。"文革"期间，小莲芳上吊自杀。沙致福的大女儿，也就是我大姑沙绍辰，嫁到了今廊坊市安次区码头镇丰盛店（俗称丰店）村。二女儿，也就是我的二姑沙绍珍，目前住在抚顺。我三爷沙绍福解放前就去世了，三奶奶带着我二姑去了抚顺。那个时候，我三奶奶经常去东北给戏班买小姑娘学戏、干零活，她在东北有熟人，也是因为这个原因她才去了东北。

5. 赵广祥： 70岁（出生于1949年，属牛）。赵永庆之孙，赵希文之子。赵永庆有两个儿子，希文、希武（十几岁去世），原籍今武清区豆张庄镇双河村（旧称蛮子营）。希文有两个儿子，赵广祥、赵广山。赵希文属牛，出生于1925年，于1996年去世。

刘翠霞是我姨奶奶，我奶奶是刘翠霞的姐姐。我爷爷是赵永庆，去世的时候是73岁，他在山霞社管衣箱，山霞社解散后，他去了天津菜市小学。死后在北仓暂厝，后来在敖嘴村东埋葬。奶奶解放前就死了，埋葬在我自己家的地里（今属李各庄），在这个村的沙记坟附近。后来，在奶奶坟地上取了一块砖，象征性地与爷爷埋在了一起。

传说李各庄埋葬的是刘翠霞，这个消息不准。实际上埋葬的是我的奶奶，也许是因为刘翠霞名气大的原因，被李各庄村人传成刘翠霞了。

奶奶去世后，爷爷又娶了继室。

6. **张殿发**。83岁，其父叫张连珍，1岁的时候，他母亲就病逝了，由姑姑姨给养大成人。童年在葛渔城和天津市区生活。其父是1904年生人，曾在刘翠霞戏班里工作，当时戏班里还有沙绍先。

刘翠霞出资翻盖了其父母的老宅。她母亲当时想让沙绍宗（刘翠霞母亲的亲侄子）过继给她当儿子，把房子给沙绍宗。但沙绍宗不同意，也不要房子。当时沙绍宗已经有20来岁了。后来房子就给了赵希文，赵希文在那里结的婚。赵希文解放前就回到村里了，解放后在村里担任生产队会计。

附录3 平戏女皇刘翠霞秘史[1]

作者自序

作者于三五年前，因为笔杆生活，感觉十分枯燥，不得不自寻一种调剂精神的好方策。而杂踏在风月场中，其如沽酒聚筵，征歌寻芳，但为得意忘形而最擅长的乐事，所以朝夕如是的放荡日久，便竟痴也如睡，醉也如泥，甚至于三魂七魄尽系在歌场舞榭的左右，而自然于无形中精神贯注在艺术方面，尤其要交结名流而深切地研讨，从今是而弃昨非，是以褒贬的文字，同时亦曾散见在各刊尾，大有人不恋花花自恋，艺不迷人人自迷的现象。

作者对剧艺正匆匆进展，而评戏突又盛兴在平、沪、津、连各地，便把全量精神移诸一辙，以求彻底。不过，多以该艺唱词淫亵，作风卑鄙而坚断。而作者，则不然，竟以事虽然，而理未必尽然为想象，如此这般的深究，直至李金顺歇，白玉霜走，嗜志仍未中辍。但以时势而观测，则唯有刘翠霞与花莲舫互相抗衡，倘以艺术而论，以声色而论，又当推刘翠霞为首席。而刘翠霞是先有声色而使顾曲

---

[1] 本书收录时除明显错别字外，基本保持原书原貌。

《平戏女皇刘翠霞秘史》书影

者重于艺术，是先重艺术而后声色方飞驰南北，却又成两个难决的问题。至于顾客方面，亦必于此疑窦丛生。作者综结以上种种因原，仍自半以笔杆生活，半则流连在风月场中，抱定一讨真味的宗旨，采询该伶自生来境况，以及何以一跃而为评戏女皇的要脉。果然志坚事成，偶得天津鼓楼北福仙茶园总理周玉田的绍介，能与山霞社主干李华山及司账赵德福相识，曾几何时，得一适当的线索，乐何如之。后经李赵的指引，方与刘翠霞互相晤谈。但刘伶亦以时势所使然，别怀一种莫可言宣的积愫，然亦亟希望借笔墨而发挥。作者即乘机迭次地探询一切，果然得其真确的出身与经历。内容七情俱备，五味皆尝。作者既得刘伶大白于耳膜，亦只以"原来如此"四字作一放汤追询的结束而已。不过，倾慕刘伶者虽多，而得其详者颇少，所以把很可惊可泣的情节汇集成书，而名为《平戏女皇刘翠霞秘史》。是以为序。

中华民国二十四年琅琊隐士序于津门

翠霞自序

我未曾下笔先向阅者三鞠躬，系请阅者原谅我没有相当的学识。

我自幼家道贫寒，才学的评戏。自信我自演戏之日起，即抱定一种不卑贱的宗旨。故对于诲淫之作，从不敢像别的演员那样描摹尽致，像白玉霜在北平也会红极一时，终如日照积雪，落一个伤风败俗，驱逐出境的"美誉"，一来自己有伤人格，二来为评戏减了价值，孰重孰轻，自能判别。

我演戏的本旨，戏词不良善的设法删正；内容有不明了的请人讲解。虽不能承担起引领社会的责任，但也绝不至于落一个诱惑的"罪者"。今琅琊隐士先生，为我作秘史，再三要我作序，我原本是没有学问的人，才胡乱想了这么句话，请阅者多多原谅吧。是为序。

中华民国二十四年元宵佳节刘翠霞自序于津邸

李　序

琅琊隐士几次催我作序，我是屡屡的不敢作。我并非是文豪家，也不是什么学士（要装什么架子），实因才疏学浅，试恐贻笑方家。今勉写几句，聊以塞责。囊昔津门各娱乐场所，惟彼讨之法界尚无此时之繁华，只有天祥之新世界（即今之小广寒），马家楼之天天、明星、光明、春和等院。彼时最出风头者当推评戏坤伶李金顺，斯时配角为现今之刘翠霞，并李玉芬、李彩芬、马金环等，人才济济珠联璧合。该院（指天天）之经理为吴君万祥（即现今天祥新欣之经理），善于经营，调度有方，故生意蒸蒸。斯时翠霞在彼班中如鹤立鸡群，论其艺术，则表演逼真，故预卜将来定执评戏界之牛耳，故极力拥护提携。今也果符前言，并承《天津汉文日报》公选为评戏女皇，此虽明日黄花，颇有留记价值。今琅琊隐士催余作序，故将已往拉杂写出以为纪念。是以作序。

山霞评戏社李华山序于津门

杨　序

"半班戏"者，俗名蹦蹦戏。此种戏剧之初发始，角色、戏箱、场面等设备，只用皮簧戏班之一半即能演唱，故名"半班"。"蹦蹦"云者，不过口头上之讹传耳。

在昔演唱此种之角色，男角如月明珠、开花炮、金开芳、张乐滨诸人，女角如王红宾、李金顺诸人，皆为此中之铮铮者。演进至于今日，乃至日益发达，其占据歌场之势力，过一切国剧、电剧、杂耍、坤书之上。至于入民间之深，尤非其他游艺所能望其项背。只以此种艺术之发达，故角色之产出亦最惊人。顾角色虽多，而能超出其侪辈者，则莫女皇刘伶翠霞若也。

翠霞能戏最多，除旧有之半班戏外，复收电剧、国剧、新剧各剧本而改演半班之戏。至其歌唱之宛转，腔调之花哨，台风之熟习，作工之细腻，在出人头地。其名之驰，遐迩皆闻，妇人孺子，亦无不知此女皇也。著者喜甚演剧，故凡女皇轶闻历史，及其艺术，每付评记，久而乃成一编，并觅得最新刘伶玉照若干种亦均附刊编内，命名《平戏女皇刘翠霞秘史》，倘亦心喜者所不弃者欤？此序。

杨扬石谨识于中南报馆之编辑部

赵　序

长夜痡寐，斗室无聊，人们正在沉溺于黑暗的状态中，忽闻寺钟报晓，红日沉沉的在地平线下还未上升，东方天际边还挂着层层黯淡的云霞。在这时，从云隙发出来一种淡弱的曙光，虽然淡弱，但是早起的人们见着，他们就不知不觉发出一声低微的惊叹来。

同志琅琊隐士著作的这本《平戏女皇刘翠霞秘史》出版，在评戏界中就像黑夜后的曙光一样。为什么呢？因评戏在我国的剧界中，可称微末之至，又兼表演评戏的人才，皆由口传，鲁鱼亥豕，以讹传讹，故其价值亦因之而坠落。幸刘翠霞女士对于评戏剧旨极力删正，始挽回已失之地步。按刘翠霞素具蕙心兰质，秀外而惠中，对于戏曲之本旨，颇能领略，又经名师指导，且学而不倦。幼与李金顺、花莲舫、黄翠舫等配演时，已有一部分之号召力，年来造诣尤深，故连济平津，皆颇好誉，现今评戏人才无敢与抗衡者。

今经琅琊隐士品题，直如春笋生芽，红日上升。此书今已出版，在这短短的短的简直不像样的序里，不愿再多说废话，我请读者快快去欣赏这本书的内容吧。是以为序。

赵醒吾序于天津

张　序

我不善拍马吹牛，尤不通六律五音，仅知刘翠霞女史，在我们天津是占有评戏女皇的地位，特来代我友为她撰述一生，而向读者摘要的提前表说几句：

我素知"一人难趁百人意"这句话是具有充分理由的，何况又是站在台上以自己来做旁人的一个艺人。若非声擅歌场，貌倾国城，绝不会引起大众公选她来荣任"女皇"，在这万人心目欣赏盛代下，其中至不免情海波生，惟局外固难明了个中波折。

我友琅琊隐士君知其底蕴颇详，兼搜罗其独具本能，生花妙笔一经润用，乃把这一册《平戏女皇刘翠霞秘史》完成。结构大意是这样，付印必当风行。权为写在头里，胡敢云序。

一九三五年一月一五日天相张吉人写于长寿轩

李　序

评戏肇于唐山，初名"落子"，只一二人登场彩唱，不成为戏。来津时在有清光宣之间，初名"蹦蹦"，成名于津门者，曰开花炮。民初有月明珠者，开平人，革新其调，更名曰"平腔"，始可以言戏。其后人才辈出，然终不及开花炮、月明珠享名之久。民国三四年间，以华界禁演故，租界坤书馆延教师教演"蹦蹦"，美其名曰

"文明小戏"，遂开女子唱"蹦蹦"之始。

昔日杰出者，曰花莲舫，曰李金顺。李宗开花炮，花效月明珠。此道二十年来，后起之秀，不可胜数。此道渐夺皮簧之席而代之，亦云盛矣。有刘翠霞者，虽属后起，独集评戏大成，十年前演于日租界德庆商场，余聆去，许为评戏传人。以其扮相娴雅，韵调幽扬，既非当日之野调无腔之男角所能望其项背，更非今日靡靡之音之女伶所能比拟。其所以驰骋津门歌坛十余年者，良有以也。日来琅琊隐士有《平戏女皇刘翠霞秘史》之作，叙述者为杨扬石君。吾闻之，欣然而喜。窃以为家喻户晓风行一时之评戏女皇，述诸娴熟歌场掌故之杨扬石君之口，盖之以琅琊隐士生花妙笔，洛阳纸贵可以预卜也。是为序。

一九三五年一月一三日李燃犀序于津门

杨　序

扬善正恶，移风改俗，圣人之心也。以故有志之士，著述立言，警惕世人，法良而意善，吾人敢不敬仰耶。然吾国教育，素落人后，未能普及，全国文盲，居十之六七，则只以文字教化群众，事所难能也，于是戏剧尚焉。而戏剧之中，感人最深者，尤以评戏为最。盖评戏之词句，崇尚简明，表演之情节，务求细腻，是故晚近年来，评戏大盛，其势所必然者也。惟评戏之人才，颇为缺乏，在今日深受大众欢迎者，当推刘翠霞女史。

翠霞自幼投师学习评戏，刻苦精求，十有余年，对于评戏之奥妙，可云完全默解。忆其初次登台之日，即为数千观众热烈欢迎，而终博得"评戏皇后"之荣誉，诚非偶然也。女史之艺术早为大众共见共闻，不待赘述矣。而女史毕生之遭遇，或歌或泣，或笑或悲，离合常有，哀乐相寻，亦一篇最好之小说材料也。兹经琅琊隐士君编撰成书，名曰《平戏女皇刘翠霞秘史》，内容将女史毕生所遭所遇，罄笔写述，绘声绘形，历历在目。今由"大通书局"出版，谅出书之日，必能不胫而走，纸贵洛阳也。近更闻刘女史，为一新观众之耳目计，特聘有名编剧家赵君德福、文君丐侠，将当代名著《摩登花》《天津小姐》两书编为剧本，登台公演。按此两书，久已脍炙人口，销售十数万册，今经刘女史编剧公演，吾知海报露布之日，戏院门前，必有人满之患也。是为序。

中华民国廿四年元宵佳节杨笑天序于津门

周　序

星霜迭易，寒暑屡更。余自操梨园生涯以来，瞬息三十余载矣。历经之波折，饱受之创迹，南北奔驰，东挡西摒，对梨园真味虽未通悉，而利害之相关，业已洞烛。然于宣末民初，梨园行尚称盛兴时代，于是彼攘此衅，利益苦争，共为金钱之所趋使也，锋芒毕露。然余则认为，一种事业之盛兴，而将来必有衰败之一日，果矣。

余于主办升平时，则较曩昔之东天仙别若天渊。是以事业凋敝，粥少僧多，余抚思时势，则宁以一人之精力所得之利益，而厚待诸员役。试如一元钱之少，能起两日之炊烟，十元钱虽多，然亦无济于我。升平倒闭后，东方又庆新张，溯计营业之亏累不堪屈计。查斯原因，洵为影艺发达，梨园日渐衰落，社会之潮流如斯夫复何言。时虽不操胜算，而志在梨园弗忍中折。故于三年前，接约山霞评戏社于北平开明戏院，乃赔款累累，故再随移于天津鼓楼北福仙茶园，作孤注而一掷可耳。一载之久，所获之成绩虽斐然可观，而实际之苦痛当亦溢于言表。是以久拟暂息旗鼓，以待来年，讵念及百十员役之生活将何以堪，以故延耐于今，莫可言宣。甚如交友投分，亦奋所当为。凡士农工商军政各界，不与余识者颇甚，员役之阶级虽差，然亦一视同仁。简言之，皆在以园会友，以友辅仁，不正之业非余之所组作，不义之财尤非余之所巧取，其知我者莫若明友也。

客夏，琅琊隐士谒余于本园柜首，述及编撰本书之本末，窃思隐士夙怀子健之才，司马之学，无如不适于时，致英雄无用武之区，今倘该书问世，谅必不胫而走，纸贵洛阳，故为之与山霞社社长李华山绍介，通宣积愫，使隐士一得真味而落笔生花。余也不才，忝序言于篇首，非但祝该书销数于无量，借表余于梨园行中三十余载之苦衷可耳。是以为序。

永年周玉田序于天津鼓楼北福仙茶园

平戏女皇刘翠霞秘史目录

第一回　远耨叹深耕全凭热汗温冷土
　　　　新愁惹旧恨那忍红泪染青衫

第二回　大连西市场檀板轻敲迭遭蔑视
　　　　天津马鬼楼弦声乍起俱获佳评

第三回　娇肢弱质薄命女突遭小恙
　　　　月暗灯昏急色儿苦费思量

第四回　济南归来增声誉黄登贵忘生舍死
　　　　大连又去展人材李华山仗义疏财

第五回　游艺记者赏风月得称文圣
　　　　薄幸佳人逞技术独获女皇

第六回　北京开明响锣钹周玉田人疲财去
　　　　天津福仙逞色相刘翠霞夜静思深

平戏女皇刘翠霞秘史

第一回　远耨叹深耕全凭热汗温冷土
新愁惹旧恨那忍红泪染青衫

顾曲的人们，慕刘的仕女，有的说刘翠霞是京东的原籍，有的说她是卖笑的出身，竟而以讹传讹莫衷一是。究竟，她既不是京东的人氏，亦并非卖笑的出身。阅者倘要明了底细，仅可向下文注意。

话说河北省武清县所属的第六区，内中有一个傲（敖）嘴村，这村庄虽然不十分壮阔，住户却有五百余家。有的作客他乡，有的便苦守田园务农为业。且述村东的老刘家，在该地居住已有数十年的历史。家长刘守忠，年纪虽在三十开外，而所抱定家庭的观念却很深邃。妻沙氏，亦系当村的人氏，对于中匮的事务，经理得是处处得当。膝下只有两个女儿，便爱如一对明珠。大女儿屏儿，十岁；二女儿霞儿，四岁。因为两个人面貌姣好，所以阖村的妇女，便造下一个新鲜的名词，叫作"姊妹花"。但她姊妹二人虽然年岁很小，而天性却非常的聪颖。每日里，除去辅助沙氏操理活计之外，便在篱笆院内作些有兴味的游戏。所好守忠早年积蓄些钱财，购置下数亩田地，一为聚沙成塔很不容易，二为家庭的生活异常的艰窘，便很不辞劳瘁的指天吃饭赖地穿衣了，所以成天里竟与耕锄结为须臾而不可离也的好友。无奈天不作主，又遇上连年的旱涝不收，以至于家无隔宿之粮。这景况他虽然是一筹莫展，而依然是起早睡晚的忙碌。

在夏季里一天，红日一轮刚从海沿吐出了光线，守忠便爬起身来，看一看母女三人还未醒来，于是翻出来一块窝头，半碗菜汤，似狼吞虎咽地吃喝下去，很匆忙地扛起了锄耙，提着破水罐，一面哼唱着，一面向房后面的地里走去。就凭他那身紫灰布的裤褂，那般境遇，他尚且哼哼唱唱而不忧愁，亦真令人替他发出了一声苦笑。然而他却并非是站在望乡台上唱莲花落，确确的是未若贫而乐而实现了乡村老农的本色。到得地里用手遮眼一望，真是天地相连，人烟少见，一幕远碧浮青的景色，清澈静雅。守忠寻了一角干净的土地，把水罐放下，脱下去小褂，凭天一望，皱起双眉把锄耙举起，耕锄下去。直至中午，太阳的光线越发的猛烈，守忠热得难当，便突突地喝下几口冷水，拭汗的搭巾，亦竟成水淋淋，至于内中所渗透的泪珠，当亦难辨其数了。挨到日已西斜，守忠的两膀既而酸累，而腹中亦感觉饥饿。心说每天到这般时候，霞儿早就来把午饭送来，今儿个到这时候还未见来，想必这孩子贪玩的心盛？唉，这孩子真淘气，不知他父亲所受的痛苦，该打该打。还在暗自叨念，但见一个身穿红绿衣裳的小姑娘由房角转了过来，仔细一看，原来是霞儿，并且慌慌张张，还高声地喊着："爹呀，您哪，家去吧，老舅等候您老半天呢！"守忠乍一听老舅到自己家中，亦愕然一惊，素知他是夜猫子进宅无事不来。所以把痛恨霞儿的心抛却，命霞儿提着水罐，自己扛起锄耙，父女一同返回家去。

且表霞儿的老舅沙致福，亦是心地忠诚，常为着守忠的家庭不见起色，代他四口筹措办法。然而时机不遂，总亦是忧忧虑虑。今日一来，一为探看探看状况，二为关于他姊妹二人提议一种出路。所以在与守忠会过了面，便谈到了家庭琐事。守忠道："现在这宗年月，任你本领通天，怀了满肚子仁义礼智信，无奈天不遂愿，亦枉废一片自创自立的苦心，而且还不知从中埋没了多少英雄好汉呢！哥哥我为今之计，亦惟有听天由命忍耐而已。"致福听了他这片愤世愤俗的话，亦很难过，便道："倘若你总是这般的苟延残喘，亦并非是长久之计，依我看来，倒不如给她们说个主儿，无论哪一个亦能落到几个钱，暂时先济此燃眉之急。倘若碰上好年月，岂不就有发展的希望吗?"这当儿屏儿站在一旁,撩起了眼皮翻了致福两眼,把手一甩,便撩起苇帘子走去。沙氏道:"老舅的主见倒是一番好意,不过我那两个孩子年岁很小,尚且谈不到那一节,纵然是年岁大,我亦决不能三下五除二把她们打点出去。"致福以为这话亦对,心说常言道,人穷志不穷,不能被穷所迫而落一个名嫁暗卖的名誉。又谈了些地里的事,而才一同吃过了午饭,直谈到天色昏黑了,致福才告辞而去。

当他去了以后,守忠便向沙氏把当天地里的事如何的不见强,如何的没有希望说得个两口儿愁锁双眉、各抱悲观。晚饭吃过了,便一同安睡。转天守忠仍然是到地里去工作,岂知不到半个时辰,两肋便酸痛起来,亦只可是在地边上划划杂草,或者是席地而坐。有时候回想起过去与现在所受的苦处,便暗想到城厢闹市,商埠码头的人们,只顾着任意的逍遥,靡费金钱,真不想想五谷的来处,易也不易。尤其是这种巧奇的年头,惟有锦上添花,没有雪里送炭。浪费金钱的,偏受人们的留捧奉承,敬而轰轰烈烈,像这疲败村庄里面的惨苦农民,就没有一线发展的生机吗?唉,苍天哪苍天,难道你就不望上一眼吗?一面想,一面撩起白粗布褂的大襟去擦头上的汗,不料乘着汗水把头上的泥擦了下来,便如同一朵散乱的黑花。索性他坐在地边的青草上又思想起来,想起了昨天沙致福在家里所谈的话,心说老舅的意思,可谓是一片热心。不过,两个女孩子的年岁太小,那么一来岂不是把闺女淹了菜,莫说是他妈妈不赞成那个办法,即便是我亦当面驳对的。如果那个样子,倒不如狠一狠心,咬一咬牙把这块不收的地卖上三十二十的,四口人一同往天津,必能够找出一条养生的路子来。想到这里,自己越琢磨越对,乘着这胡思乱想的兴头,拾起来锄耙,颤微着两个膀子地工作。恰巧这一天还是非常的酷热,慢说是万物之灵的人们,就是树木亦发干枯,老黄牛亦呼呼作喘，工作了不大工夫，亦不知道被一种什么硬质的东西给绊了一个倒栽葱的架式，守忠低头看了看，但是为头亦晕了，眼亦花了，看不清楚是一件什么东西，便用手去抓，抓来抓去，抓了满把的土，紧紧的一攒，满把的土竟如同被热水烫过一般。心中登时一惊，急忙放下了。复又抓起一把来，又如同被冷水镇过了一样。当亦把他放下了，缓了一缓精神，陡然地站起身来，把腰儿一岔，似乎从口中喘出了一缕很长的怨气。心说，这块倒霉的地，实在是不能要了，一骨节比冰还凉，一骨节比火还热，这一冷热不均，岂不是农村里空前所没有的怪事一件吗？疑虑之间，便注意到那粒粒汗珠所滴到的地方，看了好大半天，心里才明白了，原来是那冰冷的土，确确是被那火热的汗珠所温透了的。心说，苍天哪，于此可见凭天吃饭的不容易了，然而那繁华社会上所挥金如土的人们，对于这一点，难道不觉着惭愧吗？况且还有四句刻板的警世短诗，就是那"锄禾日当午，汗滴禾下土。须知盘中餐，粒粒皆辛苦"。一直工作到了炊烟四起、乌鸦返巢的时候，而才懒洋洋地荷锄归家。

到了家中，霞儿迎头便道："老舅今儿个又来了。"守忠点了点头儿，忙抄起水罐来突突喝下去半罐冷水，精神上才抖展起来。又把耕锄器具收拾妥当了，才向沙氏问道："老舅今儿个一来想必又是因为昨天那一档子事吧？"沙氏道："不对，这回可不是提亲的事了，是另外想了一个法子，教咱们把地一卖，把房子托人照管着，一家四口去到天津。拿卖地的钱干一个小买卖，好顾全一家子的生活。据说天津的地面上，比着乡村里好找饭吃，只要把心一专，就会挨不了饿。这些话可是他那么说，去不去那不还是在乎咱们啦吗？"守忠在这当儿，有心把在地里那一种很残酷的经过说了，惟又恐怕他母女听了难过起来，倒反为不美。所以又把话头打消了，便道："老舅的主见，我亦早已想到了，料想最后的一步，纵然是在天津要了饭，沿街乞讨，亦较比着在这当乡当土丢人伤脸强得多了呢！"沙氏道："你既然很愿意，那么，咱就赶快给老舅送个信息，马上收拾收拾东西。不过，咱们对于道路不熟，我想还势必要教老舅把咱们送去才好呢。"守忠亦虑到了这一层，便道："亦惟有那么办，可是依我想，事不宜迟，倘若再等着把地卖了再走，那又不知耽延到什么日期了。再说这卖地的事，亦决不是一时半刻所能办到了的，最好你们把应用的东西打点好了，其余破破乱乱都留在家里，明天一早就把老舅请来，定规定规，后天就起程，所有一切的用费，暂且要求老舅垫办。我一个人，在家里出卖地土，一旦卖了出去，我再往天津寻找你们，把老舅所垫的钱还清了，余剩的干一个小买卖。所好我一个人，挑费又省却许多了。"沙氏听了这一番话，很凄楚地说道："那么办不行，一则家里没有人做饭，冷一口热一口，倘若得了病，哪有一个知近的人儿呢？"守忠道："你不用管，我自己对付着，所好亦并非是三年五载，待上十天半月的，自然亦就办完了。"沙氏想了一想，亦没有万全之计，遂向守忠嘱咐道："倘若办理完了，千万可把零碎东西全捎到天津去，虽然全是破破乱乱，现置现买亦是钱呢！"夫妇又谈了些去到天津以后的话，而才安歇。

第二天的清晨，沙氏便命霞儿去请沙致福，所好致福亦在当村不甚远住，一霎时爷儿俩一同来到，沙氏遂把守忠的意思向致福通过了，然而致福亦极端赞成这种办法，"这么一说，一定是明天走了，那么你们就赶忙收拾东西，我亦回去套一辆小平车去。明天咱乘着星月未退就动身，到了天津，咱们就好办了。我先找着我那个朋友，无论如何先教他给我一间房，如其来不及，暂且在他家里住些日子亦可以。"说完这话，抹身走去。守忠因为昨天在地里有点过力，亦无心去工作，便在家里帮同沙氏收拾物件，可是很简单地打了两个包裹一卷行李。打点好了，静等待转天起身了。沙氏在这临别头一天，真是茶饭难咽，不是哭哭啼啼，便是愁眉不展。守忠满肚里的难过，被沙氏这样一感动，反倒自己按捺下去解劝沙氏。到了夜间直解劝到星月迷茫、天光发亮的时际。致福便把小平车套来，催促着母女坐上了车，忙与守忠告别。守忠自然要跟送到篱笆圈以外，向致福嘱托"到了天津的那一天，可实时给我寄一封信来以便放心"。致福一一应诺，又向沙氏道："到了天津，对于这两个孩子，千万可慎重一点。"沙氏听了这话，不自觉呜呜咽咽地哭了起来。致福方才解劝好了，那又知守忠那里眼珠儿不错地望着屏儿、霞儿，竟从眶中流下几滴热泪。两个孩子看了这种情形，亦于是用小手去往眼上抹去。然而这种儿女情长能使英雄气短的表现，任何人见了，亦要一掬同情泪的了。

车轮儿被油磨得吱吱的一响，居然被那吱吱的声音把一幕极其悲挹的情景冲散了。车儿出了村口，奔向坎坷不平的大道，此中尚不知受了若干的折磨，叨扰几家子亲友，而才到了天津卫。致福把车儿推到了河北邵家园子，费了许多的唇舌找着了那位朋友，把这番意思通过了以后，那朋友亦很愁虑。所好那个人在邵家园子一带，人杰地灵，亦很说得出，所以不过一个时辰，找着了一间房，虽然是又矮又小，倒亦可以将就。致福登时交付了一月的房租，这才借把笤帚把屋里扫了扫。沙氏母女三人进了屋草草地收拾收拾，致福遂亦把小平车推到院中，同院里以及街邻都看着生色，于是纷纷的议论。有的说，"这是逃荒来的"。有的说，"这是投亲未遇的"。众人的评论不表。且说致福因为不甚方便，所以住宿在那朋友家里。自从这天起，每天必到沙氏那里看一看，买买东西，垫补用费，一眨眼的工夫，便是二十多天过去。沙氏亦已看明白了天津卫的况味，有时候亦自己倒个水买个东西。不过那种村妇的打扮，再加着一团的野气，很给所谓我们这天津人造了不少的笑话。

这一天晚上，沙氏自己在屋中坐得很腻烦，便向屏儿道："屏儿屏儿，我现在嘱咐你几句话，你千万可把它记住了。你要明白，咱们可是初次来到天津，一则人生地疏，二则天津的风俗习惯咱全摸不清，莫说是你们这小孩子，即便是我，亦不敢和人搭讪一句话。恐怕的是一言不周，得罪了人，弄真了，咱是外乡来的大老赶，哪一位咱亦惹不起。最好每天在屋里好好地哄着霞儿玩耍。"屏儿听了母亲谆谆的嘱教，只是翻着眼皮地心领神会。霞儿亦在一旁叫道："妈妈，我不出去玩儿，我怕人拐了去。等我爹爹来了，你可教他给我买好东西吃。"沙氏拍着霞儿的肩膀儿道："你爹爹来了，不只给你买好东西，还给你做一件大花袄呢！"等到起更时分，娘儿三个才一同睡下。两个孩子无思无虑心血澎湃，所以在一躺下，便呼呼睡觉。沙氏满心里的心思，肚里的难过，所以睡亦睡不着，翻来覆去。这般时候，恰是初秋，凉风习习，格外清爽，尤其是在这夜间，秋天的气度更显著深刻。沙氏既然睡不实在，一切的恨事全都涌上心头。伸手给两个孩子把被单子盖好了，自己慢慢地坐了起来，一歪身倚在墙角上，用手掠了掠散乱的头发，抬头看了看窗纸被那晶莹的月光照得惨白。心说，这天儿一天比着一天地凉下去，莫说是棉衣服，连夹的都不准顾虑得上。老舅虽然一力地垫办，然而亦顾不了这么周全。再说老舅的来项亦没有多少，倘若把他挤得没有路了，不是更糟了吗？虽然想着与人佣工，或是做点外活，无奈初来乍到亦没有那种门径。想到这里看了看灯火，被门缝钻进来的风吹得闪闪灼灼，听了听梆锣的声音打了三下，月儿向西偏去，于是窗棂上现出了半面阴影。这段万籁无声的景象，越显着肃杀。不自觉地与霞儿小手相触了一下，才知道霞儿的手冰冷冰冷，登时抓了过来，心想给她温热了，那又知道霞儿突然地说了句："爹呀，我们全上了车，你怎么不走呢？"沙氏乍然听了这两句，知道说的是临往天津来，守忠送到门外那时候的话，连忙推了两下，霞儿仍自睡觉。沙氏又把灯端过来向霞儿的脸上照了照，只是迷着两个眼地睡。但那枕头上，早已发现了许多的泪痕。又照了照屏儿，亦是呼呼地睡。一探身把灯放下之后，由于霞儿这一番作弄，亦把沙氏思夫的心肠感动了，心说，这一恍二十多天的光景，亦不知道地卖了没有，至今音信不来。一面想，一面那泪珠如同高山流水。可惜这时候缺少一个七弦琴，不能和他弹过去与现在以及将来一切的悲哀的调子，直到五更天晓，而才收住了眼泪，等待两个孩子起来，收拾妥当。正在与霞儿梳绾发辫的时际，沙致福一推门走了进来，手中拿着一封写好了的信，向沙氏道："这封信是寄到武清的。"说着把信纸抽出来念道：

守忠妹丈大鉴，本月二十五日妥抵津门，住在河北邵家园子宝兴里二号，所有一切日用费用，皆由兄垫补，请弟放心。至于地土之事，如今有无成效，亦颇惦念。请兄在见信后，急速将现状如何写信寄来以便放心。屏儿、霞儿每天欢欢笑笑，亦勿庸挂念，惟是天气渐凉，望弟多多慎重为要。

专此，即颂　秋安

兄沙致福寄自津门　七月十九日

沙氏听完，立时命致福送去，致福忙抹身走出。阅者很可以把沙氏夜里那一幕泪落衣湿的景象，与守忠在地里汗温土热的情况对照地想一下，是否于夫妇之道，儿女之情，世间少有的一件罕事。正是，穷途便逢无情匪，贤妇偏遇有志夫。后文如何，且看下回。

第二回　大连西市场檀板轻敲迭遭蔑视
天津马鬼楼弦声乍起俱获佳评

　　且说致福去后，沙氏遂张罗早饭。所好有头一天剩下的高粱面饼子，半碗杂面汤，伸手一摸腰里，只余下两大枚，遂又为起难来。心说，老舅天天地垫补，昨天他就直说钱没有了，今儿个还怎么样向他说呢？如果他回来多少给几个还好，他不给，可怎么办呢？唉！两眼一般黑，找谁去呢？没有法子，还只得向他憨皮赖脸地要。沙氏这种情形，真可说现出了穷人的本色。常言道：人贫志短，马瘦毛长。这话一点不差。沉了不大的时间，致福回来了，报告沙氏信已经寄去了。致福一抬头，猛然间看见沙氏的两个眼睛又红又肿，忙问道："你夜里又哭了吧？"沙氏勉强地笑道："哪里哭啦，亦许是上一点儿火。"致福道："这想必是你又难过了呢！"沙氏道："老舅这可是错想了，成天有老舅这样的垫补，我难过的是哪一门子呢?!"沙氏这种话，纯粹是因为致福这样的护管，倘若在（再）委委屈屈，恐怕致福不满意，而才这个样说的。心想虽然是一奶同胞的兄妹，论真的，可较比自己的丈夫差得远着呢！致福心说，本来妇女们的心肠太窄，尤其是乡村里的妇女，更是不开通，亦惟有不问皂白再四地婉劝，但亦有时候说些个不关己的笑话，不过为解一解沙氏的愁肠罢了。

　　这且不提，且说守忠自从嘱托沙致福把他母女三人送到了天津以后，便四下里托人找主。无奈是一块旱涝不收的地，再加着年月不佳，哪里会有花钱买当上呢？所以左卖亦不成，右卖亦成不了。后来，当村有一个姓于的叫作于金铭给找了个买主，叫作刘老歪，素性啬刻，拿一文钱当铜盆，并且，还专收买地土。于金铭为了几个谢礼，便把老歪找来，与守忠介绍了。老歪一看守忠的情形，简直是等钱下炉，一问价，守忠一想，共五亩地，要上三十块钱不算多，所以把要价说了。哪知老歪瞪了瞪眼睛，伸了伸舌头，说道："就凭你那糟乱的地要三十块钱吗？我亦不少给，三块钱。要卖当时就解决，回头我就不要了。"守忠连道："不行不行，最好你不要了吧！"一面说一面想，人要落到这一步，喝口冷水亦塞牙。简直是拿我啰唆。于金铭一看没有办法，又知道老歪素常的脾气，所以作为罢论。最后又有一个买主，规规矩矩地给了二十五块钱，守忠而才委曲求全地把地卖了。手续办理妥当，守忠决定是转天动身，在这个时候，突然接到天津寄来的信，从头至尾看过了，因为转天就动身，亦没有理会，倒很安稳地睡了一夜。

　　天明以后，把零星物件包了一包裹，又把房子锁了，托了近邻照管，而才动身。到了天津，正是灯光乍放的时际，找着了邵家园子，借着电灯的光线把信掏出来看了看，而又找着了宝兴里。无奈黑暗异常，找的工夫很久，亦找不出二号来。幸亏沙氏出来买东西，才互相地遇见。索性沙氏的东西亦不买了，急忙领进家内。守忠进了屋内，两个孩子均喜悦异常，这个说："爹呀，我越想你你越不来。"那个说："你给我买好东西啦吗？"守忠漫作不理的，向沙氏问道："你们吃饭了吗？这里有钱买去。"沙氏听他有钱，心说，他一定把地卖了出去，便道："饭是吃完了，可是把地卖了多少钱呢？"守忠洗过了脸，又买了些东西吃，才慢慢地答道："把地卖了二十五块钱，我一个钱亦没有花，我的打算，一半钱偿还老舅，一半钱做一个小买卖。"沙氏道："很好很好。不过咱是初来乍到，不明白此地的风俗，你说做一种什么小买卖好？岂不是一个难题吗？"守忠道："莫怪人说老娘们不开通，你尤其更是一个死轴子，这种事一同老舅计议，岂不就有了相当的办法吗？"沙氏恍然大悟。夫妇继续谈些分别以后的话，而才安睡。

　　第二天的下午，致福到了沙家，推门一看守忠来了，不由一愣，心说信去了没有几天，居然随着来到，想必是地没卖出，这个我先问一问，所以向守忠道："人既然来了，地可是卖出去了吗？"守忠让了座笑道："哪里话来，我不办理妥当决不能来。"致福又问道："那么卖了多少钱呢？"守忠道："钱卖的可不算少，不过我正在为着难呢！"致福笑道："如今既然有了钱，又为的是哪一项难呢？"守忠经他一问，才把自己的打算说出。致福道："那很不必，你最好用一半的钱作小买卖，一半钱作家中的垫办生活费。倘若我一接受，你准保这买卖就能立竿见影吗？到那时节我再垫出，岂不枉费周折吗？关于这一节，只好是你向后挣了钱再给我，碰巧我还多花呢！"沙氏插嘴道："老舅既然这么说，那么你就依实吧！可是你得急速与老舅研究研究干什么小买卖好。"不及说完致福便答道："依我之计，现在离八月节很近，你就在胡同以外摆上一个鲜货摊子，倒是一种投机的事业。"守忠笑道："这个法子很好，准能看利。"致福道："我还嘱咐你一个最妙的办法，千万可别多弄。估量着这种年月来，方才你一说，那就听出你是一个没作过买卖的话，不能说准能看利，反正我们安心作，不挣钱，那我们亦算是尽人事而听天命了。"最后致福又把往何处去买货，这买卖怎么样做法，说个详详细细，守忠便亦当作一片金石的良言去听。二人又谈些关于前途的话，致福便告辞而去。

守忠从转天起，依照致福所说的去办。就这样子，一晃四年下去，霞儿业已八岁，对于人事亦渐渐地了解了，虽然还是脱不掉天真的态度，形势上，亦较比方一到了天津强了许多。面貌上，亦不同当年那样的黑，口音亦稍有转变了。头上梳了两个发辫，前发还要齐眉，后发还要盖顶。别看骨肉消瘦，然而很流露出来一番媚气。当年要看她的形象，亦就看她现在所唱《贫女泪》的芸娘，就能了解了，她彼时是这个样子。守忠的买卖亦很畅旺，所好日积月累存下几个钱。这时候，便有人与屏儿提亲，并没有费三言两语，就真成就了，所嫁的还是一个同乡，名叫赵永庆，至于结婚时节的一切琐碎，因为与本书宗旨无关，所以作者在笔下脱一脱懒不必细表。

且说守忠，有一天挣的钱很多，竟会超过日常数目的两倍，心说，今儿个可是破天荒，亦许是太阳从西面出来的。心中这么一高兴，所以早早地收了摊子，急忙吃过晚饭，换上了新做的青竹布夹裤袄。所好在八月中旬，亦觉不出凉来。兴致勃勃地走出家门，缓缓地向河南而来。一面走，一面唱着小曲，唱来唱去，便把听唱的念头勾起，遂渐渐走进了繁华市上。再看见五色灿烂的电灯，心中尤其是畅快。心说，莫怪小孩子们唱着的歌谣是：

天津卫，好热闹，你喊我嚷好似锅里的蚂蚁叫。白牌电车围城跑，杂牌的电车租界绕。白天好，人仰马翻不得了。黑天好，五色的电灯放光豪……

守忠一想果然不差，便亦哼起这种通俗的歌谣，走到一家规模很小的杂耍园子门首，亦不看黑板看红报，居然不客气地大着脚步走进去。茶役给找好了座位，沏了水，一面喝着，一面神不守舍地四下里看。心说，家里虽然亦有园子，连这一角的阔全跟不上。阅者不要耻笑他没有见过大局面，还得要原谅他是久居乡下初次进了天津的游艺场所。且说守忠听了几段二黄，看了几次戏法。临到末场，他但见场面一换，从里走出一个十七八的大姑娘来。这时候，台下一齐鼓掌欢迎。那姑娘很沉重地走到台前，把眼皮向下一压，却好似把大众所欢迎的情形只有意会而不言宣。至于抬起头来所说的是什么，因为鼓掌的声音还没有退，所以守忠一句也没有听清楚。心说，看这派头，这姑娘的玩艺一定不错，当即侧耳细听。

原来那姑娘所唱的是辽宁大鼓，守忠虽然听不清字眼，然而对于她的腔调很是赞成，于是亦有时候乘着大众鼓掌的时候，他亦狠劲地拍两下。及至散场归家，守忠的印象仍未除掉，所以一连四五天去听。最苦不知道那姑娘叫什么名字，亦不知道她所唱的是什么玩艺。心里总是想着，我倘若很侥幸地与她会了面，必要向她谈谈话，并且还要问问她唱的是什么大鼓，从哪儿学来的，因为什么那样的受人热烈欢迎。于是东寻西问，然亦询问不出一些头脑来。幸亏有一天散了晚场，走在中途，有一位年过花甲的老者在守忠身后自言自语道，玩艺是真好，莫怪人们起哄呢！守忠一听了这很表同情的话，便慢走了两步，与老头儿平行着，很鲁莽地向老头儿问道："老大爷，您老赞成她好，可是哪儿好呢？"那老头儿看了看他，顺了顺胡须，心说，这个人好奇怪，问人不怕问，语意似乎找碴来的。所以很横地答道："哪儿好，字正腔圆就是好。"守忠又问道："她为什么唱得字正腔圆呢？"那老头子瞪了瞪眼道："你这个人太难啦，问一句就完了，何必刨根问底呢？莫非说你有什么心思不成吗？"守忠笑道："老大爷这话说对了，我的心思却有，不过这心思不能说。"那老头儿又撩起眼皮看了看守忠，把嘴一撇冷笑道："嘿，你要与人家接近吗？别妄想了。就凭你这脑壳，你这口条，任凭你说上一万声我爱你，人家朱老板只答上一句我不爱你呢！老弟，老弟，我说话可是太冷，但亦不是小看你，就是这种粮米高贵的年头，留神棒子面吧！"守忠听到这里，笑道："老大爷是错会意了，我的心思老大爷并没有猜对……"不待这话说完，岂料那老头儿拐进了胡同，只向守忠狠狠地说了一句："朋友，我不是你自家的妹子，哪里能与你唱坐宫的四猜呢？"守忠方要答话，老头儿业已走远了，心说，这老头子太可恶，骂人不吐核，打他吧，他那般年岁，不打他吧，就得吃一个哑巴亏。常言道，吃亏的常在。转而一想那老头子说的好的地方是字正腔圆，并且说她姓朱，只可惜没有问出她唱的是什么大鼓，是在什么地方学的艺，她唱了多少年，现在每天能挣多少钱。最后一想这件事很好办，架不住工夫长，只能明白底细了。

　　阅者看到这里，必定亦要问如同那老者一样的说法，更要加上两句穷心未退，色心又起。究竟守忠并不是迷恋那个唱辽宁大鼓的姑娘，那老者是错会意了。然而守忠那样的探询，实在是他是另有一番用意。所谓的用意，便是在第一天往那里听玩艺，就十分注意，万般羡慕，后来再看那种派头，那种的受人欢迎，心中便料到这个姑娘挣的钱当然亦不在少处了。由于金钱而就顾念到生活上，心说倘若亦教霞儿学去，一旦唱红了，亦与姓朱的相争上下，岂不是大注子的挣洋钱吗？所好霞儿又伶俐，将来不难坐上第一把交椅的。守忠既然有这一份存心，当然见人就打听那姓朱的学的是什么大鼓，逢人便问哪儿有教大鼓的。所好，事有恰巧，这一天致福由大连来了一个朋友，姓何人称何丑子，是一个专门教授辽宁大鼓的，在大连一带很有名望。两人会见之下，致福因为让在朋友家中很觉不便，于是便让到守忠家里，与守忠介绍过了，守忠谦逊入座，便问道："阁下哪一行发财？"何丑子笑道："兄弟是凭嘴吃饭，赖手穿衣。"守忠道："是说评书？"何丑子道："不是。"守忠道："是变戏法？"何丑子道："亦不是。"守忠大笑道："那么是哪一行呢？"何丑子道："亦就是教个大鼓儿，随随弦而已。"守忠乍一听了"大鼓"两字，便注了意，又问道："阁下既然是鼓界高材，那么唱大鼓的差不多都认识了？"何丑子道："不敢说全认识，反正是有点名望的兄弟便知道底细。"守忠道："这很好了，我先向阁下问一个人呢！阁下可曾知道，天津有一个叫朱……"不待守忠说完，何丑子便把此人的相貌与体材说了一番。守忠拍着巴掌连道："不错，不错。"何丑子咳了一声道："她是唱辽宁大鼓的，她是阎起顺的门徒。"守忠道：

"那么阁下的大鼓是什么名称呢?"何丑子道:"亦是辽宁。"守忠心里打了一转,点了点头儿,转过脸向致福道:"我从前些日子,就打算教霞儿学个玩艺,亦教她学这种大鼓,我看倒能行。"致福道:"何老兄所收的门徒计算起来足有三四十了,并不是当面捧人,就凭何老兄这种玩艺,真是另有一种秘诀。凡是他的门徒没有名望的是很少。"何丑子笑道:"这是高抬了,按说咱这玩艺虽然俗中又俗,不过是别创一派。"致福向何丑子道:"我们妹丈既然有这份打算,那就作为我的介绍。"何丑子道:"那一来,我是求之不得的。不过,我这一半天就回大连去,没有多大时间,最好再来的时节再为实行。"守忠暗想,他这一半天走,再来不知是什么时候,莫若即时行事。于是把霞儿叫了过来,手指着何丑子向霞儿道:"快磕头,这就是你的师父。"霞儿用两手把发辫一抓,瞪起两只炯明的眼睛,用牙咬着下嘴唇儿问道:"什么师父?"守忠道:"教给你大鼓的师父。"霞儿登时把粉脸儿一红道:"哟,唱大鼓的还有什么好人吗? 我们可不学。"说着便走开了。守忠一看这种情形,暗想:没有想到,费了多少日子的苦心,好不容易遇着这么一个好机会,结果,竟被这孩子窝了个对头湾。于是把脸儿一沉。致福一看不可开交,遂向霞儿道:"你学吧,又玩又唱多好咧。"霞儿亦看出来守忠不满意,老舅又这样儿说,便道:"问我妈妈吧! 我妈妈教我学我就学。"守忠乘这当儿看了沙氏一眼。沙氏道:"只要别打别骂,就叫孩子学去。"致福哼了两声道:"岂有此理,岂有此理,霞儿你就拜师吧!"沙氏推着霞儿道:"去吧!"霞儿当即与何丑子磕了拜师头。何丑子心中喜悦非常,笑向守忠道:"并不是奉承老哥你,你这孩子将来准有成名的一天。"致福道:"那就在你的教法了。"何丑子道:"既然如此,我与守忠更有进一步的交情了。所以,如今我打开窗户说句亮话,敬闻守忠老哥准能把霞儿做艺吃饭的心拿准了吗?"守忠笑道:

"哪里话来，行行出状元。倘若唱好了，我那摊就不摆了。"何丑子道："既然是这个样子，莫若马上不摆亦行。我现在同着致福说句大话，只要把霞儿交给我，准保不久就能成功。方才我所问你老哥心下坚决不坚决，就是打算这一半天随我一同到大连去。大连的地面较比这儿还活动，差不多天津都往那儿找饭吃。再说这种大鼓在那儿亦正在风盛时候，出了师，在那儿唱唱看，如其不行，再返天津，你看怎么样？"守忠听了他这一番话心中又自犹豫不决。致福一想，守忠没有简爽的答复，必定是他放心不下，所以插了嘴道："何师父这种办法很好，再说人挪活树挪死，只要守忠认可了，我亦随着走上一番。"守忠既得着依靠，遂向沙氏问道："你的意下如何？"沙氏道："去就去。"守忠反又向何丑子问道："那么打算明天走还是后天走呢？"何丑子道："我打算明天走的。这一来，你亦得清理清理家中的事，咱就后天一早走。"定订妥当，当天守忠很诚恳留何丑子吃饭，两人是兴致勃勃。简爽说，到了后天一同起身。所好守忠自己有一些积蓄，能将就买轮船票。

且说到了大连以后，住在何丑子一块儿，从此霞儿便与何丑子学下艺去。一恍三个月的光景，何丑子教法亦认真，霞儿亦聪敏便学会了十几段。守忠一看能将就上台，并又托人荐妥西市场，命霞儿登台献艺。何丑子必须要一同到园子随弦去。头一天，霞儿一得着上台的信息，心里便扑通扑通地跳。那种情形，就好似新娘子在洞房里新郎突把门关了的样子。但自己亦明白在这时候，如要拘束不上台，就有挨打的希望了。没有法子，只好红着脸皮，浑身打着战草草地唱完了，跑向后台去，她那身上而才如同方才被绳子捆得很紧的，现在被松开了一样。第二天，就较比头天差着许多，虽然还是有些毛病，无论是顾客或是何丑子，亦要从旁原谅她的年岁太小。三四天上，便放肆多了。本来，做艺的早有两句名言在：即是要脸就要不要脸，不要脸反是要脸。且说何丑子一听她上台的玩艺儿，腔调上还是软，于是日夜地加紧教习，虽然有钝笨的地方，然而有致福与守忠二人关照，亦惟有多费些唇舌罢了。

霞儿在西市场唱了半个多月，每天挣的钱亦居然将就糊口，守忠与沙氏便很知足。沙氏以为现在指着孩子吃饭，所以对于霞儿更加十分的爱护。谁又知小孩子怕宠，沙氏这一心意，霞儿竟于无形中骄傲起来。关于修饰上举动上，亦学得成为旧有的一派，有时候在后台和人们打打闹闹。所好是她的年岁很小，大众都当作小孩看待，倘若在十七八岁，说不定要有怎么样的风流，怎么样的浪漫了。亦曾因为那个地方，梳着两个发辫的很少，况且又不时兴，再说又透出了孩子气，所以她便把两股儿头发合成一股，梳了一个很宽很大的辫子，亦居然学会了擦得雪白的脸蛋，涂得通红的嘴唇，挤挤眉，掐掐眼，慌跑慌颠。她既然染成了这种习惯，沙氏可就有些看不下去了。

一天下了早场，疯疯扯扯地回到家中，一迎头儿，沙氏便痛责道："疯丫头，越学越坏了，你瞧瞧你还像个人样子吗？你拿个镜子自己照照，下霜的脸，吃了死人的嘴唇，你看顺眼吗？"霞儿道："您哪亦太已的少见多怪了，看人家白月仙、刘小顺，还有我们五姐姐，哪一个不是这个样子。""可是他们岁数都大。""那么我岁数小就不是人吗？亦行，只要不让我干这个，我就不这个样子。"说完把小嘴儿一噘。沙氏一看倒没有办法了。于此可见，这年头儿，凡是经济能够独立的女子，就能有自由的权利。再深一步说，由于自由上，便很容易创出名姓儿来。做艺的女子，已经成名的，哪一个不是自由上所创造出来的。

闲言休叙，却说霞儿自此为始，不只是修饰入时，尤其要三一群、五一伙地逛逛街，什么闲串门，更是一种常事。这时候，大凡

253

该地的杂耍园子，不知道霞儿的是很少很少，因为名儿出去，举止风流，难免要有一两个人注了意，所以每天早晚两场尽力地捧场。霞儿每一上场见了那种情势，更是大模大样，端起了小架子来。自己亦曾会心说，足见我的艺术好了，不然的话，一上场便受这热烈的欢迎吗？

霞儿这一片自骄自傲不提，却说守忠眼巴巴地盼得霞儿有个小名望，心愿才算是满足。但是，仍不断地口托何师父，以求深造。岂知霞儿毕竟是个小孩子，凡事不留余地，自己以为是足能行了，哪知从能行上竟而渐渐地开了倒车，所以没有一个月，艺术不但没有进步，而声气亦不见强。再加着是隆冬的时候，北风怒号滴水成冰，亦正是游艺场所的背月，便日渐败落下去。然而霞儿到这般时候，自己亦明白所受打击的原因，并且亦风闻五次三番的没有好评议，心中亦很追悔。到了家中对于父母，亦有些惭愧无奈。时势所造就了，真亦没有挽回的余地，直至西市场封了台，守忠的心里，亦不愿意霞儿再唱了。何丑子呢？亦落了一个一塌糊涂，心中好不懊丧。心说，自从天津收了霞儿这个门徒，却以为有十足的把握，不想她竟然脱不掉孩气，贪玩的心盛，以至于前进无能，后退有力。按说该打该闹，无奈守忠、致福的情面所关，不能甚于发躁，认真地打上两回，亦就不敢这个样子了。话又说回来了，谁家的儿女谁不疼爱，何况又指着他们吃喝呢！稍微心软一些的父母，就好似在他们手里有短处了。事到如今，自己不能落个清白不分，而损失了名誉。想了好久，而才想起这件事非得这样的办，既然得罪不了朋友，而又能保存了名誉。主意拿定，所以在晚间，把炉火生得旺旺的，打了些好酒买了些好菜，把致福请了来。致福道："你今天这么高兴，许是有点喜事吧？"何丑子一面烫着酒，一面把眉头子一皱答道："按说亦是喜事。既有喜头，亦当然要有喜尾。"致福一看他的神色，再听听他说了这种含沙射影的话，心说，这其中必有缘故，不是守忠得罪了他，便是霞儿教他生了气。遂急道："何老兄你这话竟说在无用之地，我本是直性人，索性你简爽地说，万别拐弯抹角了。"何丑子叹了口气道："自从在天津收了霞儿这个门徒，到大连苦修苦练，恨不得把一腔心血都牺牲了，所以才破着胆子说大话，无论如何，亦要教她成名，直接着算对得起老弟你，间接着，亦就是对得起守忠了。不料想，这孩子不给我作脸，弄得你们二位亦失望不小。在一学的时候还好，后来一登台，便要起孩子脾气来了。看旁人怎么样的穿着打扮，她亦怎样的打扮；看人家怎么的不规矩，她亦破格的去行。究起真来，于实际上全没有辅助。然而这件事的结局还是怨我，怨我的教法不良，而落到这般现象。不过为什么怨我，这里面亦有不得已的苦衷呢！"致福听了这一番话，想起守忠的起意，霞儿的淘气，真亦不知道是怎么样的答法。沉了半晌才缓缓地答道："霞儿这孩子，自幼儿便是娇生惯养，再加着常言所道，近朱者赤近墨者黑，所以才造成了现在这种情势。以我之计，乘着这些天，暂且把她的性情规矩一下，转过年去继续再学，你看怎么样？"何丑子摸了摸酒已热了，喝了一口道："你这种办法虽然不错，不过到转年她仍然是那个样子，那么一来，可又有些什么办法呢？"致福道："如果是率由旧章，我自然有一种解决的办法。"何丑子从方才所套拢的便是致福自己口中说的担负责任的话。遂道："那么再看一步吧！可有一节，你千万可要把今天咱兄弟这些话，完全送到守忠的耳里去，以便明白事实的真相与兄弟我的苦衷。"致福笑道："那是当然。"说着站起身，告辞而去。马上到了刘守忠那里，把何丑子那一番话和盘托出。守忠暗想，霞儿是那种情形，不能怪何丑子有这一次的交代，真要是因为这打她一顿，骂她一顿，于自己心中亦要有一些惭愧。关于这一节，还是得向老舅讨论，于是向致福道:"事到如今,你可有什么法子吗?"致福道:"我的法子是有,便是再看她一次,如果仍然是不堪造就,那么先教她休息休息,或者大两岁再学,或者改弦易张,算是你没有指着女儿做艺吃饭的命。那么一来,你在此地亦耗费不起,还是往天津,找饭吃去。"守忠在这口无吹灰之力的时候,事事亦惟有依着致福的法子去办,答道:"亦惟有那个样子。"

却说致福早已便把霞儿看得入了骨髓,暗中断定了不易成全,所以才想出来这种揽责而又卸责的办法。一眨眼,便到了转年的新正,何丑子又精心地教练一阵子,无奈还是不行,这一回可无计可施,只有以致福的方法去办。致福在这时节,亦把个人的打算向何丑子说了,三面言明以后,各自认为懊丧。简短说,最后守忠约请何丑子聚会一次,而才实行致福的方法,阖家又返回了天津,住了天安里后身。守忠一统算这一次的损失,亦不过是来回两轮船的票资而已。到了天津不到半个月,霞儿的性情亦和顺了,举动亦规矩了,竟会与在大连的时候天地相隔。这一天,晚饭初罢,在灯光之下夫妇便叙起了家常。沙氏向守忠道:"你看霞儿不亦太奇怪了,自从返回了天津,就这样老实了。依我看,你赶快死了心吧!说句迷信的话,简直不该吃那一行饭,你还是该着干什么就去干什么吧!只当作没有这一节事。"守忠长叹了一声,转变成了一种苦笑:"唉!咱这气运就这样的不通吗?真是!喝口凉水亦要塞牙的,所好老天爷还能饿死了没有眼的家雀吗?"沙氏道:"我看全是怨你,你要好好地摆着鲜货摊子,哪里会有这种事情呢?"守忠连道:"怨我怨我,怨我多此一举!"吵说到了二更才一齐安睡不提。

却说这天安里后地方,便如同现在庆云后一样,所有住户,十九是吃着梨园行的饭。单说守忠对门居住着一个姓张的叫张柏龄,年约三十上下,人极老练,他是专门教授评戏出身。自从开平畅兴此戏以来，他就得到此中的秘诀，所收的门徒亦有四五十人。有一天他在屋中拉起了弦儿来，教给一个徒弟唱《花为媒》。霞儿听了那种腔调觉得生色，所以去到张柏龄屋中且看且听。张柏龄认识她是对门刘家的孩子，亦不理会。日子一长，每逢他那屋唱，霞儿便去听。听来听去，霞儿学会了一句之中的一半段，亦有时候自己在屋唱着玩，恰巧被柏龄在门外听着了一次。所听的正是《杜十娘》里的一句："莫非说，在外边，得罪了朋友？"他心说，腔调儿真不坏，嗓音也很好。不过好有缺欠的地方，倘若再仔细地教授她一番，准能唱得好处。转而一想，这孩子亦真伶俐，闻风抄气亦居然学会了，那么亦许是人家有师父。又一转想不对，纵然是有师父亦不能与我这行腔走调一样。最后想起了一个法子，明天她再来了，问问她，便知分晓了。霞儿自己唱着玩，亦并不知道张柏龄对于她注了意，所以到转天，仍然是到张柏龄屋内去听。霞儿过去，弦落声收，柏龄便向霞儿问道："你会唱吗？"霞儿道："会唱。"柏龄道："你会唱哪一段呢？"霞儿道："我会唱《杜十娘》《花为媒》《花魁从良》，全会唱。"柏龄笑道："那么我拉着你唱一段《杜十娘》。"霞儿道："可有一节，我可就会唱一节。"柏龄一看她这情形，居然不拘束又不客气，心说这孩子真有勇气，于是把弦儿拉起。霞儿唱了一段《杜十娘》。柏龄一听，真比他所教的门徒还强，遂问道："你的师父是哪一位，姓甚名谁？"霞儿道："我的师父不在此地住，他在大连住，他名叫何丑子。"柏龄笑道："哦，原来是何丑子，他不会评戏呀！"霞儿用手帕捂着嘴儿笑道："他不会评戏，我跟他学的是辽宁大鼓。"柏龄道："你在什么地方唱过？"霞儿道："在大连西市场。"柏龄道："因为什么不唱了呢？"霞儿经这一问，立时把脸儿红了红道："因为他不好生教给我，所以才不唱的呢！"柏龄道："那么你还打算学吗？"霞儿道："是大鼓吗？"柏龄道："不是大鼓，是评戏。"霞儿道:"大鼓我可不学了,怪伤心的,评戏么,我可是乐意学,但不知我父亲与我老舅乐意不乐意,只要他们一乐意我才学呢!"柏龄一想,她唱得又不错,可惜没有师父,倘再收她这个门徒,将来非大红大紫,岂不是一学两得吗?便又向霞儿道:"你如果乐意学,今天回去马上就跟你父亲商议商议,认可了,算我收你这个徒弟,不认可便作为罢论。"霞儿正要答话,一抬头,看见沙氏在玻璃窗外面站着,立刻跑了出去。原来沙氏找她吃饭了。

母女一同到了屋中,沙氏向霞儿问道:"你这丫头真不知自爱,又把在大连东家走、西家串的毛病使出来了。"霞儿把圆眼一瞪怒道:"什么毛病不毛病,爽快说,我要学评戏。"沙氏道:"你说说评戏是什么?"霞儿道:"蹦蹦就是评戏。"沙氏道:"得了,收起你那份吧!大鼓唱不好,又学蹦蹦啦。蹦蹦唱不好呢?再学二黄,二黄学不好,再学梆子。让你全学过来,格不住全唱不好,亦是枉然。"守忠在旁插嘴道:"按说蹦蹦可是一种时兴的玩艺儿,倒可以学。不过霞儿这孩子的性情不好,倘若再使出在大连那一派来,岂不是又白染一水。"霞儿道:"如果你们乐意教我学,我就把在大连的习气改过了,老老实实地学,好好地登台演唱。你们要认可,我就把对门住的张大伯请来,你们和他谈谈,省得他亦总恨不收我这个门徒。"守忠道:"你所说的话当真吗?"霞儿道:"当真不当真的放在一旁,倘若这一次再学不好,往后任什么亦不学了。"守忠道:"既然是这个样子,明天你就把那位张先生请来我们谈一谈。"霞儿一听有了活口儿,心中认为满意,吃完了饭,亦不请示请示,自己主张着即时把张柏龄请到家中。守忠见面之下,叙罢客套,便向霞儿在大连种种经过说了。张柏龄亦把爱惜霞儿起原说了一番,越谈越入味,直至天晚方散。简短捷说,从此霞儿又算拜了张柏龄为师专学评戏。所好霞儿有底子,不多日子,便学会了好多出,例如

《高成借嫂》《败子回头》《花为媒》等等，俱已纯熟。后又经人介绍在法租界马鬼楼登了台，张柏龄亦曾与她起了一个艺名，叫作刘翠霞。彼时因为新学乍练，尚且着不出一些眉目，所以与东发亮、黄翠舫等作为一个配角。行头呢，既然家中很困难，无法置办，便四处央求同行中人借着穿，所好翠霞亦能将就。戏份的数目，每天不过挣一二百枚，还不足家中的日用费。守忠见她这种情形，早出晚归，不遗余力地学，心中颇为喜悦。沙氏这次亦要破些工夫随来随去不提。

且说常在马鬼楼顾曲的人们，乍然地看见又夹了一个十几岁的小孩子，做派不但很好，唱得亦不错，内中便有些位对她注了意，竟把捧黄翠舫的心完全移到翠霞身儿上。后来当翠霞每一登场，必要博得一阵碰头好。再说翠霞亦真讨人们欢心，居然在台上大卖风味。有一天下了早场，随着沙氏回到家中，草草地吃过了饭，翠霞忽然想起了晚场是《花为媒》，自己扮饰丫鬟，早弓便把戏中的对白念了一过，并且又预备下许多独出心裁的句子，略微地修饰修饰，已经到了时间，遂随同沙氏去到园中，在后台紧忙扮装。她这一扮，真较比真丫鬟还俏媚十分。在场上，虽然是身材矮，台步可是非常的风流，并且还要个人的身份上卖出了十分的春味。本来，好看评戏的人们，一半是看剧情、听腔调，一半是看那一派浪漫神情，与其形容上的逼真，看来亦与现在看小说的人们心理相同。内容倘把苟且的作为描摹逼真，便能受人欢迎。文字虽然清悍而缺少香艳的春味，便被人弃如敝屣。说来这种世态可悲，而如此的人情亦未尝不为可叹。按说翠霞那一派举动，纯粹是在场上不得已的作弄，而顾客们的心理，便认为翠霞是大卖风骚。有的说"刘翠霞太坏了"，有的说"这个小孩子将来真不知坏到哪种地步"。但是口头上却不是这样的讲法，便轰传刘翠霞唱得好，翠霞做得好，轰传起来，园中成班的亦注了意。倘若翠霞有一天不出来，那成班的便抓耳挠腮，三番五次地派人去催。这一天，因为翠霞受了一点风，头晕目眩，四肢无力，于是请了病假。可是欢迎翠霞的人们，率皆乘兴而去，结果是败兴而返。内中真有迷住一窍的，煞费苦心去询问翠霞的住所，意思上是那不赴汤投火亦要见上一面，于此可见翠霞对于艺术上吸诱力如何了。

却说沙致福自从得到了翠霞又拜张柏龄为师学了评戏在马鬼楼登了台一切的消息，心说，这孩子又唱上了评戏，势必还要栽第二个跟斗。后来一听，对于她的批评很好，虽然不是开门红，亦可说是少有的一件事，登时又把翠霞重看了。现在既然得着了翠霞如此的信息，当然要上刘家走上一遭。方一进得刘家的门首，便听见屋中大喊大闹起来。进门以后，只见翠霞斜卧床上，见致福进门，意思上是要起来，无奈挣扎无力，亦惟有以一笑代表了欢迎的意思。守忠那里提眉吊眼怒气勃勃，向翠霞问道："你说你到底是怎么当事？说了实话，万事皆休，否则我自有对待的法子。"再一看翠霞那儿，粉脸娇羞泪珠儿流了满面。致福暗想，守忠素常的脾气很好，不遇上实不得已的事他决不发躁，这个我先问一问是怎么当事，再作主张。想罢便向守忠问道："这又是因为什么？生这么大的气。你可要知道，翠霞可是个病身子，倘若病上加病，长久登不了台，亦是一个最大的问题呢。"守忠仍然是理直气壮地说道："登不了台更好，省得做些丢脸的事。"致福追问道："那么她是在外边有不规矩的地方吗？那不还有她母亲来回看着吗？再说她才十几岁，能做出有什么不体面的事呢？"沙氏道："别提了，还说我监视不严呢！"守忠道："十几岁，架不住人小心大。"说着从腰里掏出一件东西来向致福抛去，怒道："你看，你看！"致福乍一看亦怒气冲冲，两手发酸。正是：

家庭中得忍困时且忍困，歌场上不风流处亦风流。欲知详情，且看下文。

第三回　娇肢弱质薄命女突遭小恙
月暗灯昏急色儿苦费思量

且说致福乍而一看，是一张当天的报纸，上面印就的"刘翠霞"三个字。他说："这一登报，必没有什么好事。"所以才与守忠深表同情，及至仔细一看下文，反又把万丈的怒火沉压下去，原来上面刊登的是：

刘翠霞色艺超群！

余嗜评戏久矣，尤善追讨斯艺真味，曾聆黄翠舫等之剧艺，音调虽佳，而做法迹近骚荡，且形容逼真，以致遭人轻视，似美中之不足耳。自刘伶登台献艺以来，于业已深得其妙味，技艺既较黄翠舫等高尚，而做风既符剧情之浪漫，形势上则毫不苟且。惟惜刘伶之与赖汉牵马坠蹬，亦一憾事耳。倘刘伶乘彼等之失掉评戏本色时，而勇猛前进，加紧研习，不难一跃而为该楼之泰斗矣。

致福看完，又注意到投稿者的姓名，原来是沽上评剧客。这当儿才把满面怒颜转而变成一副笑脸地连向守忠道："你是误会了，你是误会了，这上面所登的文字，纯粹是捧翠霞的。如果天天地这样登上一段，相信不消三年，翠霞就能大见起色，准有拿二三十块的希望。你可不明白，报纸的宣传力大了。再说这张报纸并不是一个人看呢！"致福解释完了，复又把那一段从头到尾细念了一遍，并且还代理讲解。守忠听完而才把气儿消泯下去。眼看着翠霞，脸上似乎还带出了十分的愧色。

却说翠霞自从被守忠申斥了那一番，竟而闭口无言，心中暗想，天有不测的风云，人有旦夕的祸福，这又不定是哪一个小冤家编笆造模的登了报。按说我们干这种营业，牺牲色相，到台上逗得人们一乐，就算很下贱了，甚至亦就如同下了十八层地狱，他们还偏踹上三脚，可是不知道这种人将来有怎么一种结果。莫怪前些天，黄大姐又给翠霞登了报了，原来是登的这种损人不利己的报，多么缺德。话又说回来了，倘若他们家出一个唱戏的，未必是这个样子吧！想到这里，反倒增加了十分的难过，那泪珠儿潸潸，亦就如同涌泉般的流下，兀自抽抽噎噎亦不敢大声大气。后来一听致福所念的与其所讲解的，才明白是捧自己的，心说，老挨刀的，斗大的字认识不了二升，还这个那个的，倘若老舅这时候不来，解了这个围，想不定还要打我呢！究其实，我是不那么做，倘若真在外边做下不规矩的事，你亦连一些影子亦不知道。再说既然破着死命的非教闺女干这个，就得豁出一面去，就不必这样的是是非非了。思前想后，心里越发的紊乱，四肢上感觉着一阵麻木，便如同死也一般睡去。沙氏见状，亦没有可发言的地方。

到了转天，翠霞的病越加沉重，面上的颜色竟而变成枯黄色，眼泡儿亦肿得很高，蓬松着头发，现出了很令人惊惧的病状，起立亦短促了许多。沙氏问道："你今天心里觉着怎么样?"翠霞慢慢地把眼皮向上翻了两翻答道："就是心里不好受。"沙氏把被子与她盖了盖道："你这孩子，亦是想不开。你不须任他说上千言万语，给他个满没听提。孩子你不明白，这是在你小的时候，就望风捕影地来个下马威，恐怕你长大了亦跟他们学。他亦不想想，世上无难事，就怕心一专。要专心那么做，管亦是管不了，要是不那么做，你教那么做亦不行。"沙氏这几句话，倒说到了翠霞心窝的深处。翠霞遂把头发向后顺了顺，面上略微地带出了丝丝的笑意。沙氏乘这时候问了句："你吃东西不吃，给你做点面汤好不好？"翠霞把头儿摇了摇道："不用费那种事，我一点亦吃不下去。"沙氏道："那么给你请位医生看看，吃两服药或许就好了的。"翠霞沉了一沉把眼皮向下一垂道："不用请医生，架不住多歇两天就好了。请医生咱家又没有那项余钱，再说这些日子又少进多花，半个月亦补不上这些亏空，咱又不是像人家心眼那么活动，多招些个野汉子，钱就来得很容易。咱这规规矩矩的，进项就差了许多。唉，这种笑贫不笑娼的年头，真是恨人呢！"沙氏道："你好好地养你的病，不必忧虑那个，只要咱对于玩艺上要好好地努力，唱好了，较比他们那丢人现眼挣的还多。你看人家李金顺，如今趁多大份，你要是等到那个样子，妈妈不亦跟你享福啦吗？"翠霞方要答话，不料马鬼楼来了一位探病的，当即让进屋去，经守忠把翠霞的病状报告了，那人把牙花啄了啄，倒吸了一口凉气道："您哪不知道，自从刘老板患病的那一天，园子里座竟掉了十分之三。可有一节，这个话千万要守秘密，倘若教成事的们听见了，必要说我吃里爬外架着炮向里打。"守忠道："纵然你不这么说，形势上亦是看得出来的。翠霞的病，大约在这一半天内还好不了，再说她的身体亦很娇弱，劲不住暴雨粗风，亦惟有等她的病好了再为登台。你放心，旁的问题是一些没有。"那人点了点头儿，亦就告辞而去。

　　却说翠霞到了晚间，只勉强喝下去半碗片汤。沙氏一看女儿那种病态，真个愁眉不展，茶饭不思，亦惟有不时地与翠霞谈些心思话，为的是使翠霞心中宽畅，病好得快一点。所好不过三天，翠霞的病，居然丝丝地消去。守忠与沙氏皆喜形于色，由翠霞自己所定的是后天登台，沙氏直拦挡，意思上恨不多养两天，恐怕再过一点力又得倒在床上，不但少挣钱，而且自己亦受罪。本来常言道得一些不错，富人怕抢，穷人怕病。按说现在的景况，比在乡下强，然而亦不过日挣日吃，所余无几。倘若再闹场病，便要抖了一个净眼毛光。守忠的意思，亦与沙氏相同，无奈翠霞自己有一定之规矩。到了第三天的清晨，果然起得很早，精神儿很大，一看太阳的红光已经扑了半窗，便想从事梳妆。岂知两条腿儿还感觉着绵软，懒洋洋地走到梳妆桌的前面。先把镜子拿来一照，白嫩嫩的肉皮虽然较比着擦了粉还清俊十分。不过，那种白色并非是正色，再加着红铃般的眼泡，已往的病容竟实现出来，所好还不十分消瘦，去不掉那受人欢迎的漂亮人才。梳妆已毕，草草地吃了点儿东西，便一排身形走出门去。去到张柏龄家中，张柏龄道："你的病没有好得完全，出来干什么呢？"翠霞道："怎会不行呢！我的来意，为的是吊一吊嗓子。"张柏龄听她词坚意决，遂把弦抄起来，所好嗓音还清亮。翠霞亦自放下宽心，延迟到正午时候，忙把衣服换好，沙氏随着她去到马鬼楼。

却说马鬼楼自从探听得翠霞登台的消息，便高高地贴起了一张黄报子，上写"刘翠霞病愈登场"等的字样。所以到了这天，客座又增加了许多。但是客座们的心理，一在得听好调，一在希望再看一眼翠霞那久病初愈的状态。然而翠霞亦一方面因为是乍一登场，一方面迎合大众的心理，所以在场上要大卖力气。这样一来，反较比无病以先的艺术似乎还高上一倍，倒显着黄翠舫等角色有些退化。究竟，是因为艺术不佳而退化的吗？并不是，那么。这退化的原因，纯粹是有些骚荡过度。按说翠霞在做作之中，不亦见得是怎么样的规矩。不过，她那种风骚是表演中必应尽有的。这一来，竟而嫉妒心生，处处要留到翠霞的神。

书要简短，翠霞又在马鬼楼唱了一个多月，果然因为一种小关节，而居然毅然地脱离了。不得已在家中休息了不少日子，才又被聚华所约登台献艺。那个时候，官方对于评戏便下了一道明文禁止演唱，所以凡是管辖游艺场所的机关，皆要对于评戏园子警告警告，如此的哄传起来，评戏便有些站不住脚跟。表面上，亦好似梨园行中永久的没有评戏的地位，以致以摇荡为主体的唱评戏的，有的无形衰败，有的便自动免去了那不正当的态度。这一固执起来，可要一多半是依赖在艺术上了。对于艺术上有些把握的尚能占得一些地位，其有艺术不及的便叫苦连天了。这般时候，翠霞便突飞猛进，所有的唱做念，全与风化的限制无关，所以翠霞所唱的评戏，似乎是别创一格了。翠霞偶然寻思个人的艺术已经占了胜利，仍然是不遗余力，恨不把全数唱评戏的都压倒了。彼时虽然唱个帽儿戏，所拿的戏份较比着在马鬼楼时节强得多，性情上反倒柔和而软化起来，决不是当年在西市场唱大鼓那般骄傲了。由于这柔和上，难免要交上几位男朋友，然而这所谓的男朋友，除去了报界便是很有名望的仕商，笼统地说句，完完全全是惜爱翠霞的艺术进而与之攀交的。按说男女结交朋友，并非是稀罕的事，这其中不过有两种分别，一种是有情感而不苟且，一种是有爱意而偏乱行。至于翠霞所交结的形制方面是清白的，口头方面是很谦和的。虽然有时候偕出偕入，亦不过是做艺人所必须有的一种表面上的应酬。

　　却说沙氏见过了翠霞与人们谈话的情形，心下便有些不满意，直把一节一节的都记在心里。那时候正在夏天，阴雨连绵，道路泥泞不堪。尤其是南市一带，每逢大雨倾盆，便成泽国，所以各游艺场贴了回戏的报子。沙氏乘这个回戏的日期，便拟定了要向翠霞提出了质问。翠霞吃过了饭，独自站在竹帘内看得那滴滴的雨点下到地上所激起来的水花很有趣味，心说，这老天爷下起雨来没结没完，倘止住了，我亦可以到张伯伯那儿研讨研讨。沙氏乘这当儿于是把翠霞叫到面前，问道："那一天在后台和你说话的那人叫什么？是干什么的？"翠霞把眼皮翻了翻道："您哪，问这个有什么意思呢？"

沙氏道："你先不要着急，你不知道我每天随来随去担负的责任很大吗？"翠霞道："我怎么会不知道呢？可是我亦没有做丢人丧脸的事来呀！"沙氏把脸儿一沉道："虽然你没有做出丢人丧脸的事，就是你每天那种情形，很有点不仿佛。倘若教你父亲打上一眼，岂不又教他抓住了话把。"翠霞不待说完，便很理直气壮地道："什么话把不话把的，我们只知道挣钱吃饭，旁的一概不懂。您哪，问那个人吗？所好我心地无愧，说出来亦无关要紧。不过有一节，人家亦有难处。这难处就是隐姓埋名，天天地捧我，日日地大肆宣传，倘若一旦露出真名实姓，恐怕要遭到其他人的嫉妒，与其一般注意我的抨击呢！简爽说，您哪放心吧！决没有什么不清白的牵连，再说您哪当初亦有过那种话，不安心那么做，谁教做亦不行，倘若安心那么做，谁亦管不了。希望您哪，最好别操这种心，倘要传到我父亲与外方的耳朵里还不定要捏造什么黑白呢！"说着说着，两个眼眶里竟涌起了泪痕。这时候转过头去向窗上一望，痴呆着两眼道："唉，亦曾听人说过'檐外几声才淅沥，胸中何事不分明'的两句古诗，这两句诗虽然构造得很有理由，不过，现在的人们听了淅淅沥沥的雨声，而心地分明的很少很少。"沙氏道："你这孩子，说这话未免有点咬文嚼字，绕着弯儿说我糊里糊涂混不分了。然而我方才所说的是好话，你可要知道一失足成千古恨，再回头已百年身。况且你现在又如同盖房子砸地基一样，倘若地基砸不好，将来不但没有希望，以前所创造的名誉，亦就丧失了。"

正在说得起劲，想不到致福竟冒雨而来，沙氏便是一愣，不知道有什么紧要的事，所以登时把话头止住。注目一看，但是致福手里又拿着一卷儿报纸，进到屋中，沙氏才明白又是报纸上的事。致福把身上的水迹擦了擦，沙氏问道："你拿着的报纸上面又登了刘翠霞的新闻吧？"致福拣了个地方坐下，又把守忠叫到面前，慢慢地把报纸展开，挨着张儿挨着段儿念给三口儿听。守忠笑道："凭报纸上看来，外方捧翠霞的不在少处呢！"翠霞听了，心中已明白是某某与某某所捧的，至于这某某与某某是何等人物，与翠霞有无特殊的关系，亦惟有翠霞一个人心中明白。莫说守忠与沙氏不知道，就连作者亦是不知道，所好后文自有表明的地方。

却说翠霞心里一痛快，登时露出了只有意会不可言宣的笑容，劈手从致福手中把报纸夺了过去，自己走到窗前三番四履地看，看见自己的名字而才放心。沙氏这时候自料着不定是登了什么不好听的报，原来是捧的，而才心平气和地放了心。知道翠霞是个好闺女，从先守忠闹得不但不对，并且自己亦多想了。从此以后，翠霞以为一方面报纸上给作脸，一方面家庭中免去了疑心，便从登台那一天起首，更要肆无忌惮地洒脱风情，绺交些与本身有关系的男朋友，难免各方面要欢聚酬酢起来，今天不是园馆，明天便是居楼。花前月下，韵诗般般。守忠夫妇与致福因为早有明证，所以任其送往迎来，概不过问，"刘翠霞"三个字在此时，更要飞驰起来不提。

且说倾慕翠霞之中的，有一位在南开住的翩翩少年，姓黄名登贵，本是富家子弟，亦曾在中学念过几天毛子文，程度方面是一瓶不满半瓶晃荡，长得既然是很漂亮，而服装的式样亦很入时。一年四季里总要三季西服裹体，并且因为图美观，眼不近视，亦要在鼻梁上架一副柯罗克斯的眼镜。他自从上学的时节，便以追求女性为常事，正在恋此失彼的时候，乍而到聚华看了一次刘翠霞的《败子回头》。翠霞扮的是花铃，嫖院一场，翠霞那一种娇娜的态度，与其所流露的脉脉春情，加衬着红白透肉的脸蛋、玉石一般的手腕，不但颇合娼妓的身份，并且其他的亦做不到。登贵坐在包厢里，以先把巴掌拍得通红，后来便呆着神儿想入非非了，心说，我拍了这半天巴掌难道她一声亦会听不见吗？怎么连半眼都不瞧呢？人人说，唱评戏的十有九淫，怎么她竟不向我这儿看上一眼呢？明白了，亦许是剧中太忙，没有抬头的闲空见，亦或者是用眼一扫看见了。把这番意思存在心里，遇上相当的机会再为谈话再为接近。想到这里，仍然是注意到翠霞的身上，所以手巾不擦，茶水亦不喝，形势上，便好似恨不得一跃身子跳到台上一把把翠霞抱住了。无奈并没有当年探花的淫贼那种窃房越脊的本领，便自怨恨不已。散戏之后，回到家中，脑子里已经有了很深刻的印象，心窍亦迷糊起来，茶亦不思，饭亦不想。到晚来，兀自仰着身形躺在床上，心说，世界之上的美女虽多，而是刘翠霞这样对心思的很少。你说艺术，有艺术的好处，你说貌相，有貌相的美俊。我倘若得着这么一个媳妇，天天陪伴着我，同桌而食，共榻而寝，那早死十年，心亦情甘。转而一想不行，即便是经人介绍，或者是自会，一旦与刘翠霞会了面到了两心倾向的时候，因为她是一个唱戏的，亦不能与她结婚作一正式的夫妻。最后一想，这亦没有什么，说不出的。常言道：好汉抬娼家，她还不是真正的娼妓，尤其是光明正大了，想当初轰轰烈烈，五位前军的领袖张勋，亦曾娶了个克琴，我这一介小民，更没有可说的呢！思来想去，再亦想不出一个能够会了面的妙法，辗转反侧，似乎在一闭眼的一刹那，刘翠霞亦就斜身躺在他那上，及至定睛看时，亦惟有一个方枕，与那不整齐的被子，登时把眉头一皱，心中又不耐烦起来，反又闭上两眼，仰身而卧。一伸手把电灯拧灭，满屋里顿显漆黑。他乘着这幽幽静静的时候，把心坎上的一切思潮涌了上来，直接地涌到脑海，于是思想亦增加了。想到了刘翠霞在场上的喜，喜欢的两个小眼眯眯着似乎深含了无限的情意。想到了翠霞在场上的怒，怒忿的两道蛾眉直竖，好似因为爱人别恋起了酸素的心。想到了翠霞的哀，哀挹的满面十分惨切，好似失了恋的佳人无所寄托。想到了翠霞的乐，欢乐得立时从粉腮现出了两个酒窝，一个能摄去了人们的魂，一个能摄去了人们的魄。想到了翠霞的爱，爱恋得缠缠绵绵，身形活泼，亦好似那满江的春水波澜荡漾。想到了翠霞的恶，恶厌的柳眉垂皱杏眼乜斜，好似不满意爱人的轻薄举动，而又不能宣示。想到了翠霞的欲，他立时把思潮滞住了，心说，这可有怎么样的想象呢？她心里的事我又如何知晓呢？不过看她那番举动上，可是情窦早开了，究竟她心里所注意的是谁？至于她对于她个人终身的打算，是怎么样，我是一概摸不清头绪。果若我们二人有缘分，万一她那心坎上有了"黄登贵"三个字，那我亦不枉生来一场。转而一想，她是好，她是真好，她处处全好，那么对方亦当然配得上她，这配得上她的要点，按她所作艺的身份来说，亦除非是洋钱、势利、脑袋的三大主义，她如果真有了这三大主义的想象，亦就是她所唱《败子回头》扮饰花铃所熏染的，所好可是她亦能在唱《杜十娘》与《独占花魁》的时候，把前后的戏理深入脑髓，或者亦能可怜可怜这迷入心窍的追逐者吧！他想到这里，便又折身坐起，下了地，把衣服换了换，遂又力加修饰，自己在穿衣镜前面一照，心说，就凭这潘安难比宋玉不及的面貌，刘翠霞倘若不注意，那真是她眼睛太瞎。看了半天，面带笑容，心中似乎认为是满意，所以喜悦洋洋地走出家门。亦不用有人在头前带路，一溜烟儿向聚华奔去。走至南关下头，便满面汗流，心中还以为不快，恨不一迈步就到了聚华的门首。由于内心急躁，立时唤来了一辆洋车，亦不讲一讲车价，就登车而走。不大工夫，到了聚华门前，很仓促地下了车，三步当作两步地向园里走去。进到园内一看，座客已经满坑满谷了，伸手一看表，业已八点半，来的时候正对，她的戏快要开了，这才欣欣上楼。拣了个得看的厢坐下，茶役们早已献出了诣媚本色。一场殷勤过去，台上锣鼓痛敲，戏已经开场了。

却说当天晚场的戏码是《花为媒》，前些场赶船的作弄，虽然深饶兴味，但在久看评戏的脑子里，似乎显着频俗。所以登贵的两只炯明的眼睛，时时刻刻地向着后台望去，但只希望看着翠霞从帘缝向外一看时，亦可以再把丰姿饱美的面貌上看上一个够。正在这时候，突然有一个茶役把他轻轻地推了一下，登贵便是一惊，回头看时，在厢后还站着一位身肢窈窕后发披肩的女子，虽然是背着身子，登贵乍一看来，与翠霞的身段十分仿佛，心中大喜。遂站起身来，走向前去。正是：

精卫本拙易填恨海，女娲虽巧难补情天。欲知后文，请看下回。

第四回　济南归来增声誉黄登贵忘生舍死
大连又去展人材李华山仗义疏财

且说登贵方要走向前去，倒看一看那个女子是否是刘翠霞，猛然地又被那个茶役一把拦住。由手指向一个衣服褴褛的男子，问道："喂，你看看是这位吗？"那个人道："不错，不错，是他，是他。"登贵这才知道方才下车没有给钱，所以车夫找到楼上来了，立时羞了一个面红耳赤。忙从腰里掏出一角钱来递给拉车的。再一反过头来看时，那个女子竟会进到别的厢里，斜瞟了两眼。原来不是翠霞，心中一团的热望而才如同凉水串过一遭，不得已两只支支离离的眼还是往台上看。不大工夫，台上的灯光一亮，刘翠霞便登台了，登时便是几声迎头好。未待开唱，又把巴掌拍得山响，莫说是旁的厢里注意，就连翠霞在场上亦听得心乱，亦要暗中向他那里看上一眼，或者送上一个人能自迷的颜色。他领会了这种神情，更要心猿意马，不知所了。及至戏散了，亦惟有落一场乘兴而去败兴而返的空叹。自从这一天起，登贵是每天早晚两场必到，不提。

却说翠霞在这身价日渐高尚的时际，自己亦明白不能暗结不解之缘。脑海之中虽然一有了登贵的印象，却又自己反过来一想，这亦是戏角儿一见起色所必有的现象，所以在一天下了晚场，随同沙氏回到家中，草草地吃了一点夜宵，便自坐在一旁思索登贵那处处欢迎的热烈情况。一琢磨那小伙子外表很好，派头亦很够，只可惜不能去道谢他那番美意。沙氏把被褥铺好了向翠霞道："今天的戏大，回来得那么晚，你还不早一些休息吗？倘若再耽延时间，明天可就要误场了。"翠霞用眼向沙氏注视低声地道："您哪，哪里知道，今天《花园》一场，险一险吃了栗子，差一差来个哄堂。在这时候倘若来那么一手，不只是难看，名誉亦当然扫了地。"沙氏一听翠霞所说的话，真是对于艺术上下了苦心，遂道："咱不是知道了吗？再唱这句戏的时节多多地留点心就是了。快睡吧！再不睡明天可就要误场了。"翠霞自当着用那一片假设的言语把沙氏瞒哄过去，好延长了自己对于登贵的思想，哪又知沙氏仍然一味地催促。但是翠霞个人亦明白在园子里吃了一天的累，倘若回到家再胡思乱想，于精神上大有妨碍，然而无论她是当年的皇帝皇娘如今的司令太太，遇到这宗事，想必亦是难甘缄默的罢，何况翠霞又当着含苞欲放的时际，当然是把不住劲儿了，所以在艺术以外而又多添了一股心肠。当天晚间直思索到三点过去而才迷迷糊糊地睡下，所好转天上场一些格亦不错，这亦是在美女情思之中很少见的一点。又过了些天，翠霞并没有见到登贵的一面，竟会于渺茫之中家中接到了一封信，这信碰巧又送到守忠手里去，守忠便又把致福请了来，把那信交给致福念上一念。致福乍一接了这封信，心说这不是捧场的，就是烦戏的，面带笑容地撕开了一看，刚刚念了"翠霞"两个字，眼花儿一错心中打了一转便又咽了回去。守忠道："你可往下念哪。"致福道："你等候等候，我自己先看一看再说。"却说致福暗中一看，但见上面是用蓝黑墨水钢笔写的，写的是：

翠霞情姊:

我早已就得着你那轰轰烈烈的大名,所以,那天你唱《败子回头》,我就坐在东面厢里,倒望个真真切切。及至把戏唱完了,才知道果然是名不虚传。我那倾慕的心,于此便算结下。我所倾慕的第一点是你的玩艺儿别创一格,第二点是你的姿色,超过群芳。由于这两点上,我便胡思乱想起来,想到了我个人的本身,家资丰富,人口简单,不过只缺少一个很如意的良伴。现在,我斗着胆子地说一句,是看中了你,可是这不过是一种偏面的。还恐怕你来句我没有看中了你的反响呢!按说,天地之大,世界之广,虽然有大多数的怨女旷夫很盲从的奔走在这粉红色的社会上,然而富有情感的亦不见得没有。从先我的朋友常说"天下情女正多,大丈夫何患无妻"。但是这种话说到姐姐你的本身上,似乎还有些过于侮辱。然而姐姐你所处的地位上看来,亦可说是言必有中。我亦曾会见过许多唱评戏的,不是艺术不佳,便是姿色不美。她们虽然全富有情感,结果,亦使他们落一个"花随水,水不恋花"的觉悟。如今,我既然很爱姐姐你,当然是处于很诚恳的本心。倘若姐姐你在下了场以后,回到家中,思想到我这番追求的苦心,设个法子给我一条门径,那我就存感于心,感激得五体投地了。最后的希望,请你在见了这个信以后,至少亦要给我一两句的回音,把你的年岁与籍贯写来。倘若其中有不可言喻的苦衷,那不我们作一个很知己的好朋友,亦可把我这茶不思饭不想的心安慰许多了呢!纸短情长笔难尽意。祝你,艺术进步。

你的爱弟 黄登贵手书

却说致福暗自把这封信看完了,立时哈哈大笑道:"好,好,捧得是无微不至了。"守忠急忙过去夺信,致福说道:"这信索性亦放在我这里，亦不用再念了，妥不是捧的与从前报纸上是大同小异，那还有什么念头呢！"守忠经致福已在证说，亦就相信了。致福又坐了会子，才告别而去。到晚来，致福把信掏出来在灯光之下又从头至尾看了一遍，心里竟琢磨起黄登贵是何等人物。暗想倘若看他这种笔迹，不是央行里大写，便是那个学校的教员，看这种体裁，还是一个时代化的新人物呢！可是他亦是糊涂心，莫非翠霞现在正在用功没有嫁人的心气，纵然是有那种打算，亦决不能这么简单的。再说要嫁人的话，在没有往天津来的时候，我一提说她就认可了。事到如今孩子能挣一家子的饭，并且还有存项，就是家趁几所房子几亩地，亦不行了。但是看他这个信里的大意，并没有甚侮辱的地方，咳……年轻轻的人，不务正业，纯粹是妄想了。想到这里，又把灯光拧亮了，把那信举起来前前后后仔细地看了一遍，然而没有住址，心说，这个人真奇怪，说句好听的，他是痴迷心窍，说句不好听的，简直是混蛋。这封信幸亏到了我的手里，倘若到了守忠的手里，或是守忠文字顺通，家庭中不定要起多大的风潮呢！如其到了翠霞的手里，亦要发生关系的。致福反又把全文很精细地思想了一过，思了好久，亦摸不清是与翠霞早已相识，还是自效毛遂。按说翠霞这些日子的态度，可是有些慌神，莫非说这孩子人小心大，早结良人吗？他想到了这里把眉头子一皱，心说，很好很好，这样一来，我亦有办法，不但不能使她的皮肉受苦，并且还能够发展了她固有的声誉。致福在临睡的时候，又把这件事翻来覆去地思想了一遍，暗中决定，一定是如此如此的办，而才能两全其美呢！主意打定，所以在转天一清早便暗暗去到张柏龄家里，正值张柏龄收拾一切提纲与唱词。柏龄一看致福来到，心中业已料定了他轻易不来，这乍然一来，十之八九关于翠霞的事。于是让了座，沏了茶，向致福问道："今天怎么这样闲在？"致福道："倒是有一点小事，不过，扩张起来还有人命的关系。"柏龄登时便是一惊，问道："什么事？莫非翠霞作了意外的事儿了吧？"致福微笑道："倒不是翠霞自己作了意外的事，不过，与翠霞身上有莫大的关系。"说着便把登贵那封信掏出来送给张柏龄。柏龄注意一看，连连地说道："岂有此理，岂有此理。这不是枉费笔墨吗？这个人亦不琢磨琢磨翠霞是怎样个景况，现在正在努力用功，哪能谈得了婚姻大事。纵然有这一番意思，你亦不易兜揽起来她全家至死的生活呢！但是这封信她父亲看了吗？"致福遂把已往的经过与其自己所作弄的一说。柏龄道："很对很对，这才是息事宁人的好法子呢！那么现在还是直接地答复他，还是另有旁的法子呢？"致福一看柏龄的神色，倒是一团厚道的色气。于是向窗外面看了看，而才低声地向柏龄说了一番打算。柏龄沉思了许久，笑道："这亦没有什么，我自有办法。不过先得看看翠霞的态度，如何再实行，亦为不晚。"致福道："可有一节，恐怕睡长了梦多。"柏龄点了点头儿道："老舅这番意思与已往的作为我是极端的佩服，将来翠霞有那么一天，我当然要把老舅这份苦心完全从我的口中发表出来。"致福遂乘这时候，又把在武清的景况与其到天津而又去了大连的种种经过，一字无遗地说出。柏龄一面赞叹，一面去预备午饭。致福拦阻道："这可不必，我得急速地走，否则沉一会被翠霞一步碰见，必又瞎猜疑呢！"柏龄一想亦对，遂亦不能留了。两人订规妥当，致福便依依告别了。当致福去后，柏龄一寻思这件事，致福办得很对。心说，自己自从吃梨园行饭以来，本是以厚道为本，虽然与沙致福没有深交，就凭他所费的这片心血亦是能见到他的为人了。事到如今，为什么放着河水不洗船。再说，倘若真有一个三差四错，连我姓张的亦要担负一点嫌疑的。却说柏龄思想终了，仍然是到了时间随同翠霞去上场，可是在暗中便格外留了神。每逢翠霞与人说话，他便窃耳细听，天长日久，果然闻讯出来一些不甚重要的事情。但因为未见明证，亦不敢妄断黑白，不提。

却说黄登贵自从那一天晚间回到家中，直直地折腾了一夜，所以在转天正事不做，便四下打听翠霞的住址。果然地把翠霞的住址打听出来，俗言说得却好，色胆包天。所以过了两天，很精心地与翠霞写了封信寄去。自从这一天起又在聚华打了连台，时时盼着翠霞给予一个相当回音。不料想有十天的光景，不但不见回音，索性翠霞一上场连半眼亦不睬了。他亦曾心说，翠霞这一不理会，但亦有原谅的地方，这分明是互相地存下了思意，而尽在不言之中。或者是那封信被她家里的人望见，而发生了风潮，这亦可以再稍候她几天，亦许有一种相当的答复了。所以登贵很沉心静气地以为是有了十二分的把握，尤其要见了人大吹大擂，说是刘翠霞要嫁了他。他的朋友方面有的就信，有的便不信。岂知等了半个月仍然是不见信来，心中便十分懊悔。又过了些天，竟发现了一种不好的消息，聚华的前台另约他角，刘翠霞竟首途去济南了。登贵在受了这番打击以后，直如同《杜十娘》里面的几句"……一闻此言，大吃一惊，好一是，冷水浇头怀抱着冰。"

登贵发现了两种势不可支的形势，一种是恨不亦束装起程，追随着刘翠霞到了济南，一种是恨不寻一种硬质的东西实时撞死。不到三天，思想得面黄肌瘦，慢说是一个米粒，甚至于一口水亦喝不下去。那一种令人一见生怜的状态，真是难堪。

这里且先教他闹着病，翻回来再表一表张柏龄。因为受了沙致福所托，又能解脱自己的一切嫌疑，所以在这么一天的晚间自己坐定了一想，翠霞这些日子的态度，居然真令人有不可思议的地方。所以在返家之后，乘着翠霞还没有睡下的时节，他便一转身到了刘家。见着了守忠，叙了些关于园子里的话。守忠早已就对于柏龄有了信仰力，所以每逢到了他家便大肆奉承。沉默了一会儿笑道："可惜是咱弟兄相见甚晚，倘若在我一到天津的时节认识了，早就教翠霞学了评戏了，决不至于在大连白染了一水。所好，天缘凑巧，在这天安里遇见，而才使翠霞投入了正轨呢！"柏龄把双眉一皱道："按说，做艺的最难得就是脚步，什么是脚步呢？就是十个顾客之中八个有了这个唱手的印象，就是脚步。翠霞既然得着这种脚步，亦正似上天梯的形势，倘若再不遗余力，必有上到梯顶上的一天。有人说这不遗余力，所谓是自己，要日夜地求其深造，简爽说，亦就是师父领进门修行在个人了。不过，一方面亦在乎师父的教法与提拔了，这层意思，好有一种比例，便是一个人的本能很有，还得大众去捧。有力量的知近朋友去提拔才能起声起色呢。所以，兄弟我看翠霞倒可以造就，而才想借着这机会提拔提拔她，爷儿俩吃一次帘外。"守忠问道："往什么地方去呢？"柏龄道："往济南去，济南共乐舞台，倒是一个出人头地的园子。我想聚华这方面，亦是靠不住的，不如外面溜一溜。如其在济南方面声色大起，再返到天津，岂不身价更能提高了吗？戏份一节，那就不用谈了。"守忠道："那么到了济南，是包银哪，还是戏份呢？"柏龄道："现在不能定规，惟有到了那地方再说，怎么样子合适咱就怎么样子办。"守忠道："话既然是这样子说，反正我把那孩子交给你了，无论是济南也罢，上海也罢，只要不发生了意外的事，那我就很放心的了，这个事这样办吧！亦不要与翠霞商议，只要你那里办理妥甚了，定规个日期，我把这里的房子一退，一家子往济南去，你看怎么样？"柏龄笑道："那么亦很好，她当着父母面前自然地有一番拘束的。"两人又谈了些旁的，柏龄一看三点了，这才告别回来。回到家中反复地一思索这种事情与方才在刘家所谈的话，步骤上完全满对。

简短捷说，过了十几天，翠霞在聚华辞了班，随着张柏龄一同去到济南，并且沙致福亦随同走上一程。到了济南以后，便出演在共乐舞台。在还未登场以先，共乐舞台便大肆宣传，广贴海报还要标明"评戏大王""评戏泰斗"种种的字样，于是济南一带全注了意。第一天登台，顾客们便如同风起云涌热烈地欢迎，不但还另有特色接受了外方几方匾额，并且座客满堂，直至园无隙地。三天以后，完全贴出去是很硬的戏码。这第一天便是《大三节烈》与《蒋兴哥重会珍珠衫》，但是济南那地方，轻易还没有评戏的发现，甚至还有不明白评戏是什么玩艺的。所以在头三天，无论是官宦士卒，男女老幼全要争先恐后地去听。票价虽然很贵，亦居然大牺牲得在所不计。却说第一天晚戏，《公堂》一场，翠霞很得了一阵子的好评。尤其是所唱的那"蒋……蒋兴哥……"句，更引诱得顾客们深玩其味。三天过去，那热烈盛况还未有除掉。

却说翠霞自从出演共乐，艺术上不但大有进展，并且对于一切邪思邪念亦完全除去，毕竟大一岁能增长一岁的经验。这时候她每天的所挣总均合十数元钱，倘再看她那人品竟较比当年如同两个人一样。所剪的长发亦披到肩上，两腮上不擦粉亦居然自白，腰儿亦纤细了，臀部亦肥大起来，身肢不但活活泼泼，而举止上亦沉重了。每逢交接谈话，总是笑靥迎人，倘不明真相的乍一看来，看不出她是做艺的。装扮上，很有女学生风范，举动上很能够姨太太的品格。她既然是这样的摆布模型，在不自觉之中，可就又有了一部分注了意了。

单表这一部分人里有一位最为倾慕的最为迷恋的，亦曾与她送去一方很壮观的匾额，上镌四字为"玉貌珠喉"。翠霞因为种种的关系，对于这人极尽应酬。翠霞这一放大牺牲不要紧，名誉更振作起来，大有不可一日之势。天津方面，有的闻讯得刘翠霞在济南的一切的消息，所以对于"刘翠霞"三个字的印象更为深刻。原有的顾客们恨不时再来天津，园主们，居然有些家打去电报与快信，在与共乐合同满时，定订生意。共乐虽然得着天津方面所约的消息，便一力地与翠霞加钱。一晃演唱到年终，那捧场最热烈的，居然代为卖出了九百多块的红票。那时节，翠霞家中，便有些中等家庭的况味，守忠夫妇知足得了不得。翠霞有的时候暗中一想，这时节未尝不是恢复在当乡名誉的时机，所以一统算积蓄为数不少，抽个空儿，遂向沙氏道："现在咱积蓄了不少的钱，我对于这项钱就有一个支配的法子，可不知您哪愿意不愿意。"沙氏道："你就说吧！我没有不认可的地方。"翠霞笑呵呵地道："依我的打算，用一半钱置办两身行头，用一半钱打发我父亲回到家里去置下几亩地买下两间房，不但当时增些光彩，及至将来有不得已的那一天，回到家里，生活上亦保无虑了。"沙氏一想，她这法子很好，当即与守忠商议了。守忠果然有此心，如今经翠霞发现了这种动机，他那心里喜悦非常。致福得到了守忠的报告，亦深表同情。并且亦曾向守忠说过，你倘回了原籍，关于翠霞的一切，我尽力地护管。她到了什么地方，我就随到什么地方去。前途的一切你就不必顾念了。有什么消息，随时给你那里去信报告。守忠亦与是嘱托了一番，便带了钱返回武清，不提。

却说在守忠去后，沙致福于刘家的事更要格外注意了。有一天，致福与柏龄谈到一处，致福便道："张老板，你想一想我在天津所拟的法子对不对，你看现在翠霞那个样子了，还有一个什么姓黄的来情书吗？"柏龄道："这事本应这样的办！恰巧这儿与我去了一封信。"登时把那信掏出来给致福看，随着笑道："像你我这类人亦未免太招恨了。常言道，能拆十座庙，不破一家婚。"致福明白他这是事外的笑谈，所以亦哈哈地大笑了一阵。两个人自从这天起，对于翠霞更加注意，所好翠霞在这时候又把心肠更变了，完完全全抱定了家庭生活的观念。

有话即长无话即短，就这样子地在共乐舞台唱到满了合同，遂又返回天津，觅居在日租界春日街。所有的积蓄除去了制办家具与衣饰以外，还有余裕，所以亦雇了一个女仆，家庭的规模亦渐渐地扩大了。沙氏从此竟一变成为富家的老太太了。只因为与天津的园子条件都不敷合，所以翠霞在家休息了约有半年的光景，而才又经一位久吃梨园行饭很有名望的吴万祥成班，在法租界天天舞台开始演唱。

花开两朵，各表一枝。却说黄登贵自从失望以后，病倒在床，无时不在叨念着"刘翠霞"三个字。他这一病，家中便着了忙，请医生，吃药，无奈病不但不见轻，反倒加重起来，甚至于夜里梦间，神经恍惚的时际，亦不断与刘翠霞打过几次照面。登贵直直地病入膏肓枯瘦得不成个人样子，那种情形，性命亦就要危在旦夕了。后来还是经他一个最知己的朋友，日日地解说，在那日日解说的话中有一节可以与社会上脑子不清楚的青年作一个殷鉴，很可记录在下面：

朋友，你万别胡思乱想了，你要知道人家刘翠霞是一个做艺的，家中便把她当作了一棵摇钱树，甚至于几十万几百万都要从她身上摇下来，岂有白白地嫁了你。你说她有情有意，那尤其是无稽之谈。纵然是有那番意思，千拣万选亦轮流不到你这儿。你想，她们既然干那个，就把面皮破了出去，结果，亦得嫁一个与她们本身有利益的。再说你既没有张勋那种官势，你家又不趸几个银行，你的面貌又不怎样的出奇，那岂能行呢？再说她们这做艺的，一般注重艺术，一般便讲究外表，虚虚假假，目的亦就是混上两顿饭吃。今天姓张的请客，明天姓王的陪席，成天际风流惯了。一不惜脂粉之资，二不惜金钱的挥霍，即便是嫁了你，你能担负她那偌大的消耗吗？告诉你，社会之上较比着她名誉正大的亦有，较比着她姿色俊美的亦很多，你死了那股心吧！等一等，给你介绍一位，较比她还强的，好好地蜜度几月，鱼水谐合多么好呢！

上面的一片言语，直把做艺的背面剖解出来，竟把黄登贵说得有了活动的意思。架不住时时刻刻五次三番，黄登贵居然有些心回意转。经那朋友耳鬓厮磨的缠绕，而才把思想翠霞的心消去了大半，病亦随之丝丝地消化。本来，社会之上所摆布的粉红色的迷阵，亦就如同一大苦海，苦海无边，回头是岸。那朋友使了张良、苏秦的唇舌得救黄登贵于不死，而将来的因果，大有可观。这一段可述的小关节，亦就从此作了一个终了的结果。

翻回再说翠霞在天天舞台演唱，那种轰轰烈烈的情形，虽然较比在聚华的时节强了许多，唱了一年多的光景，只落一个平平常常不见得有怎么的起色。这当儿，突然地接到守忠的旧友李华山的一封信，所好致福自从翠霞在日租界租了房子，发展家境，他为了照顾起见，所以亦迁移到刘宅住。这封信当然要经致福拆看，才知道是守忠的老朋友李华山从大连寄来的。当即把信拆开了一看，但见上面写的是：

守忠仁兄台鉴，别来数年，心颇惦念，近想起起居清泰，阖家平安。弟自拜别后，四出奔走，一无所就。后经友人在连介绍包理西餐事业颇为安善。嗣经何丑子报告，吾兄因家境所迫，随致福来津，命霞儿学了大鼓，在连西市场演唱。彼时本拟前往拜谒，无如公务太忙。又见兄之宝眷在连日期不多即又返回天津，而使霞儿学了评戏，在天津颇享盛名，弟不禁喜幸。料想吾兄之家境前途，必应时而起。后闻天津来人所云，又去济南载誉归来，足见霞儿之前途不可限量。弟久拟抛却旧业，改行梨园，所好在连一切交接，皆为梨园老手，刻下已接洽四五处，不就即将告成。惟此地对于评戏尚觉生色，倘霞儿来连一演，自能较济南高上一筹，倘吾兄如其入意，早日来函以便进行。此颂阖府均吉。

李华山手书

致福把信看完了，闭目合眼一思索，这人与守忠的交情还是莫逆。不过时下是做不到的，一则行头不齐全，二则一切垫办的挑费亦无着落。即便把这信的意思与守忠通过了，亦是没有办法。话说回来，这亦未尝不是一个好机会，倘若再吃一次帘外，声势便又高尚起来，这个亦不用与守忠沙氏等商议，与他提说了，亦得是教我拿主意，莫若我明天与这位李爷去封回信，把在天津的现况与去不了的困难地方述说明白了，倘若他真能成就了，那就省得在天天受这样的罪。所好翠霞自入梨园行中，处处遇见贵人，这一次倘若再发展起来，尤其没有止境了。致福自己心中把主意打定，据实便与那李华山写了一封很长的信去。过了不多的日子，李华山便寄来回信，信里的大意，是按与守忠的交谊能过生死，无论如何把翠霞再提拔一步，索性大捧且捧，大哄且哄。信中写对于行头一节，自能设法子办理，十之八九是破资制买，一切挑费，亦能暂为垫办。致福看了这信，喜悦非常，暗想，现在在天天虽然是有吴老爷吴万祥一再护管，可是生意方面而不见得有进步，莫若乘着这个机会，再去一次大连，料想决不至于似在西市场那样的扫兴而返了。所以致福又去了封信，说是天天合同满时当然要去大连的，不提。

作者抽出这个空儿，表一表李华山的一番热烈的心意。李华山行三，所以大连一带通称为李三爷。他是北平人，年在四十上下，这人自生身以来，全以"义气"二字作为标本，遇事人才并行。他自从与守忠交结那一天，便总是代守忠设法子，无奈没有相当的机缘，所以沉闷这二十余年下去。现在既然得到这番消息，他便要去就水和泥地把翠霞捧起来，不但对得起守忠，而自己亦有了一种正当的出路。这人尤有擅长，便是对于金钱的在所不惜，屈己待人，朋友皆知。阅者不要误会了，并非是作者借这支笔向李三爷拍一拍马屁，委实他的人格是这个样子。如其向彼之近友一谈，便知分晓了。

且说致福的心肠很细，每天对于报张一切，非常的注意。每逢有一节儿零星的文字，亦要把它念个泥烂。常言说得却好：只有锦上添花，没有雪里送炭。这时候，《汉文日报》发起了评戏角色的选举，这一发表出来，阖津的迷于评戏的人们，便风起云涌，争先投票，声势一天比着一天的大，并且每天还有一个报告。致福发觉的那一天，已经哄传着独刘翠霞的票得的多。致福便盼星星盼月亮，盼着碰巧刘翠霞选得第一名吧！翠霞得到这种消息，便打听着结束的日子很久，于是加紧研习，就好似学生临到大考一样，芳心里便抓着一把汗儿，因为这一层，对于朋友尤其是不敢得罪，更要约求名人指教。

正是：流水有情落花无意，漫施假艳巧获真名。欲知下文，请看下回。

第五回　游艺记者赏风月得称文圣
薄幸佳人逞技术独获女皇

却说翠霞这一精心于艺术上，对于过去一切怀春莫展的情态，完完全全地消泯下去，渐渐地走入了正轨，所以凡是对于脑海中有她印象的人们更要钦佩了。后来张柏龄因为某一种关系与翠霞脱离了，翠霞又暗中投拜了赵月楼为师。

　　这赵月楼对于评戏上，较比着张柏龄还强，这所谓强中自有强中手，能人背后有能人了。然而月楼这一次的教法，并不是从根本上重新教授，纯粹是与翠霞删改字句与腔调。翠霞呢？既然又得名师指教，那一番如同卧薪尝胆的学法，真令人不堪其苦。她便要在每天从天天舞台下了场，必到赵月楼那儿去。这一天，下了晚场所以又坐着包车，那四盏电石灯的光线，照射得迷人眼目。凡是在街上行路的人们，一多半要认识她是刘翠霞的，所以人们的眼睛都往她那车上看。但见她烫得短短的头发，曲曲弯弯，如同就从外国留学回来的女学生，正是夏天，她穿一身很淡雅的服装，下半身被白布围子一罩，那半身，娇娜，更显着秀媚。翠霞一看人们那眉飞目舞的情态，满不理会，仍然是垂搭着眼皮，大模大样，车儿拉到赵家。与赵月楼会了面，赵月楼本以半师半友宾客相待，让了座，谈了谈关于选举的事，后来便谈到了唱词上。赵月楼斜倚在床角上，喝了一口茶道："你这是刚下场吧？"翠霞道："是刚下场。那选举的事按着您那所推测，可是谁呢？"赵月楼便手无脑门寻思了会儿道："依我看来，李金顺占个七八成，九成九的运要数着你呢！"翠霞因为热得香汗淫淫，遂站起身来推开半面纱窗，将身儿斜倚在窗前丁字步一站，把两个媚眼一眯，樱桃般的小嘴儿一撇吱吱笑道："真的吗？倘若那个样子，我就牺牲三十五十的请客。"赵月楼道："那是后话，现在咱先说正经的吧！"翠霞当即把笑容收敛回去侧耳细听。赵月楼道："第一个你所唱的《杜十娘》里面有两句'想必是，在外边，得罪了朋友'，我告诉你，这得罪了朋友很没有理由。纵然是李甲在外面得罪了朋友，亦不致到了船上生那么大的气，此后最好改为'朋友得罪了你'倒觉恰当。"翠霞听了，自己思索了半天，而才扯起了那"云遮月"一般的喉咙唱了两句试一试，果然较比原来的句子还顺序，拿起了腔调亦很好听，遂扑哧笑道："好好，以后咱就改为这一句。如果旁的戏词再有不顺通的地方，亦可以改正改正。"这般时候，突听外面有拍门声音，赵月楼急忙去把门开了一看，原来是沙致福。致福一看翠霞的车子在门外放着，致福道："您哪，告诉翠霞一声儿，就提有一位报馆的什么先生在家候着呢！"赵月楼道："到里边坐一会儿吧！"致福道："您哪，告诉她就行了。我还得回去照料了。"说着扬长而去。赵月楼回到屋中把方才的话传与翠霞，翠霞立即用毛巾沾了沾脸，与赵月楼告别出门登上车子，一溜烟似的回到家中。进门后呢慢慢地把门帘一掀，原来是在聚华相识的报馆里面一位某某，于是笑逐颜开，问道："哟，您哪，怎么找了来的？"那人道："'刘翠霞'三个字谁人不知哪个不晓，到这街上岂不一问便知。"翠霞用眼一扫，沙氏与致福皆在面前，便道："前些日子的报，大约又是您给登的吧?！"说着欠了欠身笑道："现在我谢谢吧！"那人站起身来道："谢什么！你要明白，我捧的并非是你，完全是艺术。但是有一种人，不捧艺术，而偏捧的是品貌，虽然是捧红了，根本亦是不稳固的。论起来，梨园行在中国亦占于很重要的地位的。我们的捧法，势必一方面要捧起了艺术的精神，一方面要提起了伶人的人格。"翠霞睨睨地笑道："实在，实在，像我们这作艺的，虽然唱得好长得漂亮，扮饰出来亦合剧情的身份，亦必须要有人捧，而才能见了起色呢！否则，始终亦是埋没不起的。"那人喝了口茶道："不错，有一辈文人骚客，就得有一辈艺女佳人，不然的话，既显不出文人骚客的风流儒雅，亦显不出艺女佳人的妙术新装。"翠霞道："如今我的要求，亦就是请你努力地捧一捧，将来必有一番重谢的。我这里还有一张最近照的相片，请你拿去做块铜版，把它刊在报上。"那人道："可以，可以。"翠霞便从抽屉内把相片取出来交在那人手里，那人亦就告辞而去。自从这天到翠霞家去，便时常往来，他乘这选举时节，更要大舞生花之笔,竭尽热诚,不提。

却说翠霞与赵月楼盘桓的日子很久,所有不合的剧情与词句,完全改正过来,并且还要别创一格不与同行相上下。所以又与李金顺等合演些日子,而才经致福把李华山所来的信发表了,翠霞亦很表同情。最后又接到李华山一封信,据云是在西岗子大连影戏院。致福在接到这信以后,便与翠霞定规好了。不多日子,只留沙氏在家,偕乘新铭轮船去到大连。事先早经李华山布置好了,预备欢迎。所以翠霞又到该地,与当年唱鼓的时节,真是如同两个人了。但说大连地面,这当儿对于评戏还是非常的欢迎。那位问作者啦,翠霞自从把评戏唱好了那一天,中间亦曾去过大连哈尔滨,怎么书中一字不提呢?这话问得很对。不过那一节既不关本书的立意,又不是书内的精华,所以绕道而来,叙述紧要的。

闲言少叙,书归正文。且说翠霞二次到大连后,那番欢迎的情况,居然不在某一位要人之下。稍事休息,即出演在大连戏院。所好该院经理尚化亭,亦是久已仰慕翠霞的,翠霞于是又大卖力气,戏份则在五十元上下。致福以为李华山这样的热心极尽友道,心说这人是可靠的,于是把这番经过情形与守忠寄去一封信报告。但守忠的函里,是很诚实地把翠霞交给了李华山。华山呢,一看翠霞这将来不可限量的情势,遂又牺牲了些金钱,与翠霞置办了很高尚的衣箱。自己心中的打算:坑人肥己是利禄小人,疏财仗义才是英雄好汉呢!有一天华山与致福谈到了翠霞前途上的一切,致福便道:"翠霞亦曾说过,既然得着李三爷这很好的脚步,自应努力上进,决不能教三爷灰心的。"华山道:"现在因为我这方面有几个很有名望的,所以,我还有一个小组织,就是组起了一个评戏社,以图整齐。"致福笑道:"那么很好,再一说,翠霞亦足能支持起来。三爷既然这样的费心,扩展前途,我们便很感激不尽的了。这样一来,不客气的说句，关于这一个整个的班请三爷主持，一则交游广博，二则遇事能刚柔相济。"华山以为这事并无问题，所以才四方奔走牺牲精神组织了一个整个的班，起下了一名称便是山霞评戏社，大意是表示李华"山"与刘翠"霞"所组办的。这样一来，李华山兴头勃起，不消一个月，山霞社的名称竟轰传起来。

这时节，花莲舫、白玉霜、李金顺等似乎有些追之不及，不提。转过笔来再说天津方面那位在报界很著名的先生。关于选举的事，一再力助，并且在各报章大肆宣传。彼时便得到同行中一个"文圣"的徽号，亦全知道他对于翠霞有确实的关系的。所以凡是捧翠霞的，便与他结成一个派别，他似乎充当了捧翠霞团体之中的一个领袖了。于是，与翠霞那方面鱼雁频通。他个人心想，自己又得材料，而又尽了人情，岂非是一件两全其美的事。因而每天的报张上总有"山霞社"三个字，他因为在某某报任着游艺记者，无论经理是如何的限制，他亦要按时不停地刊登，骨子称似乎给翠霞作了广告。再说新闻界耍笔杆的，不但脑子灵敏，并且手指亦很活泼，绕着弯儿便宣示出来。按说"笔下生花"四字，很能应验在新闻记者的身上。那人这一鼓吹，一再地奔走，最后的结果，落了一个甘充义务牛马，究竟局面人哪里会知道翠霞对于他那番意思呢！但他两目的，亦不过为了精神上的安慰而赏鉴风月，可是素对于翠霞，既没有非分之想，又没有一些轻薄的举动，虽然日久天长两方有了好感，亦不过是一积清清白白的，所以他亦曾一再证明，亦有时候恐怕为了刘翠霞而把自己的人格、名誉损失。这时节，一个庞大的新闻界，没有不说有一个"文圣人"给刘翠霞充了走狗，其实他们这种说法，完全是因为不能与刘翠霞攀交，嫉妒心盛。作者在这时候，才可以把那翠霞心中明白所谓某某的一个究竟是谁宣布出来。

却说在新闻界充当游艺记者为刘翠霞终日呕心血，而得到了

"文圣人"的绰号者，便是人称杨十爷的杨扬石。这人早先便是个戏迷，其对于评戏最为注重，所以而才与刘翠霞攀交。想当初在一进交的时节，亦是与黄登贵那番作弄相同，可是扬石的立意非常正确，所以翠霞才请人讨问过姓名，亦曾亲身到厢中拜会的。这个杨扬石的境遇，原本是阔少出身，自从走入新闻界的途径上，杂踏在风月场中，很暴露出了游艺记者的本色。彼时天津方面的新闻界，虽然亦有风流记者崔笑我、浪漫记者吕晓虹在第一排站着，可是扬石亦不甘落后，所好扬石专门于评戏上，凡是评戏班中男女角色，不与他认识的是很少很少，这一节暂先不表。

且说京津日报的选举风气，一天热烈一天。看吧！今天翠霞的票数低落，明天便高涨起来，所以在最短期间，如同平地一声雷般的刘翠霞便被选为评戏女皇。自从这一天起，大众就以"女皇"相称。翠霞在外面亦曾得到这种消息，所以在合约满后，立时到天津大肆酬酢。因为存下几个钱，又与守忠寄去了三千块钱，令其急速置办些田园与房间，其余的制些衣服，于是自己亦高抬起女皇的架子，出入有婢仆相随，坐汽车、吃西餐，一切的排场，是她个人做梦亦想不到的。李华山那一方面，亦曾心意满足，与刘翠霞沙氏的感情十分融洽。

且说民国二十二年，刘翠霞又在天津南市升平茶园登台献艺。戏报上大字标明了"山霞社"，彼时翠霞已经二十三岁，举止与装束上的进化，因为多数人全都见过，不必细表。那么现在所应当表白的，亦就是那很大的"山霞社"三个字内中的隐情。山霞社的成立虽然是李华山一手促成，可是其中的困难，真有令人皱眉的地方。试想把一个散沙式的集成了一个团体，生旦净末丑还要珠联璧合，其中所费的苦心，亦就不言可知了。有一般人说，李华山组织山霞社，纯粹是唯利是图另有一番作用，究竟他若是唯利是图，还是牺牲那若干钱财费了那若大苦心吗？彼时所集合的角色便有桂宝芬、赵俊霞、李莲舫、小翠霞，编剧文丐侠等等。

这一大篇叙述过去，再表沙氏到了这般时候，把翠霞交给了李华山亦很放心，派头儿居然亦架弄起来，并且还真慷慨大方。倘若有困住了的伶人，她是毫不吝惜地资助，这样的作为，亦就是书到用时方恨少，是非经过不知难了。当初既然由困难处经过，现在总是替人们设想。有一天大女儿来了，为与自己的丈夫谋点事作，沙氏便与华山一商议，因为他是个外行，所以教他管理衣箱。规模既有，所以又约了一位司账赵德福。这赵德福人颇干练，写算俱精，这山霞社既然良才济济，不消说，更是前途无量。升平既歌，又在天祥市场屋顶演过一次，批评很好。杨扬石有一天晚间到翠霞家去，翠霞想起了已往之情，真是竭诚款待。扬石道："要凭角儿这种人缘与交际，真是他所难比。"翠霞笑道："这不，全仗着十爷啦吗？"扬石摆手道："此言过甚了，此言过甚了，你的名誉起处，完全是由选举上所得来的。"翠霞抽抽噎噎地笑道："哼，那码事，其中力量最大的，亦是在新闻界鼎鼎大名的。"翠霞说到这里，扬石道："不要提了，不要提了，我们很相好。"说着用两个手指从罐内夹出一支炮台烟来燃着了，一挪身，便斜倚在沙发上吸了两口。那烟圈儿向上升腾起来，再看翠霞那新装束，在灯光之下弯着腰儿一站，遂眯眯着两眼似乎神飞魄散。正在这默默不语之间，当……当……当，电话的铃铛响个不了，李华山在楼上正在布置角色，听这声音遂仓促下楼去接电话，刚在谈上两句，李华山便喜不自禁。

正是：美貌佳人场中献色，风流才子笔下传情。欲知后文，请看下回。

第六回　北京开明响锣钹周玉田人疲财去
天津福仙逞色相刘翠霞夜静思深

且说李华山一接电话，原来是久别未遇的盟兄周玉田来的。意思是对于山霞社又有一种新的出路，所以李华山喜形于色，当即在电话中约会请周玉田实时到家中一叙。把电话撂下以后，即去到翠霞屋里。翠霞立时把扬石与李华山介绍了。谦逊入座后，扬石便向李华山问道："方才谁来电话？"华山道："承办过升平前台的周玉田。"扬石站起身来笑道："周二爷吗？我们不但是近邻，还是至好的朋友呢！"又谈了些关于报纸上的话，扬石才告辞而去。

却说周玉田，人颇精干，并能遇事刚柔相济，在梨园界走南闯北已经有三十余年的经验，对于事务，调度得是井井有条，不过性情急躁遇事则立时甘决。李华山对于他的信仰力是很深刻的，并且时以亲长兄看待。略沉，但听门铃一响，经男仆�(?)的一声把门儿开放了，周玉田缓缓来矣。华山当即让入屋中，落座后，华山笑道："老哥真是创业的人，一时亦不停歇，甚至于两个园子同时组织起来，足见能者多劳了。"玉田嘎嘎地笑道："三弟太谦了，倘若较比你还力有不及。似三弟你那么走南闯北，率领全班一百多人，可相差甚远了。"华山道："你方才在电话里所谈的去北平，可是什么园子呢？"玉田道："往北平去，亦就是开明吧！"华山道："只要你把手续弄好，那去一次亦没有关系。"玉田喝了口茶道："这是什么话，凭哥哥办事，兄你还有不甚相信的地方吗？"华山道："去的话，亦并非是三言两句所能成的，咱亦得打算打算，预备预备。"这时候沙氏在旁插嘴道："周二爷既然有这样的打算，再说翠霞在天祥事情亦不算好，那么再随同周二爷去北平呢！"毕竟周玉田心直口快，当即把未去以先与去了以后的一切办法，简单地说了。李华山遂亦认为满意，当即把赵德福叫到面前，命把去到北平一切的挑费开列出来送与周玉田手中。周玉田一见事有成效，遂告辞返家。

简捷地说，双方把条件交换敷子，山霞社全班便会去到北平，在开明戏院露演。翠霞乍一到得北平，竟觉很生色，所以在下场以后，便要坐着车子在各处游览，风头是很十足。彼时周玉田便住在正阳饭店，戏价竟会卖到四角一位。北平各界仕女，多数对于评戏不怎么认识，所以在一方开幕，客座还不错，后来便稀稀邵邵。每天所卖的，尚不足开销。周玉田便尽力调理，无奈时机不遂，成天亏累。不多日子，居然倾进一千八百多块。说来，这亦幸亏是周玉田，否则谁亦不忍的这么大牺牲。阅者看到此处，当然要说句李华山好受，究其实哪里知道，他亦是哑巴吃黄连苦在心里。

这么一天，晚场既罢，李华山把翠霞送到私邸，便到正阳饭店谒见了周玉田。进得门来，紧皱着双眉。周玉田一见他那愁眉不展的形容，当即把自己的一番难过抛在一旁，反倒替他担起忧来。坐定之后，玉田道："你不要着急，咱还急速地设想法子，但是这第二步的办法，我亦早已打定。倘若实不得已，我们再返津出演福仙茶园。在那个园子挑费是很轻，营业上大约可顾及圆满。"华山寻思了一会儿道："亦惟有那个办法，你马上就进行吧！"又谈了些旁的，华山才走去。但是彼时天津鼓楼北福仙茶园亦正在演唱，大梁是紫金花，所好这一方面的事务，周玉田一半执掌大权，一半把园中的事务委托一位曹三爷曹仲波与一位赵六爷赵竹波代拆代行。然而曹、赵二位，亦是梨园的老手，所以把园务整理得很好。虽然周玉田名下挣下几个钱，但亦不够垫补一切亏空的。后来紫金花期满，周玉田与李华山居然把山霞社移到天津福仙来，按迷信说来，亦或者是非得人运、地运两相交接而才能站住了脚步呢！

却说翠霞一到福仙，座客又如同在济南、大连一样。这一次，可是周玉田担人独骑的去干。手续方面，似乎简便了许多。顾客之中，居然把刘翠霞与桂宝芬六个字深印在脑海里面。却说男顾客注意于刘翠霞的居多，女顾客注意于桂宝芬的不在少处。其余女角小翠霞、李莲舫、赵俊霞、碧月花碧玉花姊妹，男角王玉堂、王守业、郝子卿、杨兆忠、罗万胜、王小楼以及武行亦颇受热烈的欢迎。然而那编剧主任文丐侠，一见那种热烈情形，亦高起兴来，所以编下了《惨惨惨》《珍珠塔》等戏。赵德福呢，既然胸怀司马之学、子建之才，当然亦要显一显凤有的精华，所以亦编下了《空谷兰》等剧。山霞社这一努力不当紧，不但大有进步，而班务亦巩固起来。周玉田一见李华山那种积极努力，自己亦要约聘贤能，以便珠联璧合。例如，楼上监理李三爷李幼亭，楼下监理何炳臣，会计股高柱桂、张震堃、王麟台，广告兼外交股的新闻界名手王竹影，完完全全是他自选的人物。但这一起人与众伙友亦居然一齐努力，精心于事务上，所以把园务弄得牢牢靠靠。阅者只要留这份心，便会听见有人说，谈到刘翠霞，必要说上鼓楼北福仙，该到鼓楼北福仙必要说上刘翠霞。

却说扬石已得到了这种消息，便迎头儿刊出两版无形广告去。于是亲到福仙茶园拜会周玉田，见面之下，自当各叙寒暄。扬石问道："北平这一次的损失如何？"周玉田道："统计有一千八百余元。"扬石把舌头一吐惊道："日期并不算多，怎么赔累这大的数目呢？"周玉田道："这层原因，亦未尝不是迁都以后平市萧条的缘故，或者亦许是北平名角济济，人们听入了耳音。评戏一到，似乎觉着生疏一点。"扬石道："现在的生意如何？"周玉田笑道："现在事情不错，不过开销太大，虽有余亦无几。"扬石道："那么是包银哪，还是开现份呢？"玉田道："是现份。足份总到一百七十元左右。"扬石点了点头儿道："您哪，先办公。我到后台去参观参观。"说着便抹身向后台走去。见着了李华山与赵德福，他二人很表示欢迎。

翠霞正在扮着装，淡画蛾眉，轻描杏眼，看见扬石一来，心中暗喜，忙站起身来，向扬石笑道："十爷，您哪这些天干什么去啦？"扬石道："前天小杨月楼请我吃饭，昨天在'小洞天'打了一天的球，今天是因为拜访周二爷、李三爷与看一看角儿你，所以才破着工夫来的。我说角呀，现在有什么消息吗？"翠霞扮齐了装，缓缓地下了楼，扬石为了采一些消息起见，遂亦跟随到了楼下。这时节，小翠霞便劈头拦住，眯眯着两个小眼笑道："十爷，谢谢你。你给我登的好报。"扬石道："不必谢，最好把谢我的心放在艺术上吧！"说完还是在翠霞的身尾随着。翠霞早先看一看他情形是采探消息而来，虽然是有一个极好的消息，可是未到出走的日期不能发表。后来一看扬石那苦苦追求的状况，心中亦有些过意不去，便把扬石叫到衣箱旁转角的地方，低声说道："十爷，这儿虽然有一个消息，不过未到日期，我现在说了，恐怕被李三爷知道，显着不大合适。"扬石道："你说吧！没有关系。"翠霞道："倘若李三爷问可不要说是我说的。"扬石道："那是当然。"翠霞道："前些日子上海百代公司拍来电报，约他到公司去灌几张片子。经原来的介绍人撮合，言明了灌价五千元钱。"扬石追问道："那么这班内都是谁去呢？"翠霞想了想道："我想就带着彩霞去，把焕子留在这儿好先支持着。"书中代表，焕子便是小翠霞的乳名。扬石笑道："好了，我明天就能见报。"说着翠霞上了场，扬石亦就告辞而去。果然在第三天，报纸上便发现了刘翠霞到百代去灌片子的短稿。这时慕刘的人们更要哄传起来，过了几天，翠霞所发表的消息居然成了事实，居然在廿三年十月十三日率领着彩霞去到上海。幸而李华山随身护助，所以一路之上并无舛错。到了上海，似敬奉天神一般的热烈欢迎。因为往返定的是一星期，所以紧忙着到公司里去灌唱。天津方面，在李华山临行的时际，早早嘱托了一位近友陈八爷陈恩才与赵德福双观办理。

且说到周玉田一得着翠霞到百代灌片的消息，本打算就此停演，不愿再唱而亏赔，岂又知该班内的成事王玉堂与王守业到得周宅，玉堂向周玉田要求道："现在翠霞去上海了，本应当停演，可是她去的日期不多，为了补助底包的生活，可以暂且敷衍着。"玉田道："那么可亦做得到，不过在这些日子，我赔钱是不行的。自好是把所卖的票钱，完全归后台开发，三行进项，顾及我前台的挑费，就这样子，每天还得甘赔房电钱呢！"守业道："那么咱们卖原价，还是落钱呢？"玉田道："这个当然是落价的，这落价还不知如何呢！"三人定规妥当，这才在十月十八日周玉田寿辰的那一天，由庆云后新平里下处把戏码送到周宅。周玉田在寿堂之上贺客济济之间，当即命王竹影到园中布置一切。所定价目，竟比原价落下一半，但在旁人意料之中。小翠霞的艺术亦足能支持一气，再加桂宝芬相衬，足能叫到满堂座的。岂知开了锣，座客们竟会掉了十分之七，后台每天竟开一厘五二厘的份儿，甚至于底包之中还有拿个二五大枚的。真不容易盼得翠霞返回天津，李华山暗中一想，吃梨园饭的本来就是肉肥汤亦肥，所以牺牲了些钱与底包们开了三元的足份，借以补报这一星期所受的困苦。

却说在福仙贴出了刘翠霞某日登台的报那一天，虽然翠霞还没有上场，座客竟增加了。及至刘翠霞上了台还按原价卖，座客竟而满坑满谷。由此可见，人们对于"刘翠霞"三个字的印象是如何了。有人说，曾收过小翠霞等几个徒弟，怎么只字不提呢？但是这一节虽然亦是刘翠霞一些光荣，究其实与本书没有什么重要的关系，所以此中没有叙述。

却说刘翠霞唱到了十二月十九日，福仙茶园封了台，在家踏踏实实的休息。在这些天里，除去了打麻雀，便是摄张影咧坐汽车兜个风咧。再者偕着小翠霞溜溜商场，逛逛马路，生活上是非常的逍遥自在。在快要到年终的一天夜里，命妈子把炉火通得很旺，她自己在屋中来回旋转，看了看东，瞧了瞧西，亦想不出来是干什么去好。正在痴着神儿时际，突然想起了个人的出身历史，遂把头儿一低，那烫得弯弯曲曲的头发向前一扑，在电灯的光线以下看来，那样形状，真令人替她增起了一片想思，她向前紧走两步，一歪身躺在床上，支起了那雪白手腕用手托着粉脸。听了听外面，只微微被风儿传来电车走动的声音，别无余响，显着异常的寂静。她那头儿动了动，两个眼角便流下了泪珠儿来。自己想起了在四五岁的光景，爹爹种地，在那炎酷的日光下面晒得背上又红又黑，妈妈那样受苦。到六七岁，而才到了天津，又到大连学了大鼓唱。彼时，被生活挤迫得不得不教女儿学了艺，究竟谁家的儿女谁不疼爱，谁愿意丢这份脸。看来人要穷了，真是什么事儿都挤得出来，想到这里又流下几滴泪珠。继续想到，在十一二岁的时节，便又唱了评戏，直唱到今年二十四岁，其中的经过，唉，索性泪珠儿似了涌泉。转而又想到了这些年所遇的人们，及自己所交的朋友，真是心肠热烈，捧护到这种地步，未使我一败涂地，这亦是我很感激的一点。前者钱挣多了，寄到家去置了房地，这当然亦是一件正事。此后我自己除了外表应该表示的之外，亦得诸事节俭，不能愧负了自己父母当年那一种苦心。李三爷那个人慷慨大方，对于我是十分的提拔，那么我至死亦不能忘了人家这番美意。常言道：饮水要思源，喝甜水不能忘了掘井的人呢！正在想到这里，乍然听见两声吱吱的响，她急忙站起身来用手帕把泪痕擦了擦，遂把门儿开放，一看原来是跟随自己的赵庆海。问道："有什么事？"赵庆海道："这儿有一封信。"说着把信送与翠霞手中。

却说翠霞在这十余年的光景，亦曾习学了许多的书字，所以把那信拿在灯光之下。拆开以后，念得很通顺。念完了，心中便噗咚噗咚地跳动起来，脸蛋儿上是一红一白，很表示出又惊慌又害羞的形容。

正是：弱女遇痴郎深情才展，枯花得涌水艳色方鲜。本书叙述至此，作为结束。（终）

作者再谈

阅者看完了本书，必定有一番不好的批评。问真了，还能一点一点地指出来。究竟，作者自知本书内的疵点多多，但是还得请阅者十分的原谅。这原因，作者依人作嫁，忙里偷闲而编撰本书，其中难免有失当之处，至于错字，尤其是不敢保准一个没有，因为亦是在仓促之间而工作的。那个问道："你这书不是准于旧正月十五日出版吗？"然而所问的理由亦很充足，但只因为饱足阅者的眼光起见，所以除去原来的相片制版附刊在书中外，又要求刘翠霞临时摄了许多的戏装相。再除去制版的时间，所以展延到现在而才把本书实现。总而言之，尚请阅者及早购预约诸君十分原宥，作者则感激无似了。

《空谷兰》唱词之精华

（唱）罢了我那难见面的娇儿呀……怀抱娇儿泪满腮，儿呀儿呀听一个明白：非是为娘我心狠，瞒（埋）怨你父礼不该。只说是结婚后相亲相爱，不料想半路之中起下祸灾。你的爹爹良心更改，倒叫为娘猜解不开。在花园听了他们言语，因此上回娘门骨肉分开。叹娇儿未及岁失却了奶，叹娇儿在襁褓之中离了娘的怀。眼望着娇儿回思夫主，又悔又恨又悲哀。悔的是当初不该结恩爱，恨的是忘恩负义下贱才。哀的是我儿年青小，悲的是一家骨肉两分开。今日分别出在了万般无计，奈我那难见面的儿啊，要相逢除非是月儿重圆花儿再开。

（唱）陶纫珠坐房中泪珠难忍，思想起从前事好不伤心。昔日里在花园听了几句言语，一时负气离了家门。那时节无非是一时气愤，谁料想翠儿死以假成真。恨丈夫与柔云结为秦晋，苦坏了良彦儿实实痛心。每日里见娇儿偷弹眼泪，也不知湿透了几重衣襟。叹娇儿他每日追念亲母，他怎知生身母暗地伤心。现如今我只得忍时宽忍，防范着那柔云她起歹心。恨丈夫疼娇儿心神不定，一阵伤心落下泪痕。

（唱）见强人不由得怒生嗔，叹苏苏杏眼滚下泪痕。昔日里我兄长海外丧命，托你捎信带回家门。我的父见书信险些毙命，多亏了你在旁解劝天伦。也是我见你的温柔和顺，才在那花园内私托终身。我的父听言语当面应允，谁料想结婚后丧了良心。又搭着那柔云嫉妒阴恨，暗地里设巧计陷害妾身。在花园听言语一时气愤，翠儿亡疑我死以假成真。到后来与柔云结了秦晋，也应该看妻面疼爱良彦身。再不想那柔云心肠太狠，每日里责良彦妾好伤心。因此上来教读苏州城奔，为的是来照看我儿的身。今日里良彦子身得重病，蒙先生配了药调养回春。到夜晚那柔云暗把房进，盗去了药水瓶要害他身。这也是神佛佑家门多幸，保佑着我的子安稳回生。可恨你枉读了圣贤明训，礼与义，廉与耻你全不分。

《万里长城》之唱词

来了苦命小孟姜，路上行走好凄凉。可叹春兰把命丧，抛下我好似孤雁失了帮。哭哭啼啼往前走，观见西方落太阳。迈步我把村庄进，观儿妈妈站在那旁。

忽听谯楼打一更，二目落泪对银灯。叹我孟姜多薄命，薄命星偏遇孤苦星。只说是夫妻同聚首，夫唱妇随过百冬。平地无风起了波浪，拿去范郎修长城。丈夫长城身受罪，为妻店内受冷清。你想为妻难见面，为妻想你不相逢。你想爹娘心疼坏，爹娘想你眼哭红。为妻怕你身受冷，千里送衣奔京城。春兰为你丧了命，为妻为你受担惊。越思越想心酸痛，忽听谯楼打二更。

《万里长城》哭城之唱词

罢了夫哇……跪倒尘埃悲声大放，珠泪滚滚洒胸膛。可怜你长城把命丧，闪下了年迈的二老爹娘。老病扶床谁奉养，祖宗断了后代接香。抛下为妻无有依靠，红颜薄命守孤孀。奴为你堂前辞别父和母，千里送衣怕你凉。指望夫妻得相见，谁料想化作南柯梦一场。为妻赶到你把命丧，问明才知埋在城墙。可叹我诚心空妄想，可怜你青春命早亡。你死好比海水无回浪，抛下我如同孤舟漂在长江。你死好比荆花见露，为妻我如同瑞草遇严霜。你死好比伤弓鸟，为妻好比茑雁失了帮。咱夫妻又比鸳鸯鸟，交头并卧水底藏。贼赵高好比无情棒，赶散了夫妻恩爱不能成双。只哭得血泪湿土咽声哑，唇似靛叶面色黄，身微气短随风倒。

《杨三姐告状》

罢了糊涂的妈呀……秋波两眼把泪洒，叫了一声糊涂的妈！我姐姐并非得病死，分明是他们高家杀。母女那日去探病，不容瞧看就往屋里拉。儿我强进前去偷着看，我二姐左手以上裹着棉花。再又说不通，咱们知道就入殓，这样慌忙所谓什吗！一定被他家把她害，欺负咱们是个穷人家。听见人家说大嫂五嫂行不正，她三人勾搭连合没有羞搭，嫌我的姐姐她碍眼，三人同心定计把我姐姐杀。人命关天白拉倒，中华民国就无王法。孩儿我要替姐姐把仇报，打一个开棺检验把坟扒。孩儿我三国列国全然不懂，也不知前朝故典是谁家。听过古书看过影，几个奇女我还记下。有一位替父从军花木兰女，缇萦救父出监令人可夸。她是一女，我也是一女，难道说许她有烈胆，不要孩儿有肝侠。主意已定是如此，明天滦县前去告他。

《杨三姐告状》

一见哥哥戴锁条，心中好像扎钢刀。好似冷水浇头把冰抱，亚似泥塑与木雕。好一似一支（只）伤弓鸟，扑簌簌泪珠点点往下飘。扑通坐在大堂下，前思后想心内焦。我与胞姐把仇报，受尽了风吹日晒与水浇。头状不允因无报告，第二状又要凭据搜根苗。不但此仇报不了，反把哥哥陷入大牢。这可叫我怎么好，前走后退一进南牢。瞅瞅大堂以上切齿跺脚，眼望监牢哭了同胞。

《双鸳鸯》之唱词

乜呆呆在东方椅儿上边坐，听谯楼当啷啷响起了更罗（锣）。听外边静悄悄无人说话，乜呆呆闪杏眼偷看娇娥。见嫂嫂半托香腮半咬玉指，半靠绣枕半入红罗。喜之喜今晚洞房花烛夜，怒之怒母亲不该定计谋。忧之忧嫂嫂红颜多薄倖，哀之哀两个女子怎么交合。如今晚姑娘脸太大，头一宵入洞房喊叫招喝。你那是猫咬尿泡空欢乐，哪知道我的哥哥命见阎罗。我有心替我哥哥买卖作，无有本钱怎么开烧锅。这身衣服全然脱下，一头拉开红绫被窝。

《双鸳鸯》

只羞得我先颜色落无处藏躲，倒叫我干张嘴无有话说。心中不把别人恨，瞒（埋）怨我的母亲作事太讹。我哥哥业已背过气，还娶我的嫂嫂作什么。只说是想了一条全美计，不料想以假成真把事作错。我二人以假成真洞房入，难免外人把我论说。若不然开开门放他走，又恐怕到外边便宜话说。若不然喊四邻把他拿住，不是匪不是寇不是盗贼。我有心在洞房悬梁自尽，总死在阴曹府难说我清白。左思右想进退无有路，急得我跺足捶胸干把手搓。二番闪杏眼用目瞧，瞧见了那人长了一个得。只见他天庭饱满方圆地阁，眉清目秀唇红齿白。此人后作商映客，也不知有福的夫人是她们哪一个。看见人家想起了我，生长十六岁无有婆婆，此人倒遂我的心意，我二人作夫妇倒也使得。走上前去忙开口，小哥哥近前我有话说。我问你贵姓高名青春多大，是务农是务业告诉于我。自幼儿订好谁家女，或是丑或是俊黑白胖瘦高与矮。

《义烈奇冤》

忽听谯楼打罢初更，思想起儿和女大放悲声。母女们命运苦实实不幸，夫与妻母与子不得相逢。恼恨那贼有义良心不正，诬赖我害本夫落下骂名。想当初在家中何等光景，到如今只落得身穿罪衣头发蓬松项戴铁绳，坐在监中好不伤情。听谯楼二更鼓儿敲，王张氏在监中泪号啕。恼恨那贼有义不学正道，吃又喝嫖又赌浪荡逍遥。我家中后门口挨着河道，不知在哪里漂来死尸一条。害得我坐监牢屈打成招，此冤此仇何时报消。三更三点月当阳，王张氏遭大难实在屈枉。狗藏官拷打我苦处难讲，王有义图家产心怀不良。哭一声丈夫无有影响，也不知郑伯烈他在哪厢。到明天一定是死在法场，这也是情屈命不屈命里该当。哭声丈夫难得相见，儿啊要想见你的娘，除非是古打三梆梦入黄粱。

《昭君出塞》

（小旦唱）忽听得圣旨下心内慌，眼望家乡哭爹娘。事到如今我命苦，未见君王转回家乡。他说我的容貌丑，不能这里陪伴君王。我是亲笔写的像，容貌端正身体端庄。我好比鸟飞树林遭罗网，羊在深山遇虎狼。船到江心遭风浪，情比目鱼两分张。哭声爹娘难见面，要相逢除非是梦入黄粱。

《张彦赶船》

忽听谯楼一更天，蕊莲心中打算盘。恼恨爹爹不中用，作事无根胡倒颠。船上住宿那位贫汉，正在青春美少年。我二人作夫妻年貌相称，我叫我父提姻缘。爹爹并未在心问实理，言说是成与不成在明天。明天能成还能了，若不成弦断音绝怎样的弹。思想婚姻出躁汗，惊动姑娘刘蕊莲。刘蕊莲在船舱心灰意冷，忽听得船舱外有人声喧。侧耳听细留神悲悲惨惨，又听得读书人夜读圣贤。众船上商人广那有才量，一定是读书人张彦生员。听了听二爹娘沉沉睡稳，我何不到舱外偷看一番。悄悄地爬起身来偷外看，到切近闪秋波偷看一番。只见他坐有相站有相周身贵相，事安然话安然处处安然。天庭满地格圆福分不浅，到后来必高升官上加官。自古语大命人都有大难，到后来一定是出苦进甜。我若是与此人结为亲眷，也不枉阳世里来走一番。他若是应婚事念佛千万，他不应婚姻事叫我无颜。想到此不由人气往上叹。

（小生唱词）何处来一女子站在渔船，只见她青丝发绾盘头无簪无钿。身穿着贴身衣长褂未穿，乜呆呆手托香腮一旁立站，无镯子少戒指十指尖尖。看多时假装着不认识面，尊姑娘何处女几时上船。莫非是远来人无处住店，再不然错行路不辨北南。报家乡我托人送你回转，也省得在此处甚是为难。尊姑娘快下船吧莫要久站，休耽误读书人夜读圣贤。

（小旦唱）刘蕊莲闻此言含羞答道，尊一声张先生莫要高言。我不是远来人无处居住，也不是错行路不认北南。我名叫刘蕊莲一十七岁，每日里使渔船游遍河湾。只因为你今日把船来上，我的父发善心命你上船。我看你身贫穷衣服破乱，又不像讨饭人久讨乞男。听见你在舱外又把书念，又听你心悲惨似有愁烦，因此上到舱外把你偷观。

《杜十娘》

三更三点夜更深，低言悄语尊郎君。十日之限明日尽，三百两纹银无分文。我问郎你是向他们哪个借来着，莫非说良友无有一人。果然是贫在街前无人问，富在深山有远亲。富有时你兄我弟恩情尽，一朝贫至亲好友似路人。你今无银三百两，郎君哪永别之念你可忍心。不必忧虑心放稳，成全之事在妾身。薄褥内现有纹银一百五十两，明天暗暗出店门。莫叫鸨娘她知道，再求公子柳遇春。叫他帮济一百五十两，就说是你我不忘他的恩。耳听得金鸡三唱天明亮，催促郎君快快起身。

《绣鞋计（记）》

绣房闷坐张春莲，二老爹娘把亲探，留我一人又把家看。自从跟我的表弟结亲后，六年光景也未曾拜过年。也不知他的学问出息了怎么样，又不知他出息一个什么的容颜。叫一声小妹妹莫要生气，姐姐有话未曾说完。方才说的是玩笑话，好大的脾气小捡一番，妹妹落座姐姐我告便，低下头来打算盘。我的表弟不学好，背着先生学要钱。一场输了钱八吊，有法输来就有法子还。没钱不在家中站，背着包裹上唐山。坐火车山海关中后所绥中县，沟帮子拐弯到了奉天。哈尔滨傅家甸，伯荤卫子满洲站。过黑河下俄国上东山，一去就是一个十几年。我的表弟若是不回转呀！教奴我守活寡多么样的为难。

《王少安》

你我到家得了安静，夫唱妇随得太平。忽然想起从前的事，满脸赔笑尊了一声相公。世界上人惟有心能比不了你，妄想河边那件事情。可笑你无脸真真的无有臊，手拿银子向我的船上扔。又拿玉镯把我惊动，你不怕外人听见有你那个耐性之功。比方说我要是不从你，有何主意你怎么行。倒伤了财物你不知我的姓名，那时节心机白费瞪了眼睛。望空扑影豁出功夫找，不辞劳苦你是爱的那样雨风。怎么那么巧你就找到了我们家门口，又遇见你的叔父他叫傅老翁。他与我爹爹是朋友，当中为媒结赤绳。到底把我磨到你的手，这也是天缘有分早配成。可随了你的那个小心事，也不枉白费了你那一路苦功。

《王少安》

谁是妖来哪个是鬼，我把你吃了迷魂药的狠心贼。你把那玉镯砸船忘记了，追舟访问却是谁。二门外求亲是他们哪一个，是何人洞房花烛敬酒交杯。船舱对坐哪个把你陪伴，说说笑笑才把欢推。我就是死不了那个张家女，是你四房妻妾婢。我只说终身有靠一时美，不料想受了你诓骗吃了你的亏。你家有一大二小三房妾，买我到家作个使婢。我自叹一世生得命运不好，自幼儿无娘父老身已靠谁。苦熬岁月十七岁，我受尽了渔船上劳苦日晒风吹。天缘凑巧遇见你，咱们两个成就鸳鸯并翅飞。不知你一妻二妾三房小，你们情比目鱼夫唱妇随。我不忍低头下视为奴作婢，我越思越想意懒心灰。无奈抛身投入水，自想求去未想重回。多亏了此处的老爷太太救我一命，认我义女把我带回。要与我别门另选夫配，也是我未允愿守清闺。只因为怀胎你这毒心后，不忍心另嫁去把他们陪。至而今与你生下王门子，也不枉阳世三间走一回。今日可巧遇见你这狠心的人，说一句良心话谁是谁非。

《珍珠衫》之唱词

襄阳府东阳县名叫罗德，一定是我的前夫蒋兴哥。他怎到这里遭下横祸，可怜他的青春这样的命薄。奴不才败门风丑名难躲，好心的夫口角最积下大德。送来了箱笼儿一十六个，单袄衣皮棉纱一件，也都未折。这个样的好心肠护庇于我，羞死个人哪难见天难见地难见神佛。他犯了人命事非同小可，我只得想计策搭救他的命活。咳心如此愿他无有祸，也不知托人情的话去打哪头说，乜呆呆意沉沉无计少策。

其情难诉心乱跳，欲待不说老爷不容。说了罢讲了罢，未曾说话粉面通红。老爷要问分别的原故，实难告老爷必明。妇人不正身犯七出，久而久言散语碎透了风。我的丈夫不忍明言假送我归宁，暗写休字断了恩情。因此改嫁老爷来侍奉，我二人割断赤绳各奔西东。咱们临上船一十六个箱笼就是他赠，内里俱原旧锁上又加封。他待我有得事恨我不正，论作事我可人恨他可心疼。如今他又身遭不幸，人命之事是个正凶。并非老爷开他的恩重，按律而偿丧了残生。深望老爷搭救他的活命，早早开发他叫他回转家中我蒙情。

《花魁从良》之唱词

（唱）近前儿把娘亲来唤，秋波杏眼落下了泪珠。娘呵，抚养恩似海，刮骨割肉报也报不过来。娘呵，虽然是孩子我身落烟花院，也是我前世造定我这命里该。儿的娘，孩儿我的花运满，所以儿要把"柳巷"二字远远地抛开。儿我从良归他们秦姓，妈妈你就好比作方便那个门来开。有朝一日思想儿我，捎一封信儿我就来，我的那个好心的娘呵。

（唱）尊一声姐妹们莫要心酸，小妹有话表诉一番。今日从良跟着人家去，一桩喜事就我的心头甜。邀请姐妹咱们全见一面，诉诉我的衷情不忘患难。且寻常快乐你们慢伤情，待妹妹歌舞弦敬酒樽前。唱一个满江红大套十二月，四大景春夏秋冬紧相连。八仙庆寿十二座庙，四时难得把愿还。骑驴子乡里妈妈就把亲嫁探，小二姐上庙爱花钱。耍钱玩，招横祸，无有法短，绣荷包还有九连环。海瑞私访莲花乐，秦雪梅吊孝怎么这么透顶酸。妓女告状代托梦，从良后悔有几椿。就是后悔来耍客，叹十声高平关，捉曹放曹华容道，三战吕布虎牢关。晋王起义意兴唐传，伍子胥夜逃过了那个昭关。

中华民国二十九年十月初版

实价国币八角（外埠酌加寄费）

著作人：琅琊隐士

发行人：杨明武

出版者：大通书店

发行者：大通书店

天津北马路

总发行所：天津北马路大通书局总店

分发行所：国内外各省市各大书局

主要参考文献

1. 陈钧著：《评剧音乐史》，中国戏剧出版社 1997 年版

2. 成兆才纪念委员会编：《评剧创始人之一成兆才先生纪念集》，河北人民出版社 1957 年版

3. 崔春昌著：《评剧奉天落子史》，辽宁民族出版社 1996 年版

4. 高介云主编：《中国戏曲志·天津卷》，文化艺术出版社 1990 年版

5. 郭启宏著：《白玉霜之死》，湘江文艺出版社 1987 年版

6. 胡沙著：《评剧简史》，中国戏剧出版社 1982 年版

7. 杨扬石著：《平戏女皇刘翠霞秘史》，大通书局 1940 年版

8. 李英斌、孙伟编著：《评戏在天津》，天津市文化局戏剧研究室编印，1982 年版

9. 《评戏大观》，安东诚文信书局 1928 年—1937 年版

10. 商承霖、商淑敏著：《痛快人生——著名评剧表演艺术家刘小楼传记》，哈尔滨出版社 2000 年版

11. 少君、息国玲主编：《评剧名家演唱艺术》，中国广播电视出版社 1988 年版

12. 孙玉敏著：《评剧谈艺录》，百花文艺出版社 1995 年版

305

13. 天津电视台"艺文评话"栏目编著：《艺文评话》，新蕾音像出版社 2006 年版

14. 王林主编：《评戏在天津发展简史》，天津人民出版社 1991 年版

15. 卧云居士著：《评戏皇后电影明星白玉霜》，大通书局 1940 年版

16. 新凤霞著：《新凤霞回忆录》，百花文艺出版社 1980 年版

17. 张福堂、孙伟编著：《评剧音乐入门》，百花文艺出版社 1959 年版

18. 张平、郭杰民著：《中国评剧群星谱》，中国戏剧出版社 2004 年版

19. 中央人民广播电台文艺部戏曲组编：《评戏小戏考》，上海文艺出版社 1985 年版

后　记

2022 年 10 月，中国文史出版社将《评剧皇后刘翠霞》一书列入出版计划，这既令我高兴，又让我有些诚惶诚恐。

说高兴，是因为这本书的书稿，经历了漫长的准备和等待过程，若从 2002 年我发表的第一篇有关刘翠霞研究的文章算起，至今已整整 20 年。在这期间，我对一代名伶刘翠霞的生平及艺术成就做了大量的田野调查及系统的梳理研究，内中甘苦，非别人能够想象。

回顾这 20 年，我主要做了以下几件事。一是收集了当代研究者出版的涉及刘翠霞的几乎所有著作（详见书后参考文献）。二是搜集了民国时期全国各地，尤其是天津本地报刊上有关刘翠霞的数百篇报道以及演出广告。三是通过北京学者、教育家鲍迎秋女士的帮助，在国家图书馆寻觅到了 20 世纪 40 年代出版的《平戏女皇刘翠霞秘史》一书，使自己掌握的第一手评剧史料更加丰富完整。四是在张景懿老师（刘翠霞同乡）和敖东村党支部马玉田书记的帮助下，在敖东村村委会召开了一次座谈会，请刘翠霞的晚辈亲属及村中耆老，就尘封的往事进行交流和研讨。五是收集了近百册民国时期的评剧老剧本及数十张评剧老唱片。

2020 年新冠疫情暴发后，我利用居家的这段时间，对前述文献和调查结果进行分类，并在已有工作的基础上，又撰写数十篇研究文章。同时为研究方便，在整理文献过程中，我按照编年顺序整理了刘翠霞年谱。

通过以上工作，不仅使我本人对刘翠霞的生平、交游及从艺情况有了较为系统的认识，而且也为书稿的最后完成奠定了基础。若非周利成先生举荐，若非中国文史出版社独具慧眼，恐怕这本书仍待字闺中。

说到诚惶诚恐，是因为我不是评剧专业人士，尽管我自小就喜欢评剧，并且也一直是一个评剧迷，但因为我跟评剧界的来往不多，所以也没有机会与评剧界人士进行交流，而仅仅是借助于原始文献来了解刘翠霞的过去和艺术成就，这可能就会使这本书的内容不完整，或者在研究深度上存有很大局限，而且很可能因为这个原因，还会出现史实上的错误，以及对于评剧本身描述的不准确。这是最令我不安的地方。

在整理、撰写书稿的过程中，得到了国家一级编剧、天津市评剧白派剧团艺术顾问、天津北方演艺集团专家委员会委员赵德明先生的大力支持。他在紧张的工作之余，专门抽出时间来对这部书稿进行审阅，并且应约为本书撰写了序文。看得出，他对我这个非专业人士很支持，也十分肯定。他在序文中所写的每个字，都是对我本人莫大的鼓励。借此机会，特向赵德明先生表示诚挚的谢意！

本书所收录的不少成果，先前都是以单篇文章的形式发表在《天津日报》《中老年时报》等报刊上的，在这个过程中，曾得到了《天津日报》副刊部高级编辑、著名文化学者罗文华老师及《中老年时报》"岁月版"编辑、知名作家吕金才、董欣妍二位老师的大力支持。在本书即将付梓之时，特向以上各位编辑老师表示衷心的感谢！

　　本书在撰写过程中，参阅了大量的文献，本书作者对文献作者的前期付出和劳动，致以敬意，并表示感谢。为避免行文琐碎，在引用文献过程中，不再一一注明出处和引文作者姓名，而是统一在书后附录所引用的文献书目，以体现对著作人的尊重。

　　由于作者水平有限，书中错讹、遗漏之处在所难免，敬请专家学者和读者们批评指正。

侯福志

2022 年 11 月 11 日